Blue Book of
Cultural Development in
Nanjing 2023-2024

南京市
文化发展蓝皮书
2023—2024

谭志云 主编

南京出版传媒集团
南京出版社

图书在版编目(CIP)数据

南京市文化发展蓝皮书. 2023—2024 / 谭志云主编. — 南京 : 南京出版社, 2023.12
ISBN 978-7-5533-4511-6

Ⅰ. ①南… Ⅱ. ①谭… Ⅲ. ①文化产业—产业发展—研究报告—南京—2023—2024 Ⅳ. ①G127.531

中国国家版本馆 CIP 数据核字(2023)第 240391 号

书　　名:南京市文化发展蓝皮书 2023—2024
主　　编:谭志云
出版发行:南京出版传媒集团
　　　　　南 京 出 版 社
社址:南京市太平门街 53 号　　邮编:210016
网址:http://www.njcbs.cn　　电子信箱:njcbs1988@163.com
联系电话:025-83283893、83283864(营销)　025-83112257(编务)

出 版 人:项晓宁
出 品 人:卢海鸣
责任编辑:汪　枫
装帧设计:石　慧
责任印制:杨福彬

排　　版:南京新洲印刷有限公司
印　　刷:南京玉河印刷厂
开　　本:787 毫米×1092 毫米　1/16
印　　张:13.25
字　　数:237 千
版　　次:2023 年 12 月第 1 版
印　　次:2023 年 12 月第 1 次印刷
书　　号:ISBN 978-7-5533-4511-6
定　　价:80.00 元

用微信或京东APP扫码购书　　用淘宝APP扫码购书

营销分类:社科

编　委　会

摘要

党的二十大报告提出建设社会主义文化强国，发展面向现代化、面向世界、面向未来的，民族的科学的大众的社会主义文化，激发全民族文化创新创造活力，增强实现中华民族伟大复兴的精神力量。

2023年7月，习近平总书记在考察江苏时提出，“在推进中国式现代化中走在前、做示范”，要求江苏在建设中华民族现代文明上探索新经验。为深入贯彻落实习近平总书记讲话精神，南京市委市政府制定了《加快推进社会主义文化强市建设行动方案》(宁委办发〔2023〕33号)，提出努力把南京建设成为习近平文化思想的实践高地、展示中华民族现代文明建设成果的城市窗口。

《南京市文化发展蓝皮书(2023—2024)》立足于南京文化发展实际，在总结成绩的基础上，深入分析不同领域存在的问题，并提出了对策建议，以期为相关部门决策提供参考。

《南京市文化发展蓝皮书(2023—2024)》由总报告和文化事业、文化产业、长江文化、文化品牌、他山之石等专题组成，共19篇论文或研究报告。总报告《增强文化软实力影响力，在建设中华民族现代文明上体现担当》总结了南京社会主义文化强市建设成效，分析了当前南京市文化建设的短板与不足，提出了推动南京文化建设“走在前、做示范”的发展思路、目标和主要对策。“文化事业”专题从高质量保护利用南京城墙、开展南京博物馆社会服务、发展博物馆文旅研学产品、构建文保执法社会治理模式方面，研究了南京文化事业繁荣发展问题。“文化产业”专题对南京城市文化数字建设、南京文化产业可持续发展、栖霞山文化休闲旅游高质量发展进行了研究，分析了发展现状，提出了相关建议。“长江文化”专题主要包括打造长江国家文化公园展现中国式现代化南京新图景、长江国家文化公园南京段建设的目标定位与对策建议、以南京河西滨江风光带为例建设高质量长江国家文化公园、以江宁新济洲为例推进长江湿地文化保护与创新发展等方面。“文化品牌”专题主要围绕南京地方文化、侨文化、红十字文化、思想政治与党史教育等领域的品牌建设开展研究，助推形成一批具有南京本土特色的文化品牌。“他山之石”专题从中华优秀传统文化“两创”的“济南实践”、优化城市文化功能 助力武汉能级提升等方面梳理了相关地区文化建设的做法经验，为南京文化建设提供借鉴与启示。

目录

总报告

文化事业

文化产业

长江文化

文化品牌

他山之石

总报告

增强文化软实力影响力，在建设中华民族现代文明上体现担当

谭志云[①] 付启元[②] 李惠芬[③] 何 淼[④]

摘　要：建设中华民族现代文明，是推进中国式现代化的必然要求，是社会主义精神文明建设的重要内容。党的十八大以来，南京加快推动社会主义文化强市建设实现新跃升，为谱写“强富美高”新南京现代化建设新篇章提供了坚强的思想保证和强大的精神力量。深入学习贯彻习近平总书记关于社会主义文化建设重要论述和习近平总书记考察江苏重要讲话精神，必须要提高政治站位、把握历史方位、优化目标定位，自觉将社会主义文化强市建设作为推进中国式现代化南京新实践的重要内容和有力支撑，勇于担当新的文化使命，保持先行姿态、探索先行路径、创造先行成果，在推进中华民族现代文明和社会主义文化强国建设中展现担当、探路先行、走在前列。

关键词：南京；文化软实力；中华民族现代文明

2023 年 7 月，习近平总书记在考察江苏时提出，“在推进中国式现代化中走在前、做示范”，要求江苏在建设中华民族现代文明上探索新经验。为深入学习贯彻习近平总书记关于社会主义文化建设重要论述和习近平总书记考察江苏重要讲话精神，围绕“在建设中华民族现代文明上探索新经验”重大任务，对照党中央部署和省市委要求，通过座谈研讨、实地调研、学习借鉴、个别访谈等方式，围绕“担负新使命、探索新经验”目标，深入分析培育和创新南京新文化的发展基础、存在的差距与不足，对下一步主攻方向、发展目标、任务举措提出建议，形成如下调研报告。

---

① 南京市社会科学院、江苏文化强省建设研究基地研究员。
② 南京市社会科学院、江苏省扬子江创新型城市研究院研究员。
③ 南京市社会科学院、江苏省扬子江创新型城市研究院研究员。
④ 南京市社会科学院、江苏省扬子江创新型城市研究院副研究员。

一、 社会主义文化强市建设成效

党的十八大以来，南京认真学习贯彻习近平新时代中国特色社会主义思想，贯彻落实习近平总书记赋予江苏工作的总要求、总目标、总蓝图，紧扣“举旗帜、聚民心、育新人、兴文化、展形象”使命任务，把发展要求由“迈上新台阶”提升到“高质量走在前列”，加快推动社会主义文化强市建设实现新跃升，为谱写“强富美高”新南京现代化建设新篇章提供了坚强的思想保证和强大的精神力量。

1. 党的创新理论深入普及

始终坚持把学习宣传贯彻习近平新时代中国特色社会主义思想作为首要政治任务，深入推进“第一议题”制度，创新开展巡学旁听，持续提升各层级中心组学习制度化规范化水平，引导广大党员干部认真学习党的十九大、二十大及历次全会精神，学好用好《习近平谈治国理政（1—4 卷）》《习近平著作选读》（第一卷、第二卷）等重要著作，深刻领悟“两个确立”的决定性意义，切实增强“四个意识”、坚定“四个自信”、做到“两个维护”。理论研究阐释不断深化，设立并用好市社科基金，推出一批重要理论成果，国家记忆与国际和平研究院、南京新时代中国特色社会主义发展研究院等 6 家市新型智库建设初显成效。突出“梧桐论语”理论宣讲示范引领，打造“一区一品”和各行业特色宣讲品牌，集中宣讲、点单式宣讲、网络微宣讲等对象化分众化宣讲活动广泛开展。办好《南京日报》思想理论周刊，创新制播“思想的力量”“大家谈”“学习宁聚力”等新媒体理论产品，开设优化“学习强国”南京平台，《南京社会科学》期刊在中国知网排名中位列社科综合类第五，构建“报、刊、台、网、微、端、屏”全媒体理论宣传格局。

2. 社会主义核心价值观广泛践行

推动社会主义核心价值观融入法治建设、融入社会发展、融入日常生活，在全省率先推进社会主义核心价值观入法入规审查工作，良法善治、德法共治的局面逐步形成。制定全国首个市级红色资源保护利用条例《南京市红色文化资源保护利用条例》，颁布施行《雨花台烈士陵园保护条例》，推动实施红色文化资源保护利用专项规划和两个行动计划，出台《市级爱国主义教育基地命名及管理办法》，传承弘扬革命文化的体制机制不断健全完善。围绕庆祝建党 95 周年、建党 100 周年、改革开放 40 周年、中华人民共和国成立 70 周年等重大时间节点，高质量开展党史学习教育、“四史”宣传教育，广泛开展“我和我的祖国”“强国复兴有我”等群众性主题宣传教育，持续举办国家公祭仪式、社会各界向雨花台烈士敬献花篮、新婚夫妇向革命烈士献花、青少年凭吊革命先烈等活动，党员干部群众赓续红色血脉、砥砺奋进新时代的精神力量有效激发。

3. 崇德向善的文明之风更加充盈

推进道德风尚高地建设，涌现出全国道德模范钱七虎、邱海波等一批重大典型，选树时代楷模等国家级典型 6 人次，入选“中国好人”172 人、“江苏好人”279 人，评选表彰 100 多名“感动南京年度人物”，形成多层次、广覆盖的典型示范群体。全域建成 12 个新时代文明实践中心、102 个实践所、1229 个实践站、2269 个实践基地(点)，每年开展各类文明实践活动近 10 万场，受众超 1500 万人次。颁布实施《南京市文明行为促进条例》，常态化开展文明城市创建，市民文明行为规范宣传宣讲活动广泛开展，“光盘行动”、礼让斑马线、垃圾分类等文明新风尚逐步形成，先后荣膺第五届、第六届全国文明城市称号。深化“志愿之城”建设，有活动记录的注册志愿者占常住人口比例达 19.79%，中国志愿服务联合会国际志愿服务工作委员会秘书处在南京成立。

4. 高品质的文化供给日益丰富

围绕重大主题和重要节点，创作推出大型交响组歌《雨花台——信仰的力量》、民乐《国之当康》、话剧《人间正道是沧桑》《小西湖》、京剧《梅园往事》、越剧《凤凰台》、杂技《奋斗者》等一批优秀作品。大型史诗话剧《雨花台》、图书《因为爸爸》获中宣部精神文明建设“五个一工程”优秀作品奖。优化南京文化艺术节办节模式，创新打造南京森林音乐会、南京新剧荟、国际艺博会等文艺品牌，第 30 届中国戏剧梅花奖颁奖活动等重大活动落地南京。世界文学客厅、城墙博物馆、科举博物馆等重大文化设施建成开放，特色小剧场、农家书屋、梅花戏剧角等文化空间拓展提升，登记备案博物馆增至 70 座。推进“书香南京”建设，12 个区级图书馆全部入选国家一级馆，每年举办南京读书节、世界文学之都主题书展，年均开展阅读活动 1 万场以上，荣获“书店之都”“中国十佳数字阅读城市”等称号。长江国家文化公园南京段建设加快推进，成立南京长江文化研究院，国际雕塑艺术邀请展、长江民乐汇等活动相继举办，大运河文化带建设稳步推进。文化产业蓬勃发展，打造中国(南京)文化和科技融合成果展览交易会、南京(国际)动漫创投大会、南京创意设计周等会展品牌，文化产业增加值从 262 亿元(2011 年)增长到 1119 亿元(2022 年)，占全市 GDP 比重从 4.26%增加到 6.62%，其中数字文化新业态贡献度超过 75%。

5. 文化遗产保护传承取得积极成效

制定实施《南京市历史文化名城保护条例》《南京市非物质文化遗产保护条例》《南京城墙保护条例》《南京市地下文物保护条例》等地方性法规，编制实施 30 处国家级、省级重点文保单位保护规划，构建起“主干法+专项法”的文物保护利用和文化遗产保护传承法规体系。深入推进文物领域治理体系和治理能力现代化建设，突出抓好基本建设考古前置、博物馆运营机制顶层设计、社会文物领域管理服务等改革。率先在全国实行“先考古、后用地”的考古前置模式，有效解决长期以来文物保护与城市建设之间的矛盾。官窑山遗址、孙吴丁奉家族墓、西营村南朝佛寺遗址考古项目入选“全国十大考古新发现”初评，中国明清城墙（南京城墙）、“海上丝绸之路”南京史迹申遗工作深入推进。在全国首创历史建筑保护告知书制度，执行落实博物馆文物保护单位文物安全直接责任人公告公示制度，强化责任到人和末端守护。

6. 城市对外文化影响不断彰显

参与举办 6 届“一带一路”青年创意与遗产论坛，加强与“一带一路”沿线国家和地区在青年、媒体与智库等领域的文化交流与合作。2014 年以来举办 4 届南京历史文化名城博览会，2015 年起连续在海外举办“中国南京周”活动，推动文化交流互鉴和南京城市形象传播。依托国际和平城市品牌，持续做好南京大屠杀史实研究、史料外译和对外传播，设立国内首个联合国教科文组织“和平学”教席，成功举办两届南京和平论坛。入选联合国教科文组织“创意城市网络·文学之都”以来，连续实施南京文学作品翻译资助计划，打造国际驻地作家线上交流平台并被联合国教科文组织作为经典案例向创意城市网络推广。积极拓展对外传播渠道，在 CNBC 等境外主流媒体设立“南京专区”，建设运营“发现南京”“爱南京”等境外社交媒体账号，累计曝光 9376 万次，互动 442 万次。南京入选“中国国际传播综合影响力十大先锋城市”。

二、当前我市文化建设的短板与不足分析

1. 党的创新理论武装还要持续深化内化转化

党员干部理论学习还存在真学真信真用、学懂弄通做实不够的问题，特别是坚持好、运用好贯穿其中的立场观点方法还不够熟练准确、融会贯通，把学习成果转化为干事创业实际本领的能力有待提高。丰富社科资源优势向丰硕研究成果的转化还不足，具有原创性、标志性的成果不多，以南京生动实践为党的理论创新提供研究样本方面还需加强。理论宣传宣讲回应党员群众关注的现实问题不够，方式方法和手段载体的针对性、吸引力、感染力不强，解决思想问题与解决实际问题还有脱节现象。

2. 精神文明建设成效还需夯实提升

社会主义核心价值观引领还需加强，昂扬向上、理性平和的社会心态还需积极引导。公民道德建设、未成年人思想道德建设、家庭家教家风建设等还需要提高有

效性。新时代文明实践阵地在服务群众、引领群众方面的作用还需充分发挥，政策宣传引导、基层文化活动的针对性和吸引力需要加强。城乡精神文明创建存在不平衡问题，诚信缺失、陈规陋习等问题不同程度存在。

3. 优秀传统文化保护传承还需与时代要求相融通

南京地域文明探源还需加强，文物保护事业、非遗传承发展与历史文化名城保护建设还需协同并进、互融共生。优秀传统文化的精神标识还需深入挖掘、提炼和展示出来，其中蕴含的价值观念、人文精神、道德规范还需更好传承和弘扬，使之成为涵养社会主义核心价值观、增强人们精神力量的重要源泉。

4. 公共文化服务供给还需量质双升

面对人民群众多样化多层次多方面美好精神文化需求，文化发展的均衡化与城乡文化的差异性之间、文化产品的多样化和群众需求的急迫性之间、文化建设的社会化与群众参与的主动性之间，还存在一定差距。能够增强人民精神力量的文艺精品力作还不够多，市属文艺院团发展整体水平还不高，民间文艺团体活力尚未充分激发。一些公共文化服务阵地、项目、载体的适配性还不强，农村“有硬件缺软件”与城区“人口多阵地少”现象较为突出，农家书屋等文化阵地日常使用率还不高，存在供需错位、脱节现象，人民群众公共文化权益还需得到更为有效保障。

5. 文化产业发展还需跃升层级

文化产业带、文化园区（集聚区）特色不够鲜明，数字文化产业效益还需提高。缺少在全国有影响的龙头企业群，与北京掌阅科技、博纳影业、完美世界，上海阅文集团相比，存在“大而不强”“专而不精”等问题。对外文化贸易仍以文化产品出口为主，文化服务出口份额较小，缺少具有国际竞争力的文化产品和服务品牌。促进文化产业发展的政策措施还需优化，市场化、法治化、国际化营商环境和产业生态还需积极营造。

6. 国际传播效能还需改进提升

贴近不同区域、不同国家、不同群体受众的差异化传播、精准化传播还不够，国际传播的亲和力和实效性还不足，境外主流传统媒体对南京的报道与城市直接关联度相对较低，传播议题总体呈现“多点散发”态势。在以南京推进中国式现代化的生动实践展现中华民族现代文明方面，还需拓宽思路、拓展渠道、创新方式。

三、“走在前、做示范”的发展思路和目标

党的二十大着眼全面建设社会主义现代化国家新征程，对坚持中国特色社会主义文化发展道路、建设社会主义文化强国作出重大部署。习近平总书记考察江

苏时要求江苏“走在前、做示范”，并提出要“在建设中华民族现代文明上探索新经验”。我们必须要提高政治站位、把握历史方位、优化目标定位，自觉将社会主义文化强市建设作为推进中国式现代化南京新实践的重要内容和有力支撑，勇于担当新的文化使命，保持先行姿态、探索先行路径、创造先行成果，推动全域文化繁荣、全民精神富有，促进人的全面发展和人的现代化，在推进中华民族现代文明和社会主义文化强国建设中展现担当、探路先行、走在前列，把南京建设成为中华优秀传统文化的重要传承发展地、革命文化的重要弘扬地、社会主义先进文化的重要创新策源地，成为高水平展示中华民族现代文明的重要窗口。

一是树立超前性的理念思路。树立大历史观、大时代观，立足推进中国式现代化建设，把握“两个结合”特别是“第二个结合”的精髓要义，以超前的思想观念、发展思路、工作理念，牢牢把握文化发展主动权，开创文化强市建设的新境界。**二是**确立引领性的发展路径。强化问题导向，着眼制约文化高质量发展的短板弱项，围绕理论研究与建设、优秀传统文化传承发展、社会主义精神文明建设、人文经济发展等方面探索先行，重要发展指标保持全省第一、全国前列。**三是**营造创新性的发展生态。注重破除体制机制障碍，优化完善有利于创新创造的环境氛围，力争在哲学社会科学发展、文艺精品创作生产、公共文化服务供给等领域推出一批高质量成果，形成一批在全国有影响力的经典之作、产业集群、文化品牌。**四是**打造示范性的经验模式。及时总结提炼更多基层首创经验、对其他地区文化建设有借鉴意义的做法，形成一批可复制可推广的经验模式或创新项目，在省内外产生广泛影响。

具体发展目标为“五个走在前”：

——**主流思想舆论建设走在前**。马克思主义在意识形态领域指导地位更加巩固，用习近平新时代中国特色社会主义思想定向领航形成高度自觉，学术原创能力不断提升，推出一批高质量的研究成果、有影响的学术研究交流平台和学术名家，服务建构中国自主的知识体系展现新作为。全媒体传播体系建设和媒体深度融合发展加快推进，新闻舆论引导能力明显增强，理论和舆论同频共振实现高质量发展，全社会正能量更强劲、主旋律更高昂。

——**优秀传统文化保护传承和创新发展走在前**。各类历史文化遗产应保尽保、严格保护，文物事业在塑造城市精神文明风貌、促进区域发展、传承中华文脉中发挥重要作用，长江文化、大运河文化、海丝文化时代价值不断彰显，体现中华文化独特创造和精神价值的重大文化标识更加鲜明，历史文脉传承与历史文化名城建设相得益彰，优秀传统文化的精神内涵和文化精髓提炼更加充分，更好融入群众生产生活、贯穿国民教育始终，转化为人民群众日用而不觉的价值追求和精神力量，推进强国建设、民族复兴的文化自信显著增强。

——**推动人民群众精神生活共同富裕走在前**。以伟大建党精神为源头的中国共产党人精神谱系广泛弘扬，社会主义核心价值观融入法治建设、融入社会发展、融入日常生活，城乡一体的现代文化服务体系全面覆盖，既能满足人民文化需求、又能增强人民精神力量的高品质文化产品不断涌现，新时代文明实践活动热在城乡基层，居民综合阅读率超过 93.5%，全市人民思想道德素质、科学文化素质、身心健康素质明显提高，自信自强、创新创造、开放包容成为新时代南京市民鲜明特质，社会文明程度测评指数超过 90，文明城市创建水平保持全国前列，努力成为精神普遍富足的市域范例。

——**人文经济发展走在前**。人文经济价值得到有效开掘，人文精神凝聚力更加彰显，人文营商环境持续优化，对外文化贸易提质增效，对外文化交流深化拓展，创新创业创造精神广泛弘扬，人文资源进一步融入经济社会发展，形成以文化服务业为主体、战略性新兴产业为引领、先进文化装备制造业为支撑的现代文化产业体系，文化产业增加值占 GDP 比重力争达到 7%，以数字文化产业为代表的文化新业态对文化产业贡献度达 80%，高质量发展中的人文经济新形态逐步形成。

——**对外文明对话合作走在前**。历史文化资源、和平城市资源、文学之都资源、长江文化资源等得到进一步挖掘，国际传播能力建设得到加强，对外文化交流深化拓展，历史文化名城博览会、"一带一路"青年创意与遗产论坛、中国南京周、南京和平论坛、长江文化南京论坛等成为标识性外宣品牌，全方位、多层次、宽领域的城市外宣格局更加完善。

四、推动南京文化建设"走在前、做示范"的主要对策

1. 加强主流思想舆论建设

坚持马克思主义在意识形态领域指导地位的根本制度，健全用党的创新理论武装全党、教育人民、指导实践工作体系，研究阐释党提出的新理念新论断中原理性理论成果，不断巩固全市人民团结奋斗的共同思想基础。**实施理论铸魂工程**。健全学习实践习近平新时代中国特色社会主义思想的制度体系，组织实施党的创新理论学习教育计划，完善党委（党组）理论学习中心组等各层级学习制度，建立重大决策前专题学习制度。创新高校思政课内容和方式，统筹推进大中小学思政课一体化建设和"大思政课"建设。**实施理论研究工程**。加强对习近平新时代中国特色社会主义思想体系性、学理性、原创性研究，围绕"推进中国式现代化""两个结合""'第二个结合'是又一次的思想解放"等重大命题，围绕中华文明史与中国道路

的历史必然、文化内涵、独特优势之间的内在关系等进行研究阐释，形成一批质量高、影响大、自主性强的标志性成果。围绕高水平科技自立自强、重要产业强链补链延链、农业现代化、现代文明建设、基层治理和民生保障等方面生动实践，提出解决现实问题的理念方法、政策措施和实践经验。加强学术共同体建设，探索建立部省市联合、央地合作等机制，建好用好江苏省习近平新时代中国特色社会主义思想研究中心实践调研基地，推动以南京为样本开展专题研究，在阐释中国道路、解读中国实践、构建中国理论中贡献南京经验。**实施理论普及工程**。建立健全党员领导干部理论宣讲体系、媒体理论宣传体系、基层理论宣传宣讲工作体系，分层次组建以领导干部、专家学者、百姓名嘴为主体的理论宣讲队伍，扩面提优行业特色宣讲团，健全完善媒体理论宣传长效机制，推出一批理论联系实际、通俗易懂的重点文章和普及读物。加强社科普及基地和社科新媒体平台建设，推出社科普及品牌活动、原创社科普及作品和读物。**实施全媒体传播工程**。搭建市区联动传播矩阵，加强线上线下一体传播，强化境内外协同传播能力建设，联动政务新媒体和社会自媒体形成传播合力，构建市域全媒体传播格局。健全完善重大主题宣传策划报道机制，围绕重大主题、重要时间节点、重大国家战略实施等，策划组织全媒体新闻行动。建立全媒体传播研究智库，实现全媒体传播策划、舆情监测分析、智库学术研究等功能。

2. *推动优秀传统文化保护传承和创新发展*

把丰富的优秀传统文化保护好、挖掘好、运用好，深入挖掘阐发蕴含其中的讲仁爱、重民本、守诚信、崇正义、尚和合、求大同的时代价值，让优秀传统文化不仅在物质形式上传承好、更在心里传承好，使之融入人民的日常生活、社会生产和对外交流交往之中，不断增强文化自信文化自觉。**实施地域文明探源工程**。参与中华文明探源工程，开展以薛城遗址、西街遗址、六朝建康都城遗址为重点的考古项目，深化北阴阳营文化、湖熟文化等考古和研究工作，争取一批重要遗址纳入“中华文明起源与早期发展综合研究”等重大项目。融入历史文化名城保护发展，优化提升基建考古前置“南京模式”，为全国探索新经验。加强考古成果展示弘扬，开展考古工地开放日活动，在遗址现场举办公共考古活动，策划推出一批文物主题游径。实施博物馆“双百”计划，推进长江文化博物馆、市博物馆新馆、科举博物馆(二期)、海上丝绸之路博物馆建设，探索打造博物馆集群聚落，搭建博物馆资源共享服务平台，系统实施讲解内容持续更新、讲解系统不断优化、讲解人员定期培训、社会讲解规范管理等计划。**实施新时代文艺精品创优工程**。健全重点文艺创作全流程保障机制，加强各门类文艺创作，推出一批反映新时代新气象，具有传播度、辨识度、认可度的精品力作。探索建立重大文艺创作项目“揭榜挂帅”机制，以及签约创作、招标创作、跨地跨界联手创作和联合攻关创作等机制。建立创作生产体系，健全题材发布推介、立项评估论证、创作跟踪推进、作品传播推广机制。推动市属国有文艺院团改革发展，建立区级文艺院团建设机制和发展路径，打造“一团一精品”，出台支持民间文艺院团可持续发展政策措施。**实施古籍整理普及计划**。深入开展古籍普查、古籍保护、古籍数字化和古籍数据库建设工作，参与中华版本传世工程和中华古籍保护计划。出版《南京古籍总目》，推进实施《金陵全书》《南京稀见文献丛刊》等古籍整理研究、编辑出版及数字化工作。建好用好“国家级古籍修复技艺传习中心金陵刻经处传习所”，建成开放“古籍发布平台”。推动古籍存藏机构和有关单位，打造沉浸式古籍阅读区、修复装帧体验区、出版物展销区等。创立经典古籍阅读推广活动品牌，分众分类开展荐读导读，制作推介古籍题材音视频节目和融媒体产品。**实施非遗传承发展工程**。对国家级非物质文化遗产代表性项目和代表性传承人进行全面系统记录，运用数字化技术做好非遗项目的数字化采集、整理、存储等工作，积极探索转换利用机制。细致梳理非遗蕴含的工艺和技巧，深挖文化内涵，推动无限定空间非遗进景区、进街区、进园区，培育一批独具特色的沉浸式非物质文化创意基地、非遗创意体验馆。实施中华老字号保护发展工程，推进“十竹斋”品牌复兴计划。坚持“使用是最好的保护”，推动非遗项目与科技、与时尚、与市场相融合，不断增强非遗可持续传承发展能力。

3. 积极参与长江、大运河国家文化公园建设

把握南京在长江国家文化公园、大运河国家文化公园建设总体格局的功能价值和独特内涵，着力打造长江国家文化公园江苏段核心示范区和长江流域璀璨明珠、省大运河文化带特色展示区。**加强南京长江文化调查研究**。组织专家学者持续跟进长江文化的保护、传承、弘扬，加大对南京长江流域文物和文化遗产资源的调查研究力度，建立长江文化资源数据库。建好用好南京长江文化研究院，推出长江文化发展蓝皮书、中国·长江文化发展城市指数报告等成果。深化长江文化研究学术共同体建设，研究南京在中华文明时空坐标上的独特地位，阐释挖掘长江文化、海上丝绸之路文化的内涵与价值。加强大河流域文明比较研究。**提升南京长江文化国际影响力**。深入挖掘长江文化在新时代的符号和内涵，注重提炼具有南京特质的文化精髓和时代价值，开发易于被国际社会理解和接受的文化 IP 和产品。坚持国家站位、全球视野，借助名城会、“一带一路”青年创意与遗产论坛、南京和平论坛、中国南京周等文化交流品牌活动，精准生动传播新时代长江故事。高质量办好长江文化南京论坛，构建世界大河城市对话合作网络，面向海外策划开展采

访寻访、驻地创作、人文交流等活动。**发挥长江文化涵养功能**。加快推进长江文化博物馆建设,探索滨江区域文物资源集中连片有效保护和合理利用创新项目。做优长江系列主题出版,办好以长江文化为主题的各类品牌活动,策划推出更多面向全社会、聚焦青少年的主题读物、研学课程、实践基地。加快"数字长江"建设,打造集资源展示、学术研究、宣传推广等功能于一体的南京长江文化数字资源库,探索数字长江文化传播和 IP 运营发展新赛道。**加强大运河历史文化遗产保护传承利用**。坚持保护优先,做好大运河南京段沿线文化遗产保护、沿线名城名镇保护修复、生态环境保护治理,优化滨河生态空间,提升沿线整体风貌。深入挖掘大运河文化内涵外延、时代价值,推出一批大运河文化产品和文艺作品。高标准建设大运河文化遗产旅游廊道,培育大运河主题旅游精品线路。

4. 不断提高社会现代文明程度

坚持以社会主义核心价值观为引领,加快形塑与建设中华民族现代文明相匹配的城乡精神风貌,使人们在理想信念、价值理念、道德观念上紧紧团结在一起。**培育践行社会主义核心价值观**。健全社会主义核心价值观入法入规协调机制,推进核心价值观融入立改废释全过程,探索建立可借鉴的审查指标体系、案件识别机制。加强和改进思想政治工作,重点在城乡社区、新就业群体等领域建立符合人群特点的思政工作新机制。实施社会心态培育计划,健全完善社会心理服务体系和疏导机制、危机干预机制,涵养自信自强、昂扬向上、理性平和的社会心态。**加强革命文化传承弘扬**。实施红色基因传承行动,弘扬以伟大建党精神为源头的中国共产党人精神谱系,深化革命文物所承载的革命精神研究阐释和实践教育,推动理想信念教育常态化制度化。围绕抗战胜利 80 周年、建军 100 周年等重要节点,策划推出一批主题突出、导向鲜明、内涵丰富的革命文化主题精品展陈。深化仪式教育,用好重大纪念日、节庆日等时间节点,打造具有鲜明标识度的品牌活动,提升仪式教育规范化水平。推进革命历史类博物馆、纪念馆与高等院校、智库等协同研究,形成一批有深度、有分量的革命文化专项研究成果。**深入实施公民道德建设工程**。探索各类先进典型选树宣传新举措新机制,建好用好线上线下宣传阵地,创新开展主题鲜明、生动鲜活的巡讲巡展交流活动。健全完善先进典型帮扶关爱和礼遇机制,建立邀请先进典型出席重要节庆活动的长效机制。探索开展公共政策道德风险和道德效果评估,激发重大公共政策的价值导向功能,促进公共政策与道德建设的良性互动。**创新开展文明实践**。坚持"群众在哪里,文明实践就延伸到哪里",以新时代文明实践中心、所、站为原点,向街区、商区、景区、服务窗口等实践点延伸,打造"文明实践圈",探索行业领域新时代文明实践,健全各类资源下沉基层工作体制机制。创造条件推动各阵地在夜间、双休日举办文明实践活动，探索推行文明实践积分激励管理机制。广泛开展网络文明实践，建立网络监督志愿者、网站自律专员等队伍，共建共享天朗气清的网络精神家园。**深化实施全域文明创建行动**。深入宣传实施《南京市文明行为促进条例》，制定发布不文明行为重点治理清单。创新开展"做文明有礼南京人"文明行为倡导活动，组织"文明有'宁'携手同行"市民行为规范宣讲宣传，开展美好幸福生活共同缔造活动，推动形成共建共治共享格局。研究制定文明行为激励工作办法。结合乡村振兴工程，深入挖掘和搜集整理乡村的民俗风情、历史文化、红色文化等，健全村(社区)道德评议机制，深入推进移风易俗。

5. 推动城乡公共文化服务提质增效

聚焦均等化、融合化、标识化方向，规划建设一批具有标志性影响力的重要文化设施，以及一批优质均等、小型分散、独具特色的公共文化空间，提升城市整体文化形象与文化服务功能，形成"有美好文化空间、有美好文化团队、有美好文化活动、有美好文化产品、有美好生活方式、有美好文化创造"的"六有"格局。**保障基本文化权益**。加强对社区(村)一级文化设施的布局和功能研究，实施公共文化服务标准升级版，探索引入社会力量管理公共文化机构运行机制。对未来人口集中居住区，做好重大文化设施用地储备，有步骤推进项目建设，打造新的文化增长极和综合性文化中心。对长江路、老城南、河西文化集聚区等片区，优化布局音乐厅、艺术馆、微型博物馆(展示馆)、特色小剧场等，形成具有丰富人文特质、彰显城市能级的文化设施集群。**打造复合型文化空间**。促进文化设施与商业、旅游、教育等核心服务功能相结合，鼓励支持商业综合体、景点景区、功能园区、创新街区内"嵌入式"设置展览馆、美术馆、电影院、小剧场、艺术街区。促进市级博物馆、文化馆、图书馆向复合型文化设施转型，促进影剧院从单一的电影播放功能向中小型剧场和文化娱乐中心等综合功能转型。**创新拓展文化服务阵地**。建立健全相关体制机制和政策体系，推动博物馆、美术馆、文化馆等错时延时开放，审慎发展深夜影院、24 小时书店、音乐俱乐部、驻场秀等夜间文化业态。创造条件支持园区、厂区、高校、国有企业向市民开放内部文化设施。在城市综合体、旅游景点、公园广场、街区转角等区域，开展沉浸式、体验式、互动式文化活动，打造主客共享的"泛在文化空间"。

6. 繁荣发展文化产业

把培育发展文化产业作为城市高质量发展的重要支撑，打造"文化+"产业生态，持续拓展产业链和产业边界，促进"双效统一"，着力构建与高质量发展要求相适应的现代文化产业体系，不断扩大高质量文化产品供给。**加强对数字文化企业**

（园区）**培育扶持**。加强对数字文化企业的分类管理，开展数字文化企业认定和梯度培育工作。支持文化产业园区（基地）重点布局文化产业"云""网""端"等基础设施，提高文化园区的数字化建设水平。探索"产业园区＋创新孵化器＋产业基金＋产业联盟"一体化推进模式，发挥产业园区的集聚效应。完善"国家文化消费试点城市（南京）智能综合服务平台"功能，建设文旅产业基础数据库、文化和旅游资源普查电子数据库、文化消费大数据中心、文化和旅游地理信息系统、文化和旅游消费数据监测体系、景区资源数据库。**推动产业园区向功能区转变**。秉承"产城融合"理念，以文化产业功能区建设为抓手，引导文化产业特色化、差异化、集群化发展，建设一批文化企业集聚度高、产业核心竞争力强的文化产业集群和中小微文化企业群落，形成一批具有广泛知名度和国际影响力的文化产业园区。以功能区建设带动城市再造，提升城市景观风貌品质和文化内涵，实现社会资本与文化设施建设、文化遗产保护利用的对接。**大力发展对外文化贸易**。用好服务业扩大开放综合试点和自贸区、保税区等政策资源，发挥国家对外文化贸易基地优势，打造南京（建邺）对外文化贸易公共服务平台，在艺术品交易、文艺演出、旅游消费等领域扩大开放，探索建设影视、版权等领域海外推广和数字化交易平台。**促进文旅融合发展**。实施高品质文化旅游项目塑造行动，加快地标性文化旅游集聚地建设，大力推进栖霞山旅游度假区等重点项目，打造一批全国知名的旅游演艺项目、入境旅游品牌，积极申报国家级旅游度假区，建设富有文化内涵的世界级旅游城市、旅游景区、旅游度假区和旅游廊道。加强国家和省级夜间文化旅游消费集聚区建设，丰富"夜之金陵"品牌内涵，打造夜游、夜娱、夜读等多元化夜间文旅消费主题场景，更好地满足市民游客个性化、多层次、品质化的夜间消费需求，推动商旅文深度融合。

7. 推进书香社会建设

健全全民阅读体制机制，完善全民阅读设施阵地，创新全民阅读方式方法，营造"爱读书、读好书、善读书"的浓厚氛围。**构建覆盖全民全域的阅读空间**。深入推进城市文学空间计划，重点打造"1＋N＋X"文学之都空间网络，推动旅游景区、商业综合体、文化场所、科技园区等设立"文都书房"，提高南京文学之都品牌显示度标识度。实施"阅读＋"文化空间塑造计划，探索采取公营单位联建、民营企业联建、社区联建等方式，整合城乡社区、企事业单位等资源力量，形成多样化的城市文化阅读空间。认证、扶持市级公益阅读推广活动和共享阅读空间，支持具备资质和条件的行业单位、社会组织和个人等，承接公益性阅读空间建设与公共阅读服务。**打响"书香南京"阅读品牌**。创新"南京读书节""共读南京""朗读者""9.28 经典诵读""全民阅读・春风行动"等活动，推出"鸡笼山下文学课""文学之都大师课"等文都主题阅读品牌，打造南京文学季、南京文学之夜、年度文都榜样等品牌项目。推进阅读推广与音乐、舞蹈、美术、戏剧等跨界联动、融合发展，打造可视化呈现、互动化传播、沉浸化体验的阅读新场景，把阅读有机融入日常生活。**强化阅读组织分类管理**。扩大书香南京“朗读者”志愿者队伍，鼓励出版工作者、文艺工作者、科技工作者、新闻工作者、在校大学生、社会阅读组织负责人等加入志愿服务队伍。建立“南京阅读文化推广新媒体联盟”，推动公共图书馆数字阅读资源、“书香南京”微信公众号、“南京文学之都”微信公众号等资源共享，提高读者活跃度、增强读者黏合性。

8. 构建文明对话合作网络

用好用活城市资源禀赋，开展历史文化名城对话、国际文学对话、和平与发展对话，促进交流互鉴民心相通，为展现中华民族现代文明、展示真实立体全面的中国作出贡献。**彰显历史文化名城魅力**。推进“一带一路”遗产保护与利用数字平台建设，持续办好“一带一路”青年创意与遗产论坛、中国南京周等活动。用好宝船遗址等“海丝”遗产，赓续弘扬丝路精神。发起“共同的遗产，共同的世界”全球艺术共创行动，与联合国教科文组织策划出版丝路文化主题集。**擦亮“世界文学之都”名片**。与中国作协合作举办“中国文学国际传播论坛”，深入实施国际文学家驻地计划、南京文学作品翻译资助计划、国际漫画家环球驻地项目。发挥国际文学交流中心（南京）作用，在联合国教科文组织创意城市网络主动发起倡议、设置议题，向世界讲好中国故事、展示中国形象、阐释中国理念。**展示“国际和平城市”形象**。举办南京和平论坛，对接中法文明对话会、巴黎和平论坛等重要活动，开设海外分论坛。策划联动国际战争与和平类纪念馆举办南京大屠杀史实海外展，开展“为和平设计”全球征集，办好“南京国际和平海报双年展”。支持和平学教席参加联合国教科文组织等国际机构官方文本的编撰修订工作，依托国家记忆与国际和平研究院开展国际智库对话。

文化事业

高质量保护利用南京城墙的路径举措

刘东华① 胡 静② 龚 哲③

摘 要:南京城墙是南京地面体量最大的文化遗产,是古都的框架骨骼,是市民的精神家园,是南京在推进国家战略中独一无二的禀赋优势。立足新发展阶段,南京城墙保护管理中心深入贯彻习近平新时代中国特色社会主义思想特别是习近平文化思想,积极探索高质量发展新路径,把南京城墙打造成为展示中华民族现代文明的重要窗口,担当文化使命,做好创造性转化和创新性发展,向世界讲好城墙故事、南京故事、中国故事。

关键词:南京城墙;保护利用;高质量发展

2023年10月,习近平总书记对宣传思想文化工作作出重要指示指出,宣传思想文化工作事关党的前途命运,事关国家长治久安,事关民族凝聚力和向心力,是一项极端重要的工作。党的十八大以来,习近平总书记深切关怀江苏发展并提出殷切期望,希望江苏在建设中华民族现代文明上探索新经验。作为历史文化名城,南京深入学习贯彻习近平新时代中国特色社会主义思想,沿着习近平总书记指引的方向奋勇前进,牢牢把握高质量发展这个首要任务,全方位提升文化资源保护利用格局,一体推进历史文化保护传承与创新发展,繁荣发展文化事业和文化产业,提高社会文明程度,建设更有文化厚度的南京。

南京城墙始筑于1366年,历时28年建成,从内到外由宫城、皇城、京城、外郭四重城垣组成。其中京城城墙蜿蜒盘桓达35.267公里,外郭周长更是超过60公里。南京城墙是世界上现存最长、规模最大、保存原真性最好的城市城墙,是南京地面体量最大的文化遗产,是古都的框架骨骼,是市民的精神家园。城墙是南京一张靓丽的文化名片和特有的文化地标,在长江经济带和长三角一体化等国家战略

① 南京城墙保护管理中心研究馆员。
② 南京城墙保护管理中心副研究馆员。
③ 南京城墙保护管理中心馆员。

的推进中，城墙是南京独一无二的禀赋优势。

作为南京城墙的保护管理机构，南京城墙保护管理中心（以下简称"城墙中心"）走过近十年的发展历程，在传承和保护优秀传统文化方面取得了新成果，为立足新发展阶段、推动高质量发展奠定了基石。

一、南京城墙保护利用新成果

（一）保护修缮夯基固本

1. 开展原真性抢救修缮

南京城墙的修缮工作始终贯彻文物保护工作方针，在国家文物局、省市相关部门以及科研院校的大力支持和指导下依法依规进行。近年来实施了南京城墙标营门以南、中山门至琵琶湖、西干长巷缺口、解放门至太平门段（一期试验区九华山段）修缮应急抢险、解放门至太平门段修缮应急抢险（二期）等近 20 个重点修缮项目，恢复整体历史风貌，提升城墙景观水平和历史价值。2014 年实现城墙本体顶面贯通，自 2014 年以来共保护性维修城墙 5.3 公里，修缮面积近 16 万平方米，对城墙本体的保护修缮工作已基本完成。

与时俱进地更新文物保护理念，广泛学习借鉴先进科学方法，创新开展了前湖保护展示、保护与修缮技术导则编制、修复用砖制作标准研究等项目，对提升不可移动文物保护水平具有重大意义。南京城墙前湖段缺口保护展示工程，在保证文物原真性的前提下，将现代工艺融入古代城墙，修复城墙本体与环境，同时兼顾历史信息展示与文物活化利用，得到了国家文物局领导的高度评价，将其称作"国内文物保护工程的一个创新举措"，是城墙保护思维创新、方法创新和工艺创新的成功案例，荣获"首届南京市优秀古迹遗址保护项目"。

2. 实施预防性保护工程

随着文物保护理念从抢救性保护向抢救与预防保护并重转变，城墙中心开展了本体安全监测、内部人防工事结构检测及安全评估等预防性保护工程，把险情控制在萌芽状态，延长南京城墙的生命力。

监测是对世界遗产保护和管理的要求之一，南京率先开展城墙监测预警平台建设，对中国明清城墙遗产监测工作发挥了示范引领作用，为其他古代城垣和类似的砖石类文物监测提供了参考。

南京城墙监测预警平台采用地理信息、物联网、大数据等最新技术成果，设计 8 个子系统、57 个功能模块，安装 263 套自动化监测设备，实时捕捉城墙本体上发生的毫厘变化，对现存 25 公里的南京城墙进行全方位、立体化的监测。自 2021 年

10 月通过验收并投入使用以来，监测预警平台通过定期采集数据、分析动态变化，得出城墙本体的“健康体检表”，实现“变化可监测、风险可预报、险情可预控、保护可提前”的预防性保护管理。

3. 形成整体性保护格局

南京城墙对城市建设规划、功能分区起到了骨骼根脉作用，加之我国文物保护理念逐步由注重文物本体保护向文物本体与周边环境、文化生态的整体保护转变，对南京城墙的保护修缮兼顾了城墙本体与周边历史环境的协调性和整体性。

自 2013 年开始，南京启动了城墙沿线环境整治工程，包括棚户区征收、绿化改造、河道补水净水等，拆除了沿线 50 米范围内违建 305 处、1.68 万平方米，完成了城墙沿线 18 公里周边绿化整理，城墙内侧沿线建成 14 公里绿环和慢行绿道，城墙开放长度达到 23 公里，其中 22 公里已经完成景观亮化工程。经过整治，南京城墙及周边地区环境得到大规模改善，建成城墙内外侧绿道，打造城市观景平台，将分布于南京市区的景点和场馆连点、串线、成面，明城墙成为市民可观、可亲、可近的“民城墙”。

4. 探索参与性保护模式

国家鼓励和支持社会力量参与文物保护工作，面向社会广泛征集散落明城砖线索的“颗粒归仓，守护城墙”项目，便是社会参与文物保护利用的积极探索。多年来，工作人员走访了 500 多处城砖回收地点，奖励人员、团体 90 余次，回收城砖 50 万余块，回收的城砖大部分用于修缮应急工程、松动城砖修补等。

“颗粒归仓，守护城墙”项目大大保障了城墙本体修缮，保护了南京城墙的“完整性”和“真实性”，更是逐渐发展形成文物保护工作全民参与、保护成果全民共享的文化遗产保护新模式，荣获全球世界遗产教育创新案例“探索之星奖”、江苏慈善奖“最具影响力慈善项目”。

（二）文旅融合提质增效

1. 举办节庆园事活动

作为南京靓丽的文化名片，南京城墙多次承办国际盛会。2014 年第二届青年奥林匹克运动会在南京举行，南京城墙不仅是圣火传递的路线，也是各国运动健儿感受中国传统历史文化魅力的平台。2016 年、2018 年连续两届南京历史文化名城博览会在南京城墙举办重大活动，彰显了南京城墙深厚的历史文化底蕴，提升了南京城墙的国际知名度和美誉度，推动了世界历史文化名城之间的交流。

城墙中心积极开展了“城门挂春联，南京开门红”、“环城七十里”健步走、“站上城墙看月亮”中秋晚会、南京城墙摄影大赛、南京城墙全球华语诗词征集大赛等各类主题性公益文化活动。其中，自 2016 年起举办的“城门挂春联，南京开门红”活动，入选了中宣部年度传承弘扬优秀传统文化主要活动之一、获颁中国报业协会中国报业融合发展十佳案例、南京主要春节文化活动之一，成为全市、全省乃至全国的开年文化盛事。

2. 建设文化展示窗口

城墙中心借助藏兵洞、城楼等，打造覆盖全线的展厅，借助实物、图文资料、沙盘模型、多媒体等展示手段，系统地介绍了南京城墙的历史沿革、建造特点等。系列特展结合国际博物馆日、中国文化和自然遗产日相关主题，多视角阐释南京城墙文化遗产价值，为游客提供更丰富、更深度的文化体验。

2021 年，作为中国古代城墙历史与文化的专题博物馆以及申报世界文化遗产的展示地，南京城墙博物馆面向公众开放。南京城墙博物馆基本陈列展以“旷世城垣”为主题，展示各类精品文物 2000 多件(套)，全面展现南京城墙的历史文化及遗产价值，体现了中华民族在城市规划、科技技术、文化融合、对外交往等方面的中国智慧。南京城墙博物馆开放以来，举办了《盛世聚首——圆明园兽首特展》《文谟武烈——永乐的世界遗产》等高品质特展，搭建文化遗产展示、交流和互动的平台，让参观者从多个视角了解和欣赏文化遗产，增强文化自信。

3. 创新晚间开放体验

为进一步盘活夜间经济，城墙中心创新举办晚间开放项目，陆续推出了《明月印・中华门》光雕艺术秀、南京城墙夜色潮玩节、奇妙夜・悦动明潮等夜游互动项目。创新打造的 3D 沉浸式光影秀，配合全息歌舞、六朝市集、网红打卡墙等互动活动，打造沉浸式游览体验，既延长了游客停留时间，也增加了城市烟火气。

2021 年新春首演开幕的《心印・中华门》，通过真人实景演绎、3D 投影秀、光影互动等创新方式，让文物“活”起来，为市民游客打造夜间文化体验新空间，为社会公众呈上高品质的文旅融合夜宴，已成为“极美南京”的必打卡地，被评为全国文化遗产旅游百强案例、南京市网红景点、龙雀奖—最佳夜游制作项目。

4. 提升基础配套设施

城墙中心以国家 5A 级旅游景区和旅游示范点创建要求为标杆，着力完善南京城墙景区服务品质：进行票务系统升级改造，实现自动化检票；增设五处城墙顶面旅游配套服务空间，完善配套设施；增加文化解读牌、旅游导览牌等多类型标识牌，加强宣传阐释；全面提升南京城墙景区场馆服务品质，让游客“进得来、留得住、玩得欢”。

城墙中心依托城墙多处内部空间打造阅读休憩的文化驿站，创建“书香满城”

文化品牌，入选江苏省首批共享阅读空间认证扶持。遍布城墙全线的城墙书吧，配备丰富书籍，供市民免费阅读，是倡导全民阅读的中坚力量，也是富有特色的城市文化客厅。

（三）学术研究积厚成势

1. 深入学术课题研究

近年来，城墙中心已经完成了30余项省市级课题研究项目，在南京城墙四重城垣、古都格局、护城河体系、军事防御等“城墙学”研究取得了突出成绩，研究工作全面开花。城墙中心于2019年挂牌国家新闻出版业科技与标准重点实验室，并于2020年6月升格为主任单位。依托该实验室、运用创新智媒手段，完成了《南京明城墙与良渚古城遗址价值对比研究》《南京城墙军事防御功能研究与展示》等多项研究课题和数字化成果。2023年5月，城墙中心成为江苏省哲学社会科学规划办公室科研单位，突破了以往无法从机构层面开展省社科基金项目申报的局限，将有力推动开展省社科基金各项科研项目。

2. 编纂出版学术著作

逐步建立具有城墙特色的研究体系，出版十余部兼具学术性与趣味性的书籍，发表百余篇学术论文，全面提升南京城墙科研实力。2019年，国内首家“城墙学”研究专业辑刊《中国城墙》创刊出版。辑刊一经发行便在学界内引发关注，来自韩国、巴西、西班牙、波多黎各等国外城防与军事遗产研究领域专家倾情投稿。持续开展《世界遗产体系中的城市城墙》《欧洲世界文化遗产下的城堡与城墙》《南京明城墙与良渚古城遗址价值对比研究》等研究，把城墙置于世界遗产框架内进行审视。出版《南京城墙砖官窑遗址研究》《雄丽南都——南京历代城池格局演变》《南京明外郭遗址研究》《南京城墙护城河体系研究》等书籍，宣传南京城墙文化遗产价值。

3. 深化馆校合作模式

充分挖掘高校、科研机构及社会的力量，吸纳了多学科专家学者，建设具有新时代特色的新型智库，共同促进南京城墙保护利用、科学研究、宣传推广、成功申遗等工作。城墙中心积极开展一系列战略合作，2018年与南京大学文化和自然遗产研究所签署战略合作协议，2019年与南京大学多媒体科教中心、金陵科技学院人文学院签署战略合作协议，2021年与南京大学、金陵科技学院人文学院、南京市莫愁中等专业学校、南京信息职业技术学院等高校共建实践教学科研基地，实现各方的资源整合、优势互补、机制创新。

4. 打造社会教育课堂

作为展示地方历史文化、弘扬民族精神、爱国主义和革命传统教育的第二课堂，城墙中心开展各类教育活动，引导群众了解城墙文化、热爱城墙文化，发挥传承弘扬中华优秀传统文化功能。创新开展面向青少年的“城城垣垣小讲堂”和“小小城墙讲解员”等社教活动，建设文化遗产研学旅行基地，打造传承中华优秀传统文化的空间载体，促进学生“在场”感受传统文化。开发南京城墙微学习资源，带领受众“读城”，深入探索南京城墙历史和南京城市发展的故事。成立“城曦”青年志愿服务队和宣讲团，发挥青年的能动性，向社区、学校等传播南京城墙文化遗产内涵。

（四）遗产传承笃行致远

1. 牵头中国明清城墙联合申遗

南京城墙两次列入《中国世界文化遗产预备名单》。2014 年，南京被确定为中国明清城墙联合申遗的牵头城市，并成立中国明清城墙联合申遗办公室。在国家文物局、各省文物局的统一部署下，按照《中国明清城墙联合申报世界文化遗产总体工作计划》的任务要求，开展各项基础工作，整体同步推进申遗工作，彰显中国明清城墙的突出普遍价值。作为中国明清城墙联合申遗的牵头城市，南京坚持成为遗产有效保护传承的“信息员”“研究员”和“推广员”，努力搭建城防与军事遗产的国际交流平台。2018 年、2023 年两次举办以城墙的保护利用为主题的国际论坛，秉持开放包容，坚持守正创新，通过主旨报告、学术研讨、实地调研等多种形式，交流城市可持续发展、城墙及军事防御遗产保护研究利用的最新经验，让古老城墙延展出美好未来。

2. 参与“海上丝绸之路 · 中国史迹”申遗

南京作为中国古代海上丝绸之路官方贸易的重要中心城市，其丰富的海丝遗产具有重要而独特的价值。2012 年，海上丝绸之路南京史迹列入中国海上丝绸之路申遗预备名单；之后，南京与广州、宁波等 34 个城市组建“海上丝绸之路保护和联合申报世界文化遗产城市联盟”，合力推进申遗工作。依托中国世界文化遗产监测预警总平台，已完成基础数据库中遗产基础信息、保护管理、文献共 3 大类 22 项 203 件信息录入，完成“海上丝绸之路 · 中国史迹”监测云中包含游客量监测点、日常管理、保护展示与环境整治工程等 3 大类超过 4 万项监测信息采集。完成龙江船厂遗址、浡泥国王墓、郑和墓、洪保墓实体档案编制工作，共计 116 卷、1582 件档案。

3. 传播文化遗产价值

城墙中心是中国首个加入国际古迹遗址理事会防御和军事遗产科学委员会

(ICOFORT)的文博单位,积极参与了《ICOFORT 防御工事和军事遗产宪章》的起草、审核与完善等工作,旨在加强相关研究、国际合作,促成全社会共享遗产、共享文化、共享责任。与国际古迹遗址理事会(ICOMOS)、中国古迹遗址保护协会(ICOMOS CHINA)开展合作,在国际古迹遗址日举办主题宣传活动,开展“城墙下,我的家”连线直播、《全球气候变化下的文化遗产保护》科普宣传、“变革中的文化遗产”主题展览等紧扣文化遗产价值传播的专题活动。

二、 南京城墙保护利用新经验

(一) 思想引领,充分认识文化遗产保护传承的重要意义

1. 高度重视文化遗产保护传承

习近平总书记站在实现中华民族伟大复兴中国梦的战略高度,就传承发展中华优秀传统文化、切实加强文物工作发表了系列重要论述,作出了系列重要指示批示,提出了系列新思想新观点新要求,为统筹推进文物事业发展赋予了历史担当、指明了前进方向、提供了澎湃动能。南京历届市委市政府高度重视南京城墙保护和申遗工作,相继成立南京城墙申遗工作领导小组和南京城墙保护委员会,出台了三期南京明城墙及周边地区保护整治和开放行动计划。

2. 顶层规划提供科学依据

文化遗产保护传承工作已被纳入国家文化发展整体战略,从顶层规划上为文化遗产保护传承工作提供科学依据。一系列针对南京城墙的前瞻性专项规划的实施,为南京城墙保护管理保驾护航。《南京城墙保护规划(2008—2025)》从南京城墙保护的实际情况出发,提出“全面保护、重在抢救、整治环境、合理利用”的指导思想。《南京明故宫遗址保护总体规划(2012—2032)》聚焦重点历史片区,2015 年国家文物局批准立项明故宫遗址核心区一期保护展示工程。

(二) 统筹协调,建立健全攻坚工作保障机制

1. 各部委办局部门协同开展综合整治

市级层面各部委办局协同开展综合整治,共同协作对城墙本体和周边环境进行综合整治,其中,城乡建设行政主管部门负责实施城墙保护范围和建设控制地带国有土地房屋征收,城市管理行政主管部门负责城墙保护范围和建设控制地带内违法建设拆除和市容环境卫生监督管理,园林绿化行政主管部门负责城墙保护范围和建设控制地带内园林绿化监督管理。市级层面各部委办局共同协作,更有效地保护和管理城墙,促进城墙历史文化的传承和发展。

2. 颁布地方性文物保护法律法规

《南京城墙保护条例》2015 年 4 月 1 日起施行，是南京城墙首部专门的法律条例，使南京城墙保护工作走上了法律化、规范化、严格化的道路，对南京城墙的保护、利用、监督、管理及法律责任等诸多方面进行了有效界定。为了细化《条例》作用，制定《关于贯彻落实〈南京城墙保护条例〉的实施意见》，协调好各部门和社会力量，为城墙保护排定工作任务和时间表。

（三）强化管理，逐步构建多元主体治理网络

1. 推进机构整合，加强统一管理

长期以来因城墙跨区分布造成的多头管理局面，对南京城墙进一步的保护管理、展现古都风采，形成了一定程度的制约。2014 年，南京城墙保护管理中心成立，基本结束了长期多头管理的局面。2019 年，南京市明故宫遗址公园管理处整建制并入城墙中心。2022 年，南京城墙保护管理中心（市明故宫遗址公园管理处、南京城墙博物馆）、市海上丝绸之路遗产研究中心、市清凉山公园管理处、市石头城公园管理处（南京国防园）四家事业单位整合，重新设立南京城墙保护管理中心。

2. 集聚社会力量，形成强大合力

成立中国城墙研究院。由城墙中心和南京大学文化与自然遗产研究所合作共建，为中国明清城墙申遗提供强有力的学术支撑，加强与国内相关申遗城市的合作和与国外相关遗产城市的交流。

成立南京城墙研究会。会员涵盖历史、考古、园林、古建、城市环境、建筑结构等专业领域，开展有关城墙历史、修缮、多元文化价值和当代科学利用等方面的研究，为相关部门决策提供科学依据和建议。

成立南京城墙保护基金会。运用爱心企业的社会资源，开展城墙价值的研究与展示传播，促进城墙保护事业的可持续发展，强化南京城墙与南京市民的情感联系。

成立南京城墙志愿者保护协会。广泛吸纳、团结凝聚热爱南京城墙的志愿者力量，弘扬友爱奉献的志愿精神，投身于讲解接待、安全巡查、节假日开放等服务保障工作中，形成文化遗产保护的强大社会合力。

（四）精准定位，着力践行以人民为中心的发展思想

1. 打造文旅融合的典范、国际瞩目的文化遗产地

站稳人民立场，加强阵地建设。南京城墙的高质量发展是重视促进人的全面发展和社会全面进步，注重物质文明和精神文明协调发展。作为南京重要的文化阵地，城墙中心坚持以人民为中心的工作导向，积极发展文化事业和文化产业，提

高公共文化服务覆盖率和城乡文化设施覆盖率。

文化供给提效增质，满足人民精神文化生活新期待。城墙中心深耕南京城墙历史文化，整合社会资源，融合多样元素，紧扣重要时间节点，积极开展了各类文化展演、体育赛事等活动，丰富了居民文化生活供给，彰显了南京城墙独特文化特色，增强人民群众的获得感、幸福感、安全感。

2. 建设国际一流的文化遗产展示平台

建设政务新媒体平台矩阵。根据平台特点和用户偏好，形成符合工作实际、具有城墙特色的沟通机制，对“南京城墙”新媒体平台进行优化运营及改版提升，打造成为全省、全国有影响力的城市文化传播平台。

拓宽媒体合作纵深发展。整合中央、省、市级媒体资源，借助主流媒体权威声音，利用报、网、微、端开展全媒体宣传，进行多角度报道，全面覆盖多项重点工作，推动南京城墙综合传播建设。《人民日报》、新华社、中新社、中央电视台等中央级媒体多次报道。

影像化记录南京城墙发展变迁。以具象多维的视觉影像为表现方式，构筑文化遗产形象传播效果的时代特征，糅合大众传播、组织传播、人际传播等传播方式，制作并滚动播出各类视频，传播量超过 20 亿人次，让南京城墙不仅走向世界，也深入人心。

三、 南京城墙保护利用的新路径探索

新时代南京城墙保护利用应形成全面协调可持续的格局，把文物的保护利用同城市建设融为一体，促进历史文化遗产资源优势转化为城市发展的资产优势，实现社会、经济和生态效益的有机统一，让城墙遇见城墙，让城市遇见城市，让南京城墙不仅是南京的、中国的，也是世界的。

（一）树立新时代高质量发展理念

1. 强化融合思想，加快推动南京城墙可持续发展

树立“大城墙”概念，实行一体化管理。城墙中心下辖景区和场馆分散在南京城市之中。要以一体化管理为路径，推动协同发展、错位发展、联动发展。通过建立一体化票务管理系统、统一标识系统、旅游大数据统计分析平台等，提升景区管理和服务水平，统一开展城墙品牌宣传推广。

树立“四重城垣”和“城河一体”保护理念，彰显南京古都风貌。通过园林设计、河道整治等途径，增加绿化、改善水质，突出宫城、皇城、京城城墙的文化底蕴和自然特色，彰显“龙蟠虎踞”地理形胜，展示明代皇城格局和明清南京老城传统风貌。

2. 强化数智理念，推动数字赋能文化遗产保护

构建系统化文物保护方案和知识网络。采集整理南京城墙文物数据和信息，利用合适的数据结构和工具，将片段化的信息构建成知识网络，不断挖掘和获取更多的历史信息。

建设数字化展厅场馆。综合使用3D数字投影、全息、虚拟现实、增强现实等设备和技术，打造数字藏品，建设数字场馆，让文博场所变成沉浸式感受优秀传统文化之地，更可以打破物理时空界限、打破固定参观内容和路线，创意讲述城墙故事，打造"永不落幕"的展厅。

提升日常运营服务效率。统筹建设"数字城墙"平台，整合办公系统和数据后台，打破"信息孤岛"，畅通行政流转；建设全覆盖的客流监测系统，实时感知景区场馆的游客数量，分析其分布、流向、停留时间等多维度信息，优化景区设计，科学引导人流，提升游览体验。

3. 强化法治思维，推动文物保护法治化进程

加大监督和执法力度。鼓励公众积极参与、共同保护文物、文化遗产和历史遗址，营造全民参与南京城墙文物保护的良好氛围。对毁损南京城墙文物资源、不利于文物保护的行为，依法采取行政处罚、行政许可等措施。

探索利用检察手段加强文物保护。借鉴其他城市经验，通过出台公益诉讼特邀检察官助理制度、发送检察建议等方式，创新利用检察手段，加大南京城墙保护力度。

（二）践行新时代文物保护方针

1. 对照遗产标准，构建城墙本体保护体系

建设"南京城墙'一张图'文化遗产数字档案系统"。基于GIS地理信息系统构建"一张图"文物资源管理平台，将南京城墙历史、地理、修缮等全维度数据整合在"一张图"上，建立南京城墙文化遗产数字档案，为保护、研究、展示与利用提供精准数据支持。

完善文物保护档案记录系统。分类收集各类纸质文件、电子文件、图纸、照片等一系列资料，建立完善的档案记录系统，逐步开展档案资料数字化整理工作，发挥档案对于不可移动文物保护的重要价值。

加强文物保护研究的实际应用。推进对植物根系、表观病害、水毁病害等影响机制、防治技术和精细化评估的研究，进一步把研究成果转化为实际应用，为城墙保护提供依据和指导，催生更多的创新和发展。

2. 建设大遗址，突出历史文化名城风貌

城墙中心管辖范围内的明故宫和石头城两处大遗址，皆位于南京“老城”区域内。在城市中心建设遗址公园，要与南京城市布局调整、功能优化相结合，实现多重效益。

建设明故宫遗址公园。2021 年，明故宫遗址入选国家文物局《大遗址保护利用“十四五”专项规划》。为有效保护、充分展示明故宫的建筑文化和历史风貌，将按照国家大遗址保护要求，结合遗址周边建筑现状和环境，分期实施明故宫遗址公园保护展示项目。

建设石头城遗址公园。石头城遗址位于今南京城西的鼓楼区清凉山、国防园、菠萝山、红土山一带。继 2023 年启动入口设计方案征集后，继续推进石头城遗址博物馆建设，促进历史遗迹的活化利用，集中展现 2000 多年的石头城文化。

3. 加强文物管理，用文物讲好城墙故事

做好文物盘库建档。厘清藏品底数，做好文物的盘库建档；开展馆藏文物定级，建立文物资源资产动态管理机制；规范文物管理制度，提高馆藏文物安全水平。

开展文物修复保养工作。根据文物性质特点，采用适当的存储方式，采取科学有效的保护措施，确保文物的安全和稳定。

开展文物借展和交流。促进文物的保护和利用，用品类丰富的文物，展示南京城墙历史渊源、筑城技术等，让观众更加全面地了解南京城市地域文明，提高文物的社会认知度和影响力。

（三）建设新时代文旅融合景区

1. 体系化打造南京城墙品牌

完善南京城墙品牌体系。培育多领域、多层次、多功能的优质南京城墙品牌，生动呈现城墙文化的独特创造、价值理念和鲜明特色，展现南京城墙魅力风采，融入南京城市品牌建设。

发挥成熟品牌示范效应。着力打造的“城门挂春联”和“南京城墙博物馆”文化品牌，在全国范围内产生了重要影响，海外舆论关注度、知名度和美誉度持续走高。以成熟品牌为核心，带动活化利用和场馆建设。

整合定位内容相近品牌。城墙中心是爱国主义教育基地、国防教育基地、防震减灾科普教育基地、廉政文化教育基地、学雷锋活动示范点等。整合相关资源和活动，统一打造研学游品牌，将大有可为。

全面打造南京城墙品牌。以更高站位助力城墙品牌形象塑造，对南京城墙品牌进行总体规划，在对外形象展示时使用统一的口号、符号，细化实施步骤，广泛宣传、深入发动，吸引社会的关注度，扩大南京城墙品牌知晓度。

2. 产品化开发南京城墙资源

推出精品旅游线路。整合城墙与邻近历史文化街区以及山水景观资源，推出更多定制化、精品化旅游线路，丰富旅游内涵和游览内容。开发体验性、互动性强的旅游项目，促进科技与人文融合发展，形成了新的文旅融合发展场景，提升游客的参与感。

提供多样文旅体验。充分挖掘市民需求，结合文化遗产、城市休闲等主题，举办摄影大赛、城墙漫步等特色活动，开发文化体验、拓展训练等多种文旅产品。举办多种形式的文物保护专题活动，强化互动学习、实践操作，拓宽受众参与文物保护的途径，培养年轻一代对文物保护的兴趣和意识。

开发销售文创产品。梳理并整合南京城墙历史文化资源，结合当下文化消费形式，打造富有文化内涵、契合时代精神的高品质文创精品，让城市发展的历史脉络和独特魅力看得见、摸得着、带得走。

3. 标准化提供南京城墙服务

提升硬件设施水平。维护、改造和新建旅游服务中心、停车场、公厕等基础设施，提高景区和场馆的公共服务水平和旅游接待能力，确保各项设施能够满足游客的需求。

提升公共服务水平。为游客提供更加优质、便捷、舒适的服务，推动旅游业健康、可持续发展。加强对服务人员的培训和考核，提高人员素养和服务质量。积极引进先进的管理理念和技术手段，提高景区服务效率。

（四）开展新时代传播展示推广

1. 扩大国际研究视野

加强国际视野下的对比研究。开展南京城墙历史文化价值与特色课题研究，为保护和展示南京文脉提供遵循。立足世界文明，与西方著名历史城市城墙进行对比研究，关注城市城墙的历史演变、城墙、景观与城市肌理、城墙修复、城墙规划、城墙与都市计划等方面，揭开具有中西方古典文明代表意义的城墙存有差异的形成过程。

积极投身国际治理和标准制定。筹备中国古迹遗址协会城防与军事遗产专业委员会，扩大古代城墙朋友圈，画好遗产保护同心圆。利用 ICOMOS、ICOFORT 等国际组织，指导和推进申遗工作，参与国际标准制定，利用国际平台，加大国际交流，促进文明互鉴。

举办国际学术论坛。广泛开展同各国的文化交流互鉴，邀请国际国内相关城市代表、历史文化学者和文化遗产保护专家，深入研讨古城保护与城市发展的科学路径，分享文化遗产保护利用的先进经验，进一步促进城墙成为人类共同的宝贵财富、为城市发展不断注入新的活力源泉。

2. 广泛开展交流合作

开展双城联动活动。以城墙为纽带，开展联动活动，搭建起促进文化交流的民心相通之桥，进一步深化城市之间在文化、教育、旅游、古迹保护等领域的交流合作，促进城市交流交往。

引进国际文化交流展览。开展各类符合场馆和景区定位的国际文化交流展览和活动，促进不同文明之间的理解和交流，让观众能在家门口近距离接触世界多样文明和多元文化，坚定文化自信。

积极寻求全方位领域合作。借助区域一体化、都市圈、共建帮扶等协同合作机制，开展跨区域合作，推进文化体验和旅游观光“同城待遇”，建立有效衔接、便民惠民的文旅公共服务网络。通过 IP 授权等方式进一步拓宽合作，建立融合互动、跨界联名、宣传推荐等合作模式，嫁接优质资源。

3. 增强以城墙为代表的中华文明传播力影响力

采用贴近不同区域、不同国家、不同群体受众的精准传播方式，推进中国故事和中国声音的全球化表达、区域化表达、分众化表达，增强南京城墙国际传播的亲和力和实效性。

借助外联外宣平台出海。积极通过省市级港澳台办、外事办、侨联沟通对接，共同打造促进文化交流传播的品牌，大力弘扬中华优秀传统文化，增进海外对南京城墙的了解，增进海外华裔对祖(籍)国的感情认同。

提升境外传播能级。拍摄国际传播专题片，力求贴近海外受众，引发文化共鸣。扩大宣传覆盖面，提升南京城墙国内外影响力，通过主流媒体进一步推广南京在文化传承、文物保护和利用方面的好理念、好经验、好举措，进一步提升南京城墙海内外知名度和美誉度，营造良好舆论氛围。

(五) 加大新时代支持保障力度

1. 建立人才干部梯队

注重发挥人才第一资源的作用，引进多专业、高素质人才，为南京城墙高质量发展集智聚才。将南京城墙高质量发展与人才自身发展紧密结合起来，通过轮岗实践锻炼促进人才成长，培养专业务、善管理的复合型人才。优化评优方式，识别发现优秀年轻干部，建立一支结构优化、素质优良、数量充足的人才队伍，让更多优秀人才成长起来、获得使用。

2. 提升资金使用效能

围绕人文经济高质量发展的关键节点和重点任务，创新运营模式，加强南京文化和经济各部门之间的协调配合，形成文化与经济融合发展的合力，提升人文经济的效率效益。发挥财政资金引导作用，进一步加大南京城墙创新平台建设、科技项目实施、科创人才培育等科技创新领域的资金支持力度。

3. 建立风险防控机制

加强科学风险评估，分析识别可能的风险因素，制定风险应对策略，着力防范化解重大风险，不断提高应对风险、迎接挑战、化险为夷的能力水平。加强风险意识教育，增强谨慎意识，保持思想清醒，减少人为差错的发生和风险的突发，谨慎应对风险。

在以中国式现代化全面推进中华民族伟大复兴的新征程上，城墙中心深入学习贯彻习近平文化思想，自觉传承和弘扬中华优秀传统文化，坚持历史文化赓续传承与城市创新发展的内在统一，将历史文化包容性、多样性与现代化要素有机结合，既保持自身特色又兼容并蓄，为推动经济发展、文化繁荣注入深厚力量。

南京博物馆社会服务的新议题与新实践

段媛媛[①]　刘东华[②]

摘　要：为社会发展服务是现代博物馆的基本职能之一，这一职能的形成和巩固伴随博物馆定义的历次修订而嵌入博物馆的灵魂，成为指导博物馆发展方向的关键要素。博物馆社会服务的内涵随着社会变迁而越发丰富与多元，呈现出示范性、共享性、创新性等特点。进入“高质量发展”时代，博物馆社会服务融入城市有机更新，由人、物、技术所支撑的展览陈列、社会教育、文旅融合等文化服务被“博物馆之城”生态所囊括。

关键词：博物馆；博物馆社会服务；博物馆之城

20世纪下半叶，博物馆功能和价值边界不断拓展，内涵和功能越来越丰富和包容。博物馆从关注历史中“物”的稀缺和价值，转向重视当下受众“人”的感受与需求，与公众之间的关系越来越密切。社会的变革，推动博物馆功能与定位的与时俱进。

一、 博物馆向社会服务转型的新议题

何为博物馆，目前关于博物馆定义的最广泛共识由国际博物馆协会(ICOM)主导。国际博物馆协会的博物馆定义经历了多次变化，自1946年成立并首次进行定义以来，分别在1956年、1961年、1974年、1989年、1995年、2001年、2004年、2007年、2022年对博物馆定义进行过多次修订，迄今共形成九个正式版本，其中1974年的定义将博物馆的定位和使命引向了新阶段，揭开了博物馆与社会发展联系的大幕。

1974年，在第11届国际博协大会上，博物馆的定义增加了新的内涵：“博物馆是一个不追求营利、为社会和社会发展服务的公开的常设性机构。它把收集、保

① 南京市博物总馆副研究馆员。
② 南京城墙保护管理中心研究馆员。

存、研究有关人类及其环境见证物当作自己的基本职责,以便展出,公之于众,提供学习、教育、欣赏的机会。"①这一定义首次明确了博物馆与社会的关系,强调博物馆为社会及社会发展服务和在社会体系中非营利机构的角色定位,突出博物馆的公益属性和社会效益。此后,博物馆定义几经修订,但对"为社会及其发展服务"的强调一以贯之,"为社会及其发展服务"逐渐发展为博物馆的本质定位。

博物馆的社会服务使命,经过国际博物馆界长期的碰撞思考和国际博协对博物馆定义的几次调整,已成为博物馆发展的共识。国内关于博物馆服务社会的探讨,因其关涉到博物馆的核心价值,由来已久,在学者们对博物馆"物"与"人"关系的讨论中,对博物馆社会教育功能的大力阐释中,博物馆的"社会服务"作为一个名词和概念开始出现在博物馆改革与发展进程的研究中。有专家持续呼吁,博物馆应将社会服务意识上升为使命,以观众为中心,在规范、设施、环境、技术等方面不断提高服务社会的能力,提升服务社会的质量。② 随着对博物馆社会责任研究的深入,社会服务理念被专家明确地提炼了出来,并从服务理念、服务内容、服务方式、服务手段、服务制度、服务载体和服务态度等方面对这一理念进行了理论和实践相结合的框架性探究。③

博物馆社会服务是公共文化服务体系的重要组成部分。特别是 2016 年《中华人民共和国公共文化服务保障法》的出台,引起了学者对博物馆公共文化服务的关注。博物馆学研究也相应被置于具有中国特色的"公共文化服务(体系)"框架下,从公共文化服务视域出发,探索博物馆如何更好地服务公众、服务社会、参与社会治理。④ 围绕如何增强博物馆的公共文化服务能力,博物馆界展开了学理和实务两方面的研究。对于博物馆而言,发挥好公共文化服务机构的作用,需要立足公共文化服务的基本特点,强化公共教育功能,拓展公共文化服务供给主体,合理开发博物馆公共空间。⑤ 注重从馆所建设、展览社教、推广传播、技术运用、人才培养、广泛参与等方面加强体系建设,⑥包括以知识文化传播和公共服务为目标转变观念,提升展教水平,建立健全绩效评估体系;⑦以社会服务作为博物馆工作的中心

---

① 王宏钧. 中国博物馆学基础[M]. 上海:上海古籍出版社,2001.

② 单霁翔. 进入服务时代的博物馆管理[J]. 敦煌研究,2013(03).

③ 单霁翔. 从重"物"到"人""物"并重——博物馆社会服务理念的提升[J]. 中国博物馆,2014(03).

④ 谢雨婷. 试论公共文化服务视域下的博物馆学研究[J]. 中国博物馆,2021(02).

⑤ 夏洁秋. 文化政策与公共文化服务建构——以博物馆为例[J]. 同济大学学报(社会科学版),2013(01).

⑥ 姜艳,苏同林. 博物馆公共文化服务体系建设探析——基于江苏省博物馆的调查与思考[J]. 艺术百家,2015(S1).

⑦ 陆建松. 增强博物馆的公共服务能力:理念、路径与措施[J]. 东南文化,2017(03).

思想，围绕公众需求，完善博物馆内部社会服务机构设置，深挖博物馆展教这一核心资源并延伸公众服务链条；①注重精神层面的博物馆职业伦理道德的培育与加强。②

博物馆社会服务是博物馆高质量发展的内在要求。高质量发展已成为博物馆面临的时代主题，在博物馆高质量发展的视角下，博物馆社会服务意味着一种新的工作模式，将会涉及博物馆的方方面面，是在管理模式、运营方式以及组织架构等方面的全面创新。从宏观的角度而言，以个性化发展定位、标志性建筑外观、人性化文化空间和服务空间为标志的高品质博物馆是产生高品质文化服务产品的实体依托，而博物馆文化服务效能的品质则与展览、社教、文创、宣传、评估等文化产品的优劣息息相关。③ 博物馆以人为中心提供高品质的社会服务，有赖于博物馆理念和行动的同步转向，对物的诠释的形式创新，对物的展览语言的系统重构。④

博物馆社会服务是“博物馆＋”“＋博物馆”的创新融合。运用新理念、新方法、新技术，构建开放包容、智慧通达、共建共享的博物馆应成为博物馆更好地服务社会的努力方向。⑤ 推动公共文化共享是博物馆独特的公共文化服务价值所在，⑥新理念、新技术、新业态等创新项目，是当前推进博物馆公共文化能力建设的重要创新力量。比如，在博物馆社会教育方面，整合学校、社会的教育资源形成馆校合作的合力，为博物馆公共文化服务在供给层面上增强辐射力和影响力具有突破作用，⑦同时推进博物馆社会服务和教育项目的分众化，也是博物馆履行公共文化服务机构使命的必然要求。⑧ 在博物馆文创产品方面，IP经营是博物馆向社会提供高质量的公共文化服务产品的新动力。⑨ 在博物馆文化传播方面，将数字化、信息化等现代科学技术和传播手段应用于博物馆公共文化服务体系建设，形成社会“共享机制”，是博物馆适应时代发展的战略选择。⑩ 以微信为代表的新媒体，是博物馆充分利用新技术开展公共文化服务的新载体和新尝试。⑪ 博物馆积极主动收

---

① 龚良. 从社会教育到社会服务——南京博物院提升公共服务的实践与启示[J]. 东南文化，2017(03).
② 安来顺. 职业道德语境下博物馆的公众服务功能[J]. 东南文化，2017(03).
③ 龚良，张蕾. 博物馆高质量发展：品质、效能与评估[J]. 东南文化，2019(02).
④ 周婧景. 对博物馆“以观众为中心”观念的再理解[J]. 中国博物馆，2021(01).
⑤ 魏峻. 中国博物馆的发展新导向[J]. 东南文化，2019(02).
⑥ 罗向军. 公共文化服务背景下博物馆的社会责任解读[J]. 东南文化，2017(04).
⑦ 贺华. 浅析当代博物馆教育与公众文化生活[J]. 中国博物馆，2019(03).
⑧ 邢致远，李晨. 博物馆社会教育与服务的分众化研究[J]. 中国博物馆，2013(03).
⑨ 姜璐. “IP”经营——博物馆提供公共文化产品与服务的新思路探索[J]. 中国博物馆，2017(01).
⑩ 白国庆，许立勇. 移动互联网背景下数字博物馆公共文化服务的“共享机制”[J]. 深圳大学学报(人文社会科学版)，2017(04).
⑪ 王惠玲. 微信时代博物馆公共教育与文化服务[J]. 中国文物科学研究，2015(02).

集、保存、生产、传播公共知识是博物馆参与社会发展、履行社会责任的在场证明。①

博物馆社会服务的方式和效用随着社会发展而变迁。在数字化浪潮的席卷下，数字技术深入社会的方方面面，这一革命性技术手段深刻影响着博物馆的社会服务功能和能力。“互联网＋博物馆教育”不仅仅是让博物馆教育突破时空局限的辅助性技术工具，更是有力促进博物馆与社会间双向传导调整的服务理念加速变革的重大技术推动力量。② 建设智慧博物馆，通过加强人、物、信息之间的多向互动，也是推动博物馆高质量发展的必不可少的重要创新力量。③ 随着数字建模、人工智能、扩展现实（XR）、大数据等数字技术在博物馆的应用日趋成熟，博物馆数字化应用场景愈加丰富，借助云展览、云教育、云直播等手段实现人与物、物与物、人与人之间的贯通和交互，促进博物馆公共文化服务水平的提高。

二、博物馆社会服务的特征

在博物馆文化服务向高质量发展升级的浪潮中，面对公众的文化需求变迁以及博物馆理念变革驱动的改革现状，博物馆承担着让文物“活起来”的新使命，博物馆社会服务的功能与价值由此被不断延展，其社会服务特征与“文化中枢”的定位相适应，呈现出如下特点：

1. 博物馆社会服务的示范性

博物馆是实现高质量知识文化传播的文化灯塔。在现代公共文化服务体系中，博物馆承载一个民族、城市或地区的历史起源、发展演变、文化习俗和价值理念，是保护、传承、展示人类文明成果的重镇，其社会服务体现文化引领风尚、服务社会、推动发展的功能，是守护、传承、展示中华文明优秀成果，推动文化自信落细落小落实、融入人们日常生活的重要途径。作为研究、收藏、保护、阐释和展示物质与非物质文化遗产的核心载体，博物馆通过专业化的运营和交流，为人们提供了教育、鉴赏、深思和共享知识的专业平台及多元体验。博物馆作为文化承载者和文明汇聚地的独特身份，使其成为吸引公众走进博物馆，感悟历史、继承文化、增长知识、开阔视野的优势机构，在人们精神文化需求日益增长的大环境下，是培养公众新型文化习惯和生活方式的绝佳场所。

博物馆以高品质文化服务，引领公众感知美好生活。博物馆积极适应社会变

① 徐玲，王骋远. 公共知识服务——博物馆社会责任的再思考[J]. 博物院，2020(02).

② 杨丹丹. “互联网＋博物馆教育”的新思考[J]. 东南文化，2017(05).

③ 段勇，梅海涛. 以智慧博物馆建设为抓手推动博物馆强国建设[J]. 中国博物馆，2021(04).

革，不断改革服务理念和服务方式，满足人们对美好生活的新期待。在文化服务向高质量转型的宏大叙事下，随着公众主体性的日益增强，需求端大量涌入的多元化、精品化文化消费需要，尤其是随着网络化、信息化、数字化程度的加深，客观上推动博物馆主动投身公共文化服务的价值理念、认知方式和服务心态不断发育，博物馆以"博物馆＋"的方式更深层次参与公共文化生活，与公共文化生活相适配的主体意识、组织形式、服务能力以及服务模式不断成长。2023 年，国际博物馆日的主题是"博物馆、可持续性与美好生活"，这也是 2020 年以来，国际博物馆协会第四次围绕联合国可持续发展目标提出的博物馆日主题。国际博协希望通过今年的主题，强调博物馆对于美好生活和可持续发展的关键贡献，彰显博物馆是具有社会公信力的、维护社会安定的力量。此次博物馆日主题将博物馆与社会美好生活有机连接起来，促使博物馆在当下和未来的社会发展中，尤其是在构建社会美好生活的过程中，发挥出更为重要的作用。

2. 博物馆社会服务的共享性

博物馆运用其权威独特的文化资源回应社会需求，使最大多数人得到最大文化福利的公共文化产品。博物馆以社会服务理念为先，组织调动一切可利用的资源向社会呈现高品质的文化服务，成为博物馆主动拥抱时代的必然选择。博物馆依靠制度性、结构性的安排，基于文物资源形成了传统的文化服务产品和相对确定的文化服务内容，由考古发掘、历史研究形成的知识积累、技术集合以及实践经验为博物馆参与文化服务提供了长期支撑。陈列展览与社会教育是博物馆最核心的业务之一，博物馆围绕历史文化、革命纪念、人文艺术、自然科技、民族民俗、考古成果等多种题材，活化利用文物资源，发挥公共文化服务功能；面向不同年龄段群体开展特色文化服务，推动文化服务与教育融合发展，满足人民美好生活需要。

博物馆基于特定文化地位、文化使命和发展需求，驾驭自身与政府、社会、公众等不同主体间的合作甚至博弈，形成多方位、交互式、立体化的发展新境界。博物馆从关注历史中的"物"的稀缺和价值，转向重视当下生活中"人"的感受与需求，突出人民性反映了博物馆整体价值观的提升。现今，博物馆越来越注重与城市、社区之间的互动，为公众访问、享受服务提供便捷通道和均等机会，建立平等良性、和谐互动关系。[①] 博物馆不断提升公共文化服务响应能力，优化博物馆空间布局和功能结构；加强错时、延时开放服务，开展夜间服务；开发特色文化创意产品，设立研学实践基地；与现代技术深度融合，推出更多可视化呈现、互动化传播、沉浸式体验

① 黄隽等. 北京、南京、西安"博物馆之城"建设调查报告[EB/OL]. 2022-08-16/2023-11-01.

的博物馆产品和服务。博物馆不断提升公益服务常态化能力，借助微信、微博、抖音、门户网站、网络等媒体传播知识信息，将博物馆进社区、进校园的活动常态化，更好满足人民群众精神文化需求。

3. 博物馆社会服务的创新性

在理念层面上，博物馆社会服务的创新性是价值属性与工具属性的统一。博物馆服务的对象，组织的展览、社教、文创等系列业务活动，从结果来看无疑都是面向社会的，具有鲜明的公益性与社会服务导向，就此而言，“社会服务”之于博物馆具有一种价值属性。博物馆的社会服务具有过程性、互动性、体验性和关系性等独特品质，应该被视为一个用经验、技巧和资源来实现价值创造的过程，从这个方面而言，社会服务还应具有一种工具属性。价值属性的实现与工具属性的发挥统一于博物馆社会服务理念的落地过程。在这个过程中，关键在于以社会服务视角重新审视、组织乃至创新博物馆的管理运营机制，以机制创新的催化功能彰显社会服务工具属性的价值。

在实践层面上，博物馆在“服务社会”的同时，也应具备“取之于社会”并“用之于社会”的动态发展思维。博物馆向高质量社会服务公共机构的转型，不仅仅是服务理念的更新，更是在管理模式、运营方式以及组织架构等方面的全面创新。具体包括，重塑馆舍设施、藏品资源、专业人员、技术手段、投入资金等各种硬件和软件条件，优化布局、政策、资源组织、专业策划等功能场景，调动博物馆由碎片化的事务性管理，走向常态化的功能性服务，推动博物馆的机构、资源、业务流程、服务、信息沟通等要素更加协同开放，为公众提供符合需求、均等化、专业化的服务。

三、 博物馆社会服务的新实践

由于大多数博物馆建在城市中，博物馆与城市的关系，既能反映博物馆与社会联系的广度和深度，也考验博物馆的社会服务能力。因此博物馆社会服务实践的展开，大多依托城市的支撑，伴随着博物馆关注重点由“物”向“人”的转变，从孤立的城市文化地标，向与城市融合发展的公共文化服务综合体演进。如何在与城市的共生共融中，寻求更深层次、更高质量的发展也逐渐成为当前博物馆社会服务所面临的重中之重。

1. 博物馆塑造城市多样化公共服务空间

博物馆的核心任务是做好开放、展示、服务、融合，其作为城市的会客厅，日益成为城市社会文明和文化氛围的重要体现。博物馆社会服务的能力和效果如今被囊括进博物馆与城市建设的宏观背景予以考量。国内博物馆资源丰厚的城市，往往结合城市文化遗产、园林景观、历史街巷、老胡同，将博物馆作为城市历史脉络的延伸，用博物馆要素对城市空间进行重塑再造，培育古今延续、相互呼应的博物馆文化生态圈，为城市营造有魅力、有特色、有活力的富有人性化的空间场所，“博物馆之城”的建设成为城市建设公共文化服务体系的重要举措。

“博物馆之城”是个外来概念。意大利罗马、法国巴黎、英国伦敦等城市历史悠久，在一定区域内博物馆资源高度密集，形成了独具特色的博物馆文化，被国内学者视为“博物馆之城”的典型样本。博物馆是上述城市的重要文化名片，其保护和展示的核心对象，不只是文物藏品，还包括具有历史意义的城市景观。

2005 年，广东省中山市和东莞市首次明确提出建设“博物馆之城”的发展目标；2008 年前后，随着文化文物系统博物馆、纪念馆等实行全面免费开放，“博物馆之城”建设迎来首轮发展热潮。许多城市纷纷提出“博物馆强市”“博物馆小镇”“博物馆之都”等概念，主要关注数量增长，不少城市把“拥有 100 个博物馆”作为“博物馆之城”建设的一个目标。如昆明提出用 3 到 5 年时间使昆明成为“博物馆之城”，青岛首次提出了博物馆城建设规划。

经过多年发展，“博物馆之城”理念逐渐丰富并成熟，更加强调建设进程与城市建设发展同步推进，①质量与数量并重，同时重视馆际的统筹管理，营造鲜明的城市主题。② 博物馆之城的实质是要链接城市的自然与人文、贯通城市的过去与未来，让历史积淀厚养城市人文和创意能力。③

2021 年中央九部委联合印发《关于推进博物馆改革发展的指导意见》，明确指出“探索在文化资源丰厚地区建设‘博物馆之城’‘博物馆小镇’等集群聚落”，开启了新一轮“博物馆之城”建设大潮。目前，各地“博物馆之城”建设方兴未艾，已有北京、上海、广州、西安、南京、武汉、郑州、长沙、济南、成都、沈阳、太原、昆明以及洛阳、苏州、青岛、潍坊、淄博、绍兴、大同等 30 余个城市提出建设博物馆之城的计划或规划。

南京作为六朝古都，历史文化悠久，博物馆资源众多，依托丰富的文物和藏品资源，推进文博事业深入发展，致力于打造独具特色、充满活力、令人向往的“博物馆之城”，更好服务经济社会高质量发展，不断满足人们高品质生活新期待。

近年来，南京编制《南京市建设“博物馆之城”发展规划》，全方位开启博物馆之城的建设，根据城市空间结构，搭建全域博物馆的空间框架。提出到 2025 年，全市

① 李晨，耿坤．“博物馆之城”建设的主要内容与基本路径研究[J]．东南文化，2022(04)．

② 宋珂欣，黄洋，焦丽丹．理念与实践：关于中国“博物馆之城”发展的思考[J]．博物院，2022(04)．

③ 曹兵武．历史文化名城应率先成为博物馆之城[N]．人民日报海外版，2021-4-26(11)．

登记备案的博物馆力争达到100座，市域内从14万人拥有1座博物馆发展到10万人拥有1座博物馆，国家三级以上博物馆力争达到20座，南京市博物馆的数量、规模、档次、门类实现国内全面领先，成为全国有影响力的“博物馆之城”。到2035年，南京将统筹不同地域、层级、属性、类型博物馆发展，形成布局合理、结构优化、特色鲜明、体制完善、功能完备的博物馆体系格局，基本建成全国一流、世界领先的“博物馆之城”。

南京“博物馆之城”建设以来，依托丰厚的文博资源，实施博物馆“双百计划”“蓄水计划”“造血计划”，统筹不同层级、属性、类型博物馆多元化发展，加强博物馆资源整合与协同创新，场馆建设有序提升，办馆质量不断提高，着力构建布局合理、结构优化、特色鲜明的博物馆体系格局。南京党史综合设施、城墙博物馆、江北新区红色文化广场等场馆建成开放，为南京深厚历史文化内涵的展示与活化利用打造了坚实的阵地。2022年，南京新增备案博物馆5座，目前，全市共有登记备案博物馆70座，国家等级博物馆15座，涵盖历史、人文、自然科技、艺术等多个门类。备案博物馆数量及等级博物馆数量在江苏位列第一，综合办馆水平大幅提升。诸多类型的博物馆，塑造了南京丰富的城市魅力，服务了人民群众的美好生活。

优化文博资源空间布局，依托中山陵、长江路、夫子庙等文化资源丰厚的重点区域，发展长江路、老城南、钟山三大博物馆集群聚落，构建地方特色鲜明、结构优化、布局合理的博物馆体系。同时在高校资源丰厚的栖霞区和江宁区开展资源摸排，鼓励支持组建高校博物馆集群聚落或联盟，推动高校博物馆加入全市博物馆序列中，推动公共服务协同创新。

充分发掘古都文化、红色文化、民俗文化等文化专题，重点培育专题性行业博物馆，持续挖掘类博物馆资源，对具有特色展陈内容、已对社会公众开放，但尚未达到登记备案条件的社会机构进行孵化培育，将南京近代邮政博物馆、南京车管所汽车博物馆、南京盐水鸭文化馆、南京越剧博物馆等场馆作为试点，力争经过1年至3年的时间，让已公布的两批60家类博物馆达到博物馆备案条件。

开展文博场馆重要项目建设和提升改造工程。实施孙中山纪念馆新馆、南京市民俗博物馆、南京抗日航空烈士纪念馆基本陈列改造提升项目；推进南京市博物馆新馆建设项目；推进紫金山天文台博物馆建设及六合区博物馆布展施工工程；同时，以保护传承弘扬长江文化为主题，大力推进长江文化博览园暨南京（中国）长江文化博物馆区的建设；筹建展示石头城遗址考古发掘出土文物及发掘过程的石头城遗址博物馆。

2. 博物馆创造优质普惠的文博服务体系

南京全市各文博场馆以满足人民群众对美好生活的需求为出发点，策划出集陈列展览、教育活动、学术研究、文创创意于一体的分众式精品展览；丰富博物馆教育资源库和课程体系，健全馆校合作长效机制，推进博物馆资源与中小学教育的深度融合。

南京市鼓励博物馆深入贴近实际、贴近生活、贴近群众，打造更多原创性精品展览；支持联合办展、巡回展览、流动展览、网上展示，提高藏品展示利用水平，并大力发展博物馆线上展览、教育等活动，构建线上线下相融合的博物馆传播体系。

基本陈列是博物馆的根基和灵魂，部分文博场馆更新展陈内容，创新展陈形式，提升博物馆基本陈列。南京市民俗博物馆通过“金陵名宅 书礼传家——甘熙宅第历史文化展区”“金陵瑰宝 世续繁华——南京非物质文化遗产展区”和“金陵繁会 城南遗风——老南京民俗展区”三个篇章完成基本陈列焕新；大报恩寺遗址博物馆完成基本陈列提升改造，“上新”大报恩寺遗址出土的60件(套)文物。

全市博物馆、纪念馆深入挖掘中华优秀传统文化的当代价值和南京丰厚的地域文化资源，积极举办创新性展览，推出了一批时代化表达、特色化呈现的展览。2023年全市各大博物馆推出“洪武时代——明代南京历史文化遗产特展”“为了共同的记忆——侵华日军南京大屠杀遇难同胞纪念馆海外征集藏品展”“风雨情缘弥坚贞——雨花英烈的革命爱情”“文谟武烈——永乐的世界遗产”“永恒的绚美——希腊时代彩陶及普利亚艺术文化特展”“四时红楼——江南运河里的文学、影像与丝绸”“勾勒南朝——南京地区南朝画像砖精选展”“动静无尽：花卉静物三百年”“和谐·共生——长江野生动物标本展”等展览，精品展览持续焕新。

博物馆展陈内容不断丰富、品质不断优化。渡江胜利纪念馆的“再造‘胜利之舟’——渡江胜利纪念馆基本陈列改造提升项目”获得第三届(2021)全国革命文物保护利用十佳案例。南京城墙博物馆“旷世城垣——南京城墙历史文化陈列”、南京市博物馆“从秦淮河到扬子江——古代南京段长江文物特展”、雨花台烈士纪念馆“凝聚的历史 永恒的初心——庆祝中国共产党成立100周年红色雕塑展”荣获第二届江苏省博物馆十大精品展览。雨花台烈士纪念馆“信仰的力量——雨花英烈事迹与精神巡展”、侵华日军南京大屠杀遇难同胞纪念馆“为了共同的记忆——侵华日军南京大屠杀遇难同胞纪念馆海外征集藏品展”入选2023年度江苏省博物馆纪念馆精品展览。

社会教育是博物馆的核心职能之一，是博物馆服务公众、传播文化的重要途径，更好地履行社会教育职能是博物馆应尽的义务和责任。

南京地区博物馆持续开展“文博之夏”主题活动。2023 年“文博之夏”系列活动结合“博物知旅”主题活动，以传承红色基因、博览人文风情、弘扬中华优秀传统文化等为主题，挖掘和活化全市地域文化资源，共推出“雷锋精神 滋养心灵的力量——纪念毛泽东等老一辈革命家为雷锋同志题词 60 周年专题展”“世界文学之都南京戏曲文化研学项目——匠心独运作品展”“我是小小传承人”等 103 个主题展览和社会教育活动，为青少年和学生提供了丰富多样的文博体验，让孩子们在博物馆长大。

南京充分利用全市博物馆资源，开发博物馆研学精品线路，集合南京博物院、江宁织造博物馆等文博场馆的“金陵时空冒险记”、南京城墙博物馆的“城城垣垣小讲堂”、大报恩寺遗址博物馆的“元宇宙”研学、丝绸博物馆的“江南丝韵”、南京市民俗博物馆的“四时八节”、六朝博物馆的“岁时有约”、南京市博物馆的“童眼看文物”、南京中国科举博物馆的“金榜题名”等形式多样、主题各异的研学活动，让文博场馆变身“行走的课堂”。

多年来，南京市持续深化馆校合作，整合新时代文明实践中心、爱国主义教育基地、未成年人社会实践基地等资源，为青少年提供各种文化“营养餐”。2023 年，雨花台烈士纪念馆“信仰课堂”馆校合作红色研学课程《雨花英烈的青春之歌》等 7 个南京市等级博物馆优质教育课例第二批项目在“金陵微校”平台上线。

南京近年来通过博物馆进校园、进社区等活动让博物馆“融”入城市。六朝博物馆的“小青莲”、中共代表团梅园新村纪念馆的“梅园红”、太平天国历史博物馆的“太平语”、南京中国科举博物馆的“小状元”等一批博物馆志愿者，通过开展免费讲解、文化讲座、修复展示、互动体验、教育研学等丰富多彩的活动，组织传统手工艺体验、古代游戏项目、集章打卡、赏花品香等多种社教实践，推动博物馆教育在时间、方式上的延伸。南京城墙博物馆的“颗粒归仓——南京城墙遗产保护与活化利用公众参与及教育”项目获得 2023“全球世界遗产教育创新案例（AWHEIC）探索之星奖”，“六朝青”小青莲培养计划等志愿服务项目获评 2023 年“江苏省著名品牌”，“梅园红”品牌红色主题社教活动体系被评为南京市基层思想政治工作优秀案例。

南京全市博物馆积极探索智慧化建设和数字化转型进程，推出线上展览，互动研学、数字人等，全力促进“文化＋科技＋旅游”深度融合。南京城墙博物馆建成“云享城墙”在线展示与旅游服务平台，形成线上、线下多途径结合的展览系统；大报恩寺遗址博物馆在全国首创博物馆空间互动集章秀；南京博物馆行业在 2023 年迎来第一个数字人——“宁小博”；南京中国科举博物馆推出“博物馆宁神探”互动解谜研学项目，将展品和环境融入专属剧本。

3. 博物馆创新城市复合型公共文化服务

经济社会发展水平越提高，人民群众物质生活越丰富，人们精神文化需求就越突出。实现人民对美好生活的向往，迫切需要健全现代公共文化服务体系，提供更多优质公共文化产品和服务，更好满足人民多样化、多层次、多方面的文化需求。高质量发展的博物馆，既要有对文化消费进行分层设置的探索意识，更要坚持突出博物馆公益属性和社会属性，统筹不同地域、层级、属性、类型博物馆发展，激发博物馆创新活力，不断丰富博物馆文化产品和服务供给能力，提高博物馆公共服务均等化、便捷化、多样化。

近年来，南京地区的博物馆以多样的建设类型和文化资源为载体，通过实施“博物馆＋”战略，延伸博物馆的社会“触角”，增强博物馆的连接性，提升博物馆与社会美好生活建设的耦合度。推动文物和文化遗产资源活起来，融入旅游、文创等产业发展和特色城乡建设之中，把博物馆培育成为集科普教育、文化体验、研学旅行、休闲旅游于一体的复合型公共文化服务空间。

（1）响应社会需求，增加文化供给

南京全市文博场馆，在常规开放之外，根据自身的特色，加强对博物馆内外部空间的复合利用，适时延长夜间开放和运营时间，采取多种方式和手段开发多元化、主题化、体验式的文化产品，举办高品质文化活动，以满足公众的假日文化需求。六朝博物馆不断提升接待能力，打破“周一闭馆”惯例，暑期每日均开放，探索优化开放服务。暑假期间，渡江胜利纪念馆、南京中国科举博物馆、孙中山纪念馆、明孝陵博物馆、抗日航空烈士纪念馆等热门文化场馆延长晚间开放时间，更大限度满足公众参观需求。公众可以在南京中国科举博物馆“朝九晚十”的延时服务中了解千年科举文化，走进太平天国历史博物馆沉浸《金陵·王府往事》实景演出，在南京市民俗博物馆夜游“甘宅雅韵”，来到江宁织造博物馆参与“诗礼红楼·茶”活动，于六朝博物馆体验“六朝书香·夜”之旅，探秘南京古生物博物馆“博物馆疯狂夜”“在恐龙脚下入眠”。

（2）文化链接消费，激活沉睡文物

现行《博物馆条例》明确鼓励博物馆挖掘藏品内涵，与文化创意、旅游等产业相结合，为文创产品的研发推广提供了可行的路径。国家文物局印发《博物馆馆藏资源著作权、商标权和品牌授权操作指引（试行）》，开展博物馆馆藏资源授权，进一步盘活文物资源，切实解决了制约博物馆文化创意产品开发工作中馆藏资源授权的制度瓶颈。南京市鼓励博物馆盘活用好馆藏文物资源，采取自营或合作方式，推进文创产品开发，确立形象品牌优势，促进馆藏文物资源传承传播与合理利用，并鼓励依托博物馆设立文创商店、文创集市，培育南京新的文化消费空间。

各博物馆积极探索文化资源发掘、应用的可行性，把南京的非遗瑰宝、历史人文、地标景致等加以融合、创新、活化，通过加强博物馆文创产品开发传播博物馆文化，增强博物馆可持续发展能力。“金陵胜景”系列书签、“莲花心地”团扇系列、“鸾凤穿花”固体香膏、“十竹斋笺谱”文化台历、六朝瓦当雪糕、云锦妆花蝴蝶胸针等文创产品，让历史穿越生活，让文物走进大众生活。

各博物馆不断摸索文创产品开发路径，开发和授权模式逐渐成熟，既有以馆藏资源为创意元素生产的有形产品，也有注重参与和体验的品质型产品。南京市博物总馆“四季”系列、南京城墙博物馆“南京那些城门儿”系列、南京中国科举博物馆“金榜题名”“状元及第”系列、渡江胜利纪念馆“红色印记”“胜利之舟”“渡江第一船”“红帆双拥”等系列文创产品，成长为博物馆的原创 IP 品牌，满足了大众的文化消费需求，让收藏在博物馆的文物“活”了起来、“潮”了起来。

结语

博物馆是保护和传承人类文明的重要殿堂，是文明交流互鉴的重要平台。在博物馆中，人类智慧被高度浓缩、集中展现，对于构建美好生活与社会可持续发展具有关键性作用。得益于南京地区博物馆的整体资源优势，未来“博物馆之城”的建设将继续围绕体现古都特色、时代风貌的主题主线，进一步丰富博物馆体系，完善博物馆公共文化服务功能，优化文化产品供给，让博物馆成为服务美好生活、促进社会福祉和助力实现可持续发展目标的重要力量。

南京博物馆文旅研学产品发展现状与对策

施　慧①

摘　要：博物馆文旅研学产品作为一种"文化＋旅游"的新兴旅游业态，是推动地方经济高质量绿色发展的重要抓手，也是助力地方学校素质教育、全面提升在校学生综合素能的重要方法。近年来，随着南京市入选世界文学之都，聚力打造博物馆之城，南京地区文旅研学产品市场的发展也日趋兴盛。本文通过对南京及周边地区文博场馆研学产品展开分析，从博物馆研学教育发展历史、发展现状、存在优势及问题进行调研梳理，探索提升博物馆研学产品高质量发展策略。

关键词：文旅融合；研学；博物馆

党的二十大报告提出，坚持以文塑旅、以旅彰文，推进文化和旅游深度融合发展。当前我国正处在社会快速发展的时期，随着人民群众与日俱增的精神文化需求，博物馆坚守"教化育人"的社会教育职能，成为社会公众的"终身教育"场所。国际博物馆界的发展趋势表明，当代博物馆已从过去的以收藏和研究为主转变为今天的以教育和服务为主，即由"藏品中心"向"公众中心"转化。事实上由"物"到"人"的转变也意味着博物馆聚焦服务对象向民众转移。"教育"逐渐成为博物馆利用自身馆藏资源，创新教育形式内容的重要载体。博物馆拥有丰富的文物藏品和优质的教学场馆及公共服务设施，有利于观众根据自身兴趣爱好实现自主文化体验活动。同时民众对文化的需求和消费观念也在逐步升级，从满足生活需求到满足智能休闲和文化成长的精神文化需求，因此，博物馆文旅研学也迎来发展的好契机，受到社会越来越多的重视。因此，如何利用文化资源，发挥好博物馆社会服务及教育职能，实现博物馆价值成为博物馆发展过程中亟待解决的问题。

2016 年 11 月，教育部等 11 个部门印发了《关于推进中小学生研学旅行的意

---

①　作者单位：南京城墙博物馆。

见》,要求各地将研学旅行摆在更加重要的位置,推动研学旅行健康快速发展。至此,“研学旅行”被社会公众逐步熟知。这种新兴的博物馆教育模式,在观众体验、教学方式上都呈现出探索性和融合性,不断建设完善博物馆文旅研学体系,推进博物馆教育的纵深发展。此外还必须精准把握市场发展的新趋势,实现博物馆教育行业服务水平,助推文旅融合背景下博物馆行业可持续、高质量发展的重要方式。南京文物资源丰富,文化底蕴深厚,文博场馆类型多元。在江苏省博物馆研学示范项目中,南京市各家文博场馆有很多优秀项目成功入选,代表着博物馆研学的最新成果,也说明南京市各家文博研学场馆或基地在研学人才培养、研学产品策划方面的典型性、示范性和引领性。博物馆打造优秀的文旅研学产品,便是应时代文化和旅游市场新需求而产生,是文旅全行业优质资源的整合、利用及再开发,也是深化文旅产业供给侧结构性改革的重要成果,更是推动文旅事业高质量发展的着力点。

一、 我国文旅研学的发展历程

文旅研学在我国历史悠久,是由古代游学、近代留学逐步演变而来,一般是指通过异地旅行获得知识、文化体验、拜师求学以及文人之间扩大学术视野的活动。在时代的发展中,研学延续和深化了我国传统游学中“读万卷书,行万里路”的教育理念和人文精神。尽管不同时期对研学的表述定义有所不同,但其内容都凸显了文旅教育的意义,具有德育、智育、美育等方面的功能,是素质教育的新内容和新形式。

2017 年 1 月,中共中央办公厅、国务院办公厅印发了《关于实施中华优秀传统文化传承发展工程的意见》,其中明确指出要把优秀传统文化融入生产生活,大力发展文化旅游,充分利用历史文化资源优势,规划设计出专题研学旅游线路,对于博物馆主办的研学而言,应当以文物资源、文化遗产为依据,设计线路、课程,运用交互、对话、感性教育的理念,培养受众知识、能力素养、性格情感等,感受中华传统文化之美,并在政策的指引下,发挥社会教育职能,面向社会开展素质教育的文化旅游活动。

(一) 我国研学的发展历史

“研学”一词出现于 21 世纪,但纵观历史长河,“研学”“研学旅行”的教育方式贯穿了整个中国教育发展史,并且对中国的教育发展产生了深远的影响。最早的游学可以追溯到春秋战国时期,诸子百家通过周游列国传播自己的观念和主张,实现自己的政治抱负。隋唐时期,开辟了“学而优则仕”的道路,从而“私学”兴起,学子们为了开拓视野游历四方。唐朝文化交流频繁,“玄奘西行”“鉴真东渡”都是历史上的“研学”。明代中晚期书院的复兴让“学”成为学子报效朝廷的通道。到了近代，在“师夷长技以制夷”思想的影响下，海外“研学”成为近代留学主流，为新中国的建设输送了大批人才。

新中国成立后，2001 年党中央正式提出全社会重视素质教育，研学和研学旅行出现了繁荣的景象。随后，国家又出台了一系列的教育重要文件，落实立德树人，促进学生综合素质成为我国教育发展的中心任务，研学作为实现这些目标的重要途径，也成为教育工作者和社会教育从业者、公共文化场馆共同关注的热点话题。

（二）博物馆积极响应

博物馆是人类文明的重要见证，是社会教育的重要场所，是文化创意的重要源泉。随着社会经济的发展和人们需求的多样化，博物馆也面临着转型和创新的挑战。如何打造有特色、有影响力、有吸引力的博物馆，如何提高博物馆的社会服务功能和公众参与度，如何利用现代科技手段丰富博物馆的展示形式和内容，成为博物馆界关注的热点问题。

截至 2022 年 5 月，江苏省备案博物馆（纪念馆）335 家，其中国有文物系统博物馆 144 家，国有行业博物馆 110 家，而被命名为省级以上博物馆研学基地的仅有 29 家，占博物馆总量比例相当低，仅 8.7%。2016 年江苏省旅游局和省教育厅联合公布首批省级研学旅游示范基地名单，直到 2022 年江苏省文旅局才公布江苏省博物馆研学基地。江苏省国家级博物馆研学基地 8 个，都是国家等级博物馆；16 个省级以上博物馆研学基地中，国家等级博物馆三级以上的有 15 个，可见等级博物馆教育功能具有行业示范性。

二、 南京地区博物馆文旅研学优势与创新实践

南京是六朝古都，十朝都会，也是首批国家历史文化名城，自古以来就是崇文重教的城市，有“天下文枢”的美誉。源远流长的历史文化正是南京文旅研学的不竭源泉。据《全国旅游监管服务平台》数据显示，2023 年上半年南京文博场馆及旅行社接待研学旅游高达 40 万人次，较 2019 年增长 19%，接待研学量位居江苏省第一。在研学产品的策划与发展提升中，博物馆不但需要发掘用好、用活历史文化资源，还应与时俱进，进一步实现传统文化的创造性转化和创新性发展。

（一）南京地区博物馆文旅研学基础优势显著

南京文物资源丰富，文化底蕴深厚，文博场馆类型多元。在江苏省博物馆研学示范项目中，南京市各家文博场馆有很多优秀项目成功入选，代表着博物馆研学的

最新成果，也体现了南京市各家文博研学场馆或基地在文博场馆资源、城市文化底蕴、人力资源、区位交通、文旅融合助力等方面具有显著优势。

1. 文旅研学资源优势

南京地区的博物馆从空间分布上看，主城区的玄武、秦淮、鼓楼、建邺、栖霞、雨花台等区的博物馆相较于其他区分布的数量更多。以 2021 年向南京市备案的 20 座非国有博物馆为例，秦淮区占 4 座，玄武区 4 座，鼓楼区 2 座，建邺区 2 座，雨花台、栖霞各 1 座，非主城区的仅 6 座。从数量上来看，截至 2022 年 6 月底，全市备案博物馆已达 70 座，其中国家等级博物馆 15 座，备案博物馆数量及等级博物馆数量在全省位列第一。从博物馆类型来看，既有历史类博物馆、艺术类博物馆，也有科学与技术类博物馆；既有居主导地位的文化文物系统博物馆，也有发展潜力巨大的行业博物馆、非国有博物馆；既有线下实体博物馆，也有“线上＋线下”博物馆。可以说南京地区的博物馆无论是数量，类别还是规模均在全国城市中位居前列，已经形成国有博物馆为主体，非国有博物馆为补充的博物馆公共服务体系。

2. 城市文化底蕴深厚

南京有不可移动文物近 2500 处，“十三五”期间，考古挖掘的文物达 1.9 万余件，历史文化底蕴深厚。2019 年，南京成功入选世界文学之都名录，《诗品》《文心雕龙》《千字文》《昭明文选》等名著诞生于南京，《永乐大典》《红楼梦》《儒林外史》等传世之作与南京关系密切。历史文化的深厚积淀为南京地区博物馆乃至于文旅资源的扩容提供了极为有利的条件，也为博物馆研学产品的开发提供了优质的软硬件条件。如可借力六朝博物馆开发六朝文化研学产品；借力南京城墙博物馆了解明朝城墙建造制度；借力各红色文化资源点开发红色文化研学产品。

3. 人力资源优势明显

博物馆文旅研学产品的开发，应面向市场，面向青少年学生，面向广大市民，面向全国来访观众。研学产品的开发需要博物馆、人文社会科学研究机构、高等院校提供扎实的人力资源，特别是智力支撑。一方面，作为研学产品的参与主体的南京市青少年学生多，仅 2019 年的数据便显示，南京市有普通中学 246 所，中专学校 22 所，小学 373 所，合计在校学生 76.88 万人。作为素质教育走在全省乃至全国前列的南京市，基数庞大的在校学生显然可以为研学产品市场注入强劲消费动力。另一方面，南京还是我国著名的高教之城，全市现有普通高校数量 55 所，年均毕业生在 20 余万人左右，栖霞仙林大学城、江宁大学城、浦口大学城高校林立。南京大学、东南大学、南京航空航天大学、南京师范大学、南京财经大学等高等院校或有文博专业院系，或有文旅产品设计专业，或有成熟的产品开发成本控制技术。其中，南大、南师大、南理工、南航、南中医等学校还有各自的特色博物馆，这都为博物馆文旅研学产品的开发提供了有力的专业技术和人力资源支撑。还应该看到，南京是一个城市化程度较高、城市人口众多、市民综合素质较高，精神文化消费需求旺盛的城市，其庞大基数的较高素质市民所带来的精神文化消费也从侧面支撑了文旅研学产品的开发。

4. 区位交通优势较大

南京是江苏省的省会，也是副省级城市，又处于长三角区域的地理中心位置，是全国性的综合交通枢纽城市，不仅对江苏省内城市，也对安徽部分城市具有重要影响力。在强大的区位交通优势加持下，不仅南京本地的青少年学生可以由城南赴城北、城西赴城东便捷地开展研学参观活动，省内其他地区乃至于安徽等省外地区的青少年学生，乘坐旅游大巴、高铁等交通工具也可以实现一日乃至于数日往返的研学活动。相较于文化底蕴较浅、文博场馆等研学基地较少、研学产品开发不足的城市，处在1—2小时经济圈内的南京市显然更具有竞争力。

5. 文旅复苏，“旅游网红”城市助推

据南京智慧旅游大数据运行监测平台显示，“五一”黄金周期间(2023年4月29日—5月3日)全市景区景点、乡村旅游和文博场馆等文旅场所共接待游客总量达905.25万人次，全省第一，较2022年同期增长123.08%，按可比口径较2019年同期上升45.42%；实现旅游总收入108.63亿，同比增长308.54%，按可比口径较2019年增长67.77%。据央视新闻消息，4月29日零时至5月1日16时全国游客量排前十的景区分别为：杭州西湖、南京夫子庙秦淮风光带、南京钟山风景区、北京颐和园、大理古城……其中，南京夫子庙秦淮风光带、南京钟山风景区位居第二、第三。

2023年上半年，南京成为全国旅游“网红”城市。根据《全国旅游监管服务平台》数据显示，南京市接待研学旅游为40万人次，较2019年增长15%，接待研学旅游量排全省第一。4月12日，宁波市1054名师生包火车来南京研学。此外，来自山东临沂、泰安、聊城、营口等地的专列研学团，平均规模都达到800～1000人/列。南京成为在全国十分具有影响力的研学旅行目的地，不时可见来自安徽、山东、河南、河北、浙江、北京、上海、湖北等地的研学旅行规模团队。据携程热门目的地榜单显示，亲子、人文古迹、人气飙升三大板块南京均位列前十。2023年暑期江苏省文旅接待研学游23万人次，较2019年上升68.66%，江苏智慧文旅平台数据显示，暑期全省纳入监测的140家文博场馆共接待游客1313.83万人次，较2019年上升31.6%。中秋国庆黄金周，江苏省文博场馆更是人气爆棚，共接待国内游客575万人次。

（二）南京博物馆研学创新实践

博物馆作为一个城市的文化象征，其中蕴含着大量的文化体验资源，在向群众提供学习、休闲等社会功能的同时，激发群众的民族精神和文化自信。南京拥有深厚的文化底蕴和优质的文博资源，在文旅融合过程中研学课程将场馆馆藏资源与旅游业的流动性、延展性相结合，通过行业规范引导、都市圈合作、“博物馆＋”融合发展等创新方式逐渐打破传统博物馆教育的内容、区域限制，推动研学教育的可持续性发展。

1. 首推基地标准落地，引领行业规范化发展

2022 年 7 月，南京市《研学旅行基地服务规范》正式发布，为全省首家，在全国同类城市中也处于领先节奏。从文旅产品打造和文旅服务提升角度制定了规范条款，具有创新性、前瞻性和引领性，从硬件条件、公共配套、课程设计、管理服务等方面为景区、文博场馆、研学基地等开展研学旅行活动提供规范化指引，开启了南京研学旅游新业态升级为标准规范引导、市场需求驱动、基地示范带动的新型发展模式。2023 年，通过广泛征集和实地调研，在推进落实南京市《研学旅行基地服务规范》的基础上，甄选首批“南京研学旅行特色场地”，以树行业典型鼓励企业转型升级，推动研学旅游高质量发展。

2. 鼓励产品创新争优，以权威平台认证提振企业信心

2022 至 2023 年，从南京研学旅游产品中，优选原创产品给予南京数字版权交易平台的版权认证（省市委宣传部指导创建的知识版权认证平台）。研学旅游产品的版权认证主要从开发研学产品的机构名称、作者名称、课程内容、图片、视频或音频、作品简介等多方面进行认定和佐证，为研学旅游企业的原创产品给予权威的知识产权保护。相较于三四线城市博物馆体量小、数目少、青少年及相关部门研学积极性不高而伴生的研学产品开发无力、无区分度等问题，南京地区的研学产品开发经验丰富，有利于本地区文旅研学产品的可持续开发。在此过程中，比较常见的、成熟的研学产品多为各式的研学夏令营和节庆研学活动，如南京市民俗博物馆“我是小小传承人”，南京博物院“透物见史”主题夏令营、“南博戏剧工坊”、金陵金箔研学、“南京非遗小传人”夏令营等。这些研学活动有政府机关主导的，有研学机构开发的，有旅游企业与旅游资源点组织的，更多的是博物馆自行组织开发的产品。在相互超越、相互追赶、相互借鉴的过程中，研学产品的良性竞争显然会使南京地区文旅研学产品的开发进入“快车道”。

3. 携手南京都市圈，推动研学旅游区域协同发展

2022 至 2023 年，南京市文化和旅游局设计制作《南京都市圈研学之旅》，策划推出“南京＋”都市圈精品旅游线路，进行多渠道宣推。宣传册系南京都市圈“8＋2”成员城市文旅部门合力之作，首次将各地精选的特色研学旅游线路产品汇于一册，内容充实、妙趣横生，荟萃了南京、镇江、扬州、淮安、芜湖、马鞍山、滁州、宣城以及常州金坛、溧阳等南京都市圈十个成员城市共 50 款特色研学旅游线路产品，以章节形式将十方山水中的研学产品串连成册，充分展现南京都市圈各个城市以其特色发展路线、历史文化背景以及地理环境优势等为依托而形成的研学旅游资源体系之丰富。

4. 构建多种文旅融合形式，打造“博物馆＋”的融合发展

“博物馆＋”是指博物馆与其他领域或行业进行跨界融合，形成新的业态和模式，拓展博物馆的功能和影响力，满足公众对于文化旅游和研学教育的多元化需求。如“博物馆＋教育”“博物馆＋旅游”“博物馆＋科技”“博物馆＋文创”等。“博物馆＋”的形式可以为博物馆研学产品提供更多的内容、形式、功能、场景等，增加博物馆研学产品的多样性、创新性、互动性、趣味性和实效性。如博物馆研学产品不仅可以在博物馆内部进行，也可以在博物馆外及社会各个领域相结合，为公众提供更好的研学产品。例如，博物馆可以与学校、社区、企业等合作，开展校园研学、社区研学、企业研学等活动，让公众在不同的环境中接受不同的教育；与公园、商场、酒店等合作，开展公园研学、商场研学、酒店研学等活动，让公众在不同的场所中享受不同的体验；与电影、音乐、游戏等合作，开展电影研学、音乐研学、游戏研学等活动，让公众在不同的媒介中感受不同的魅力。

5. 充分利用互联网技术，让研学产品“活”起来

互联网技术可以为博物馆研学产品提供更多的可能性和便利性，通过虚拟与现实、线上与线下相结合的方式让研学产品“活”起来。例如，博物馆可以利用人工智能技术，开发智能导览、智能问答、智能推荐等功能，让公众可以根据自己的兴趣和需求，获得个性化的研学服务；还可以利用虚拟现实技术，开发虚拟展览、虚拟体验、虚拟互动等功能，让公众可以超越时空的限制，感受不同的研学场景；博物馆可以利用云计算技术，开发云课堂、云平台、云资源等功能，让公众可以随时随地，享受不同的研学内容。

三、 博物馆文旅研学面临的问题

博物馆文旅研学并不是简单的“旅游＋参观＋学习”的生搬硬凑，而是传递博

物馆文化的知识与能量。在研学过程中要做到"研之有据""学而广博"，这就要求博物馆在相关研学政策的指导下，为社会提供有品质的研学服务，从而彰显博物馆的磁力和社会公众的黏合度。目前博物馆文旅研学目前处于起步阶段，研学课程建设及教育体系还不完善，存在盲目随性旅游打卡、单纯托管服务的现象，这些现象背后映射的是文旅研学在政策支持、人才队伍建设、产品研发营销等方面的不足，这也是博物馆研学亟待解决的痛点。

（一）政策支撑力度不足

南京地区的文旅研学产品相较于北京、杭州、上海等城市仍存在政策支撑力度不够大的问题，突出表现在对博物馆这一文旅研学产品开发的政策支持力度不强。目前南京地区尚无推进全域研学产品开发的纲领性文件或者实施条例，尤其是博物馆研学产品的开发和管理多集中于社会教育相关科室，且研学只是博物馆社会教育工作的衍生服务，若无政府及其主管部门的政策推动，在市场经济环境和盈利因素驱动下，各相关博物馆很难持续推进文旅研学产品的开发。

（二）队伍建设不够专业

一方面，研学产品的开发需要专业技术人员提供较为系统的技术支撑，通过市场调研、产品测试、客户评价、需求反馈、经费核算、人员配置、后勤保障等各环节的测算、评估、试运行推动研学产品成熟推向市场。另一方面，研学产品在面向市场、接纳中小学生为主的消费群体消费时需配置研学导师以承担研学过程陪护和教育工作，但对于大部分博物馆来说，这一职能多由讲解员担当，部分单位由社教部的社教老师担任，这一问题容易造成研学活动只"游"无"学"，甚至于不"研"不"学"。

（三）联动开发态势不显

博物馆文旅研学产品的开发涉及政府主管部门、中小学校、博物馆、学生等多维主体。如无政府主导，各博物馆可能会无序恶性竞争，也可能敷衍塞责不做产品开发；如无中小学校及其学生为主体，研学产品的开发将如无根之木，既不符合教育需求，也无法满足针对性、研究性目标。在这方面，南京地区的文旅研学产品联动开发合力尚未集聚。各博物馆自主开发研学产品，学校及学生或通过教育主管部门渠道，或通过博物馆渠道，或通过私人渠道开展研学活动，相关主体之间缺乏产品具体需求、功能缺陷、消费反馈等有效联动。

（四）产品开发形式单一

大部分博物馆推介的研学产品仅以变换每年项目名称的方式来"创新"，同质化竞争问题较为严重。部分博物馆通过"复制粘贴"的形式将同行的研学产品开发经验，甚至于产品本身复制到本馆进行营销，或就他馆的研学产品思路做本馆的适应改造，使得消费者放眼一看，“似曾相识”感满满。

（五）营销管理观念落后

文旅研学产品市场与营销管理密不可分。南京地区的部分文博场馆研学项目多集中在参观、讲解和产品推介等维度，缺少对不同对象差异化研学项目的开发，缺乏对学校和学生采取针对性需求调研并辅之以推广销售，习惯于“坐等八方客”。

四、南京博物馆文旅研学产品研发原则及可行策略

南京地区博物馆文旅研学产品研发由博物馆为主导进行设计研发，近年来，各类博物馆均结合场馆特色涌现出深受公众喜爱的品牌研学活动。在层出不穷的研学活动中，研学实施过程中是至关重要的。要想设计出深受社会公众喜爱的研学课程，必须做好研学课程的开发。与其他类型的教育活动相比，博物馆文旅研学课程以博物馆为主线，在强调“研＋学”的同时打破传统教学模式，在文旅、教育相关部门的指导下，遵循文旅研学相关原则，呈现优质研学课程服务。

（一）研发原则

2017 年 4 月南京市教育局印发了《关于转发教育部等部门关于推进中小学生研学旅行意见的通知》（宁教宣德〔2017〕15 号），文中明确了博物馆文旅研学产品的开发也应遵守这些原则，特别是注重教育性、实践性、安全性、差异性。

1. 教育性原则

研学产品的开发，落脚点在于“学”，即体现教育性原则，这就要求博物馆在产品的具体开发中应适应中小学生身心发展规律和认知发展水平，注重与校园教育目标相衔接。既要注重知识性，也要体现趣味性，为中小学生素能的全方位提升保驾护航。

2. 实践性原则

研学产品开发的主要目的之一是填补单纯的校园教育只注重理论灌输和课堂教学之弊。因此博物馆的研学产品开发必须立足于开拓在校学生的视野这一点，以实景参观和实境研学来增强学生的体验感。若仅依托线上参观、云研学等形式，研学效果恐将大打折扣。

3. 安全性原则

这也是南京地区博物馆文旅研学产品开发的兜底性原则，没有安全保障的研学产品是无根之木，必然难以成长。相较于课堂教学的相对封闭空间，研学过程是一个流动的半开放的空间，这就需要学校、博物馆、研学导师等各相关主体抓好研学过程的安全管理，以免研学过程中出现意外事故、安全隐患等。

4. 差异性原则

博物馆的文旅研学产品开发都是基于博物馆藏品而开展的，但在具体开发过程中，容易出现同质化开发现象，这必将影响青少年学生的研学体验。因此文旅研学产品应遵循差异性原则，既要照顾到不同学龄阶段的学生认知水平与教学内容的差异，也要注重博物馆之间文旅研学产品开发的创新。

（二）可行策略

随着中国传统文化向社会公众教育的延伸，博物馆热持续升温，为博物馆文旅研学的发展创造了良好的发展契机。博物馆要抓住时代发展的机会，顺势而为，加大对文旅研学的资源、设备设施的整合与投入，为博物馆文旅研学提供发展保障；采取创新宣传渠道和营销方式，主动融入市场竞争，激发主体活力；优化研发人才储备，培育多学科具有扎实教学知识和较高教学水平的研发团队，为博物馆研学注入智力支持；结合自身优势，打造彰显博物馆自身特色的、辨识度高的课程；从而为我国国民教育提供丰富多元的教育资源和优质的课外教学服务。

1. 强化纵向联动，给足政策扶持

当下南京地区博物馆的文旅研学产品开发，尚处在寒暑假节庆假日根据主管部门的行文要求向上级报送研学产品开发与供给各自为战的状态；而主管部门往往局限于咨询、调研研学产品，对博物馆文旅研学产品开发支持不均衡的状态。博物馆主管部门应重视博物馆公共文化服务功能，通过加大文旅研学产品开发专项资金投入、举办研学产品评选奖补、抵扣相关项目税收等形式为博物馆重点文旅研学产品开发减负增效，并以点带面，助推其轻装上阵。如可依据非国有博物馆、国有博物馆、行业博物馆等博物馆性质选定来访游客多、馆藏特色显、教育意义大的帮扶对象开展重点帮扶，形成政策帮扶、资源互补的良性发展态势。

2. 优化队伍建设，加强人才储备

南京地区的文旅研学产品从业人员队伍建设既要注重以博物馆为主，也要注重吸收政府部门和社会力量。应打好培养、引进与储备的组合拳。文旅等主管部门可加大博物馆相关人员，特别是社教部门从业人员的教育培训力度，通过协调赴先进馆院协同培养等方式为该群体充电赋能；文旅部门、教育部门及博物馆按照社会教育职责分工，重点引进或遴选延聘文旅研学产品市场营销、产品开发、运营管理等专业人才，充实博物馆文旅研学产品的开发工作中来。特别是注重利用南京高教之城的资源优势，通过在高校招募社会教育、文博、旅游经济等相关专业教师和大学生，建立文旅研学产品志愿者队伍，进一步壮大文旅研学产品开发与运营队伍。

3. 突出地域特色,力促差异竞争

南京是世界历史文化名城,在研学产品开发过程中应注重挖掘六朝文化、明文化、科举文化、民国文化、红色文化等凸显地区文化特质的元素,并将它们融入产品终端中,只有这样才能更好地塑造南京地区文旅研学的特色品牌,才能加大其在全国范围内的文化竞争力。与此同时,在特定区域范围内,应立足博物馆特色藏品开发迥异于本地区其他文博场馆的特色文旅研学产品。

4. 创新营销理念,加大宣传力度

博物馆应当突破"就产品说产品"的固化思维以及"就博物馆说博物馆"的陈旧理念,应当树立大营销理念,将文旅研学产品宣传内容投放在广告、网络、电视、海报、论坛等平台的同时,进一步宣传文旅研学产品对中小学生实践学习、锤炼思维和动手能力的益处。应当建立地方文旅主管部门牵头、教育部门协作、博物馆主抓的产品营销体系,既宣传具体的文旅研学产品的亮点,也要对外宣传城市文化底蕴,树立南京地区文旅研学产品的品牌,以此吸引全国各地特别是长三角地区中小学生赴宁研学。

该论文为2020年度江苏省文物科研课题《博物馆文旅研学产品开发研究》(课题号:2020SK13)阶段性研究成果。

以新发展理念引领“文保执法社会治理模式”赓续发展

蔡　健①

摘　要：南京市深入践行新发展理念，以体现发展社会主义民主政治与加强社会主义法制建设有机融合的制度创新为抓手，兼顾协调、绿色、开放、共享理念落地生根，通过组建文物保护志愿者总队并开展文物保护志愿服务行动，探索形成以“行政执法引领＋志愿服务支持”为内核的“文保执法社会治理模式”。在新的历史阶段，要进一步牢固树立新发展理念，破解难题、探寻新路，确保“文保执法社会治理模式”沿着正确方向永续发展。

关键词：新发展理念；文保执法；社会治理；发展模式

《文物保护法》规定，文物行政部门承担通过宣传教育增强公民文物保护意识，发现文物并使之得到及时保护，发现、制止和惩处文物违法行为等职责。切实履行文保执法职能，这是各级文物行政部门依法行政的题中应有之义。

作为历史文化名城，南京市文保执法任务艰巨。仅以不可移动文物存量为例，截至 2013 年年底，登记公布的不可移动文物共 2423 处。其中，全国重点文物保护单位 49 处，江苏省文物保护单位 108 处，南京市文物保护单位 358 处，区级文物保护单位 325 处，尚未核定公布为文物保护单位的不可移动文物 1583 处。当时，市区两级文物行政执法人员尚不到 30 人。如何破解“任务重、人手少”的矛盾，这是提升文保行政执法效能的关键所在。

一、以新发展理念引领文保行政执法

2014 年 6 月以来，南京市文物行政部门持续践行新发展理念，以体现发展社会主义民主政治与加强社会主义法制建设有机融合的制度创新为抓手，兼顾协调、

① 南京市文化和旅游局政策法规处处长，博士、副研究员。

绿色、开放、共享理念落地生根，通过组建文物保护志愿者总队，开展文物保护志愿服务行动，积极呼应“文物保护人人参与”的社会诉求，有效纾解执法人员相对不足的工作痛点，砥砺探索并逐步形成以“行政执法引领＋志愿服务支持”为内核的“文保执法社会治理模式”。

（一）文保行政执法实践创新

1. 文化遗产巡查

文物保护志愿服务行动的主要内容是采取自主巡查、定点巡查、集体巡查等形式对不可移动文物进行志愿巡查，发现和反映文物安全隐患，制止并报告文物违法行为。其中，自主巡查是指文物保护志愿者根据“就便就愿”原则分别进行文物巡查，每月提交巡查表；定点巡查是指文物保护志愿者“认领”文物行政部门确定的50个须重点关注的巡查点，每周巡查一次并提交巡查表，同时获得一定志愿服务补贴；集体巡查是指每个分队每月组织本分队全体队员根据规划路线进行一次文物巡查，巡查结束后完成活动简报并在微信公众号等媒体发布。以2021年为例，该年度举行集体巡查28次，提交巡查表2867份。2014年以来，根据文物保护志愿者报告线索办理的“明故宫飞机场旧址飞行员俱乐部被擅自拆除案”“擅自在全国重点文物保护单位南京城墙（武庙闸段）保护范围内进行建设工程案”，分别被国家文物局表彰为“2014—2015文物行政执法十大指导性案例”“2017年度文物行政执法指导性案例”。

2. 文保行动策展

持续策划并开展文史研究、古墓葬勘查、民国遗存寻访、微信公众号运维等一系列专项文保行动，积极助力文保行政执法工作。文物保护志愿者陶起鸣先后公开出版《南京愚园史话》（专著）、《烟火门西》（主编）等多部文史著作，蔡子悦、李欣分别公开发表《文物的动态保护研究——以金陵中学钟楼为例》《明孝陵神道石刻为何“粗犷有余精美不足”》等较有影响力的学术论文。文物保护志愿者方青松以古墓葬勘查为志业。2021年3月中旬，在栖霞区上梅墓村发现六朝墓被盗后，他第一时间报告属地文物行政部门。后者随即向公安机关报案，并组织人员保护现场。经专业机构抢救性考古发掘，共清理墓葬7座，出土墓志砖、青瓷碗、滑石猪、陶盘、陶饼等重要文物。2014年以来，经文物保护志愿者丁进及其同道寻访发现及动议申请，老虎山炮台遗址、清凉山炮台遗址、西山碉堡群、外郭城沿线碉堡、中山陵蓄水池等5处历史遗存被公布为不可移动文物。文物保护志愿者坚持运维微信公众号“南京市文物保护志愿者”“最忆是金陵”，推动文物保护深入人心、深得人心。

3. 文物环境保护

文物与周边环境是共生关系，文物保护志愿服务行动自觉将绿色环保作为重要的努力方向。南京市文物保护志愿者总队第二分队与南京紫金山生态环保志愿大队结对子，制度化组织开展文保环保联合巡查。每年“南京国际梅花节”期间，文物保护志愿者都会身穿红马甲、胸挂巡查证，在梅花山石象路进行文明赏梅宣传，劝导游客不攀爬文物、不折损花枝、不乱丢垃圾。2014 年 10 月，在参加第三分队集体巡查时，时年 82 岁的文物保护志愿者陈时民教授躬身为“李香君之墓”清理杂草、捡拾垃圾，受到队友们礼赞。2017 年 2 月，发现全国重点文物保护单位“象山王氏家族墓地”缺少日常维护、存在环境卫生问题后，文物保护志愿者及时向有关部门反映。宝塔桥街道牵头成立整治突击小分队，开展地毯式大扫除。经过 2 小时集中整治，清扫绿地 6000 平方米，清理垃圾 2 吨，彻底改变了该片区脏乱差现象。

（二）文保行政执法方式创新

1. 政府引导与社会参与相结合

文保行政执法主体是文物行政部门(包括其所辖文化市场综合执法机构)。长期以来，南京市文物行政部门守正创新、开拓进取，在行业规制建设、文物安全保护、文保知识普及、违法活动查处等方面开展了大量卓有成效的工作，“先考古、后用地”考古前置模式获国家文物局肯定。2014 年 6 月，南京市文物行政部门组建成立文物保护志愿者总队(下辖 3 个分队)，启动实施文物保护志愿服务行动。为确保志愿服务规范、持续、有效运行，设计制作徽章、马甲和巡查证，注册网络即时通讯平台(名称“南京市文物保护志愿者”)，设立专用邮箱，还为文物保护志愿者办理“志愿者关怀”团体意外保险。成立至今，文物保护志愿者总队在宣传推广文保知识、发现文物并及时上报、引导群众将个人收藏文物捐献国家、文物面临破坏危险时积极抢救、与文物违法行为作斗争等方面不懈努力，为文保行政执法提供了有力支持。

2. 队伍建设与骨干培强相结合

南京市文物保护志愿者总队注册文物保护志愿者 120 位，职业包括教师、学生、公务员、企业职工、退休人员等。为提高其文保志愿服务能力水平，综合施策、多管齐下，采取了开办电子内刊《窗》、组织聆听《良渚文化与中华五千年文明》《近现代建筑保护和利用》《走入西街考古 探寻城市起源》等业务讲座、邀请文物行政执法人员现场传授文保巡查专业技能等举措。与此同时，注重加强与组织能力强、业务素养高、服务意识浓的文保骨干联系沟通，充分发挥其引领带动作用，达成以点带面的正向效果，文物保护志愿服务行动的显示度、覆盖面和影响力不断提升。2016 年 12 月，文物保护志愿者马梦洁获评“南京市最美志愿者”；2020 年 6 月，南京市文物保护志愿者总队第二分队负责人吕晓其被国家文物局授予 2020 年度“最美文物安全守护人”称号。

3. 内在涵养与外部辐射相结合

文物保护志愿者总队成立伊始，即制定涵括志愿巡查、信息响应、先进激励等要素的文物保护巡查管理规定。之后，相继出台《关于加强文物保护志愿者信息发布管理的通知》《关于进一步加强非本分队人士参加集体巡查活动管理的通知》《关于进一步加强信息交流平台管理的通知》等一系列内部管理规定。得益于制度建设日益健全，文物保护志愿服务队伍的组织性纪律性、向心力凝聚力持续增强。立足自身内涵发展深化，自觉对外传播文物保护志愿服务行动的成功做法；同在宁高校团委、学生会、青年志愿者协会建立共建关系，影响人数达千人以上；加入南京红色文化志愿者联盟、南京市玄武区文物和文化遗产公益保护联盟，调度文物保护志愿者为联盟建设作贡献；对来宁学习取经的青岛、宁波、厦门、大同、宜春等地文物行政部门或文化市场综合执法机构同行热情接待、真诚分享。2017 年 7 月，南京审计大学在读大学生将南京市文物保护志愿服务行动作为暑期实践研究对象，完成了调研报告《新形势下文物保护志愿者组织调查研究——以南京地区为例》。

（三）推动文物保护成果社会共享

1. 走进直播间

2015 年以来，文物保护志愿者吕晓其、马梦洁、薛殿杰、王帅、丁进等应邀走进南京新闻综合广播《对话》直播节目、南京新闻综合频道《民声》访谈节目、江苏《金陵之声》直播节目，分享文物保护志愿服务成果，讲述文物背后的故事，并与听众连线互动，获得积极的社会反响。

2. 走进中小学

着眼于发挥文物在坚定文化自信、提升公民素质、促进社会发展方面的重要价值，组织实施“文保知识进校园”行动。2018 年，指导成立“金陵中学文物保护志愿者社”，助力高中生更好地守护城市记忆、厚植家国情怀。截至 2021 年 12 月底，“文保知识进校园”行动累计志愿服务时间逾 1.1 万小时，泽被学生近 2 万人次。

3. 走进博物馆

文物保护志愿者走进南京博物院、雨花台烈士纪念馆、南京抗日航空烈士纪念馆以及愚园、大报恩寺遗址公园，发挥自身专业优势，提供讲解导览、展陈设计、文创开发、业务研究等专业服务，受到馆方和游客欢迎，不少志愿者多次荣获表彰奖励。

4. 走进交流会

文物保护志愿者频频亮相中国"文博会"扬州分会场、江苏志愿服务展示交流会、南京志愿者心声分享会、南京市文化遗产保护成果展、"砥砺奋进的五年"南京市文化建设成就图片展等交流活动,分享文保成果,展现团队风采。2017 年 10 月,在南京市文明办、南京市志愿者协会主办的第十四期南京志愿者心声分享会上,讲到志愿服务的酸甜苦辣时,文物保护志愿者王国荣几度哽咽,现场观众无不动容。

二、社会评价与经验启示

(一)社会评价

在探索实践过程中,南京市"文保执法社会治理模式"迎来了方方面面的关注和支持。

1. 媒体关注

2016 年 12 月 3 日,《人民日报》第 5 版以 2/3 整版篇幅刊发该报记者姚雪青采写的深度报道《南京文保志愿者团队成立两年多,120 人服务累计 27000 小时——守护城市记忆》,宣传南京市引入社会力量深度参与文物保护的积极成效,高度评价"文保执法社会治理模式"的重要作用;2017 年 2 月底,《人民日报》"内参"刊文宣介该模式的内容、特点和成效。其他主流媒体也高度重视"文保执法社会治理模式",例如,《中国文化报》2016 年 11 月 29 日第 8 版刊发该报记者王焰采写的通讯报道《文保志愿者:金陵文脉的守护人》,《中国文物报》2017 年 10 月 3 日头版刊发该报记者徐秀丽采写的通讯报道《织牢织密文物安全的保护网》,等等。

2. 经验分享

2017 年 7 月,南京市文化市场综合执法机构应邀在第八届江浙沪文物行政执法业务培训班分享"文保执法社会治理模式"工作经验。2017 年 10 月,"南京市留住城市记忆——文物保护志愿服务行动"被江苏省委宣传部、江苏省文明办、江苏省民政厅、共青团江苏省委评为第二届江苏志愿服务展示交流会优秀志愿服务项目。2018 年 4 月,南京市文化市场综合执法机构应邀在江苏省文物工作年会上作题为《文保执法社会治理模式探索》的交流发言。

3. 模式确立

2016 年 12 月,"构建文保执法社会治理模式"被江苏省依法治省领导小组办公室授予"法治实践优秀案例提名奖"。时任南京大学法学院院长的叶金强教授在点评该案例时写道:"文保执法模式的内核即为'政府引领、公民参与、充分协作',真正唤起全社会对于文物保护的关注度,动员起最直接、最有效的社会力量,取得了较好成效。”2017 年 12 月，《国家文物局关于印发 2017 年度文物行政执法指导性案例的通知》(文物督函〔2017〕1995 号)出台。国家文物局将南京市文化市场综合执法机构办理的“擅自在全国重点文物保护单位南京城墙(武庙闸段)保护范围内进行建设工程案”等 15 个案例确定为“2017 年度文物行政执法指导性案例”，供办理类似文物行政违法案件时参考借鉴。《通知》将这个案件的指导意义作如下表述：“该案是南京市文物志愿者发现并报告的文物违法案件。南京市文物行政部门通过建立文物保护志愿者总队、组织开展文物保护志愿服务行动等举措，形成了以‘行政执法引领＋志愿服务支持’为核心的‘文保执法社会治理模式’，对南京市的文物保护工作起到了重要作用，具有典型意义。”

（二）经验启示

1. 在宏观层面，坚持理念引领

创新、协调、绿色、开放、共享新发展理念，是习近平新时代中国特色社会主义思想的重要内容，也是新的历史阶段文物工作的根本遵循。创新文保行政执法必须讲政治、顾大局，始终坚持新发展理念的领航作用。与此同时，自觉坚持“重点论”和“两点论”相统一，正确处理创新与协调、绿色、开放、共享的关系，确保文保行政执法创新发展方向正确、逻辑自洽。

2. 在中观层面，坚持创念驱动

公民有序参与公共管理体现了社会主义制度的内在本质，社会治理是行政民主化的客观要求和现实表现。南京市文物行政部门树立“跨界思维”，通过组建文物保护志愿者总队并开展文物保护志愿服务行动积极助力文保行政执法，实现了发展社会主义民主政治与加强社会主义法制建设的有机融合，走出了一条文保行政执法的制度创新之路。

3. 在微观层面，坚持信念凝聚

文物保护志愿者没有名利诉求，积极保护以及合理利用文物的共同信念将他们团结在一起。从 2014 年走到今天，从今天继续走向未来，他们沐风栉雨、无怨无悔。文物保护志愿者吴维成(已于 2021 年 12 月去世)所居南京市鼓楼区江苏路 25 号“吴光杰旧居”系区级文物保护单位。20 世纪 80 年代以来，其全家每年投入大量资金对房屋修缮维护，前后总计有四五百万元之巨，这幢文物建筑得以一直在“颐和路公馆区”悄然矗立。文物保护志愿者杨叶亭热心民国建筑保护，文物保护志愿服务过程中坚持发扬理性文保、务实文保、专业文保精神。他在信息交流平台自创自维《学习与分享》板块，旨在分享本人文保实践中发现的问题以及思考的心得、解决的思路。该板块 2016 年 8 月创办，迄今已发布近 70 期(基本上每月 1

期)。明朝开国功臣海国公吴祯墓神道两侧石人、石兽是文物保护志愿者李炳发的定点巡查点。他在巡查中曾巧遇前来祭祖的吴祯后裔,遂保持联络并结下情谊。对于文物保护志愿服务行动,吴祯后裔吴云平先生感慨系之:“衷心感谢各位南京市文物保护志愿者老师!辛苦无私付出!”

三、新时期创新文保行政执法面临的问题与挑战

(一)实践领域有待拓展

广义的“文保执法”是一个大概念,涵括文物行政管理、文物违法行为处罚等内容。成立初期,南京市文物保护志愿者总队将涉不可移动文物的安全隐患、违法行为当作主要观照目标。之后,文物保护志愿者走进文博场馆,奉献讲解、咨询、导览等服务,志愿服务领域得到延伸。但是,实践范畴并没有完全覆盖广义“文保执法”概念的内涵,考古、可移动文物、非物质文化遗产等领域触达较少或尚未涉及。

(二)经费保障难以到位

目前,南京市文物保护志愿者总队是南京市志愿服务联合会的成员单位,且系非独立实体。受制于存在状态的非独立性,来自外部的志愿服务经费支持,基本上只能采取向文物保护志愿者提供志愿服务补贴的方式。2019 年 10 月,南京市文物保护志愿者总队第二分队与中山陵园管理局文物处签订志愿服务合作协议,开创了当地文物保护工作的新局面。根据协议,前者抽调精干力量成立“中山陵风景区文物保护志愿服务队”,每周对该区域 7 处 13 个文物点进行网格化定点巡查并提交巡查表,后者负责向文物保护志愿者提供交通费、误餐费等志愿服务补贴。由于不能自持经费,文物保护志愿者总队自主深入开展工作面临不小难度。

(三)协调效率尚需提高

“文保执法社会治理模式”主要涉及市区两级文物行政部门、市级文化市场综合执法机构以及市级文物保护志愿服务队伍。头绪较多,协调妥当各方关系不大容易。自文物保护志愿者总队成立以来,总体来看,沟通成效是不错的。以曾引发较大舆情的“擅自迁移不可移动文物六朝砖井案”为例。2019 年 1 月中旬,文物保护志愿者李求宏在文物保护志愿者总队网络即时通讯平台报告“六朝砖井消失”,属地区级文物行政部门相关同志即时将此信息通报市级文化市场综合执法机构,后者调度执法人员响应现场并予以立案。面对砖井具体迁移时间的争议,在市级文物行政部门组织召开的重大行政处罚集体讨论会上,根据文物保护志愿者自主巡查拍摄的现场图片及对应时间,将迁移时间确定为 2018 年 12 月 11 日以后。2019 年 7 月,作为记录人,文物保护志愿者姜珺、李杭参加了该案的行政处罚听

证。最终，涉案建设单位、施工单位均被责令改正并受到行政处罚。由于得到了文物保护志愿者的鼎力支持，文物行政部门和文化市场综合执法机构避免了在应对舆情的当口处于被动地位。不过，实践中也不同程度存在着这样那样的问题。比如，执法工作情况不能定期分享文物保护志愿者，志愿巡查问题清单的处置结果未能及时反馈文物保护志愿者，等等。凡此种种，难免影响“文保执法社会治理模式”的效率效果。

四、以新发展理念进一步推动“十四五”时期文保行政执法高质量发展

《“十四五”文物保护和科技创新规划》要求，立足新发展阶段、贯彻新发展理念、构建新发展格局，全面推进文物治理体系和治理能力现代化。南京市探索构建以文物保护志愿服务行动为支点的“文保执法社会治理模式”，其逻辑机理及运行实践与创新、协调、绿色、开放、共享新发展理念存在着内在统一性。在新的历史阶段，应进一步深入领会、全面践行新发展理念，破解难题、探寻新路，确保“文保执法社会治理模式”沿着正确方向永续发展。

（一）申办设立民非单位

非独立实体的存续状态是文物保护志愿者总队经费困难的主要原因之一。根据《民办非企业单位登记管理暂行条例》的规定，民办非企业单位是企事业单位、社会团体、其他社会力量以及公民个人利用非国有资产举办的从事非营利性社会服务活动的社会组织。鉴于文物保护志愿者总队具有“从事非营利性社会服务活动”特点，可以考虑申请《民办非企业单位登记证书》，转身为合法的独立实体。

（二）筹备组建文保联盟

在文物保护志愿者总队之外，南京地区还活跃着一批民间文物爱好者团体或民间文物保护志愿组织。它们长期坚持开展各具特色的专业活动，质地浑厚、口碑坚正，具有较高的美誉度和号召力。南京市文物保护志愿者总队可以考虑肩负起领头羊职能，发起筹建本地区文物保护联盟，团结有志于文物保护事业的各方社会力量勠力同心、胼手胝足，为发展“文保执法社会治理模式”厚植基础、增添动力。

（三）聚焦保护革命文物

革命文物保护管理运用是工作大局，文物保护志愿服务行动须主动融入大局、服务大局。要深入学习领会习近平总书记关于革命文物工作重要指示精神，全面对照《关于加强新时代革命文物工作的通知》《革命文物保护利用“十四五”专项规划》等制度安排，聚力加强南京市革命文物名录（第一批）中 58 处不可移动革命文

物、4279件/套可移动革命文物的保护利用志愿服务，将南京红色文化志愿者联盟任务与南京市文物保护志愿服务行动宗旨有机衔接，为弘扬革命文化、传承红色基因作出不懈努力。

（四）开展公益诉讼

文物保护民事公益诉讼让违法者承担相应法律责任，有助于惩治和遏制破坏文物的违法行为，它与文保行政执法等共同构成文物保护体系。检察机关、社会组织是文物保护民事公益诉讼的适格主体。通过诉讼请求权实现的停止侵害、排除妨碍、消除危险、恢复原状、赔偿损失等状态，能使涉案文物获得抢救、修复或价值补偿，从而维护社会公共利益。文物保护志愿者总队可以直接扛起文物保护民事公益诉讼诉讼主体的职责，也可以担任检察机关发起的文物保护民事公益诉讼的观察员角色，在文物保护民事公益诉讼多元共进、同栈发力格局中发挥不可或缺的重要作用。

（五）多方争取行动经费

《志愿服务条例》规定，各级人民政府及其有关部门可以依法通过购买服务等方式支持志愿服务运营管理，志愿服务组织可以接受自然人、法人或其他组织的财产捐赠，以及县级以上人民政府或有关部门按照法律、法规和国家有关规定予以的奖励。《政府购买服务管理办法》规定，依法成立的社会组织可以作为政府购买服务的承接主体。在成为合法的独立实体后，文物保护志愿者总队可以主动承接各级文物行政部门或相关部门购买的服务内容，包括但不局限于课题研究、定点巡查、活动承办等，与此同时，凭借志愿服务业绩努力争取捐赠或奖励，形成经费来源多元化、多样性的良性局面。

（六）优化润滑沟通机制

在市区两级文物行政部门、市级文化市场综合执法机构、市级文物保护志愿服务队伍分别设立专门岗位，具体负责信息流转事宜，尽力避免出现信息不对称问题，确保“文保执法社会治理模式”有序运行。在市区两级文物行政部门、市级文化市场综合执法机构设立的上述岗位，采取购买服务方式亦是选项之一。

“一个民族的文化遗产，承载着这个民族的认同感和自豪感；一个国家的文化遗产，代表着这个国家悠久历史文化的‘根’与‘魂’。保护和传承文化遗产，就是守护民族和国家过去的辉煌、今天的资源、未来的希望。”南京市文物行政部门携手文物保护志愿服务队伍，将进一步牢记习近平总书记“像爱惜自己的生命一样保护好文化遗产”的谆谆教诲，自觉以新发展理念进一步引领发展“文保执法社会治理模式”，促动这项制度创新成果焕发出越来越璀璨的光彩。

文化产业

南京城市文化数字建设现状与建议

潘谷平[①] 江 浩[②]

摘 要:城市文化数字化基础设施和服务平台体系建设是城市贯彻落实国家文化数字化战略的基础,如何以城市级的数字化平台来统筹推动城市文化"上云用数赋智落地",亟须整体解决方案支撑。南京积极开展城市级文化数字化平台探索,取得了较好的成果。在平台建设方面,应基于基础层的文枢大数据平台,建设南京市级文化资源数据基座,对全市各文化资源数据进行分类、编目、标识和关联,集成市级层面的文化资源库,与全市文化生产和管理单位共建共创共享,为南京城市文化数字化建设在数据资产化、应用智能化、场景体验化等方面提供支撑。

关键词:城市文化数字化;南京;数字化平台

2022 年 5 月,中办、国办印发《关于推进实施国家文化数字化战略的意见》,明确关联形成中华文化数据库、夯实文化数字化基础设施、搭建文化数据服务平台、促进文化机构数字化转型升级、发展数字化文化消费新场景、提升公共文化服务数字化水平、加快文化产业数字化布局、构建文化数字化治理体系等 8 个方面的具体任务,要求到"十四五"时期末,基本建成文化数字化基础设施和服务平台,基本完成文化产业数字化布局,公共文化数字化建设跃上新台阶,形成线上线下融合互动、立体覆盖的文化服务供给体系,到 2035 年,建成物理分布、逻辑关联、快速链接、高效搜索、全面共享、重点集成的国家文化大数据体系,中华文化全景呈现,中华文化数字化成果全民共享;10 月,党的二十大报告指出,要"繁荣发展文化事业和文化产业,实施国家文化数字化战略";12 月,中共中央、国务院印发《数字中国建设整体布局规划》,要求推进数字技术与经济、政治、文化、社会、生态文明建设"五位一体"深度融合,要打造自信繁荣的数字文化,大力发展网络文化,提升数字文化服务能力,打造若干综合性数字文化展示平台,加快发展新型文化企业、文化

---

① 南京市文化投资控股集团党委书记、董事长。
② 南京市文化投资控股集团规划与投资发展部部长。

业态、文化消费模式；2023 年 6 月 2 日，习近平总书记在文化传承发展座谈会上强调，要全面深入了解中华文明的历史，更有效地推动中华优秀传统文化创造性转化、创新性发展，更有力地推进中国特色社会主义文化建设，建设中华民族现代文明。

如何落实国家文化数字化战略、践行数字中国整体规划、推动城市文化“上云用数赋智”、助力建设中华民族现代文明，成为数字时代城市文化建设必须面对的问题。

一、 南京城市文化数字化建设政策

南京拥有 2500 年建城史，是中国四大古都之一、国家首批历史文化名城，自古有“天下文枢”之称，2019 年 10 月 31 日被联合国教科文组织授予“世界文学之都”称号。习近平总书记今年 7 月在江苏考察时提出，要在建设中华民族现代文明上探索新经验。南京作为江苏省会，坐拥优质文化资源，在城市文化数字化方面应当仁不让、首位示范。

2021 年 4 月，南京市印发《关于促进南京市数字文化产业高质量发展的实施方案》，推动文化产业“上云用数赋智”，重点打造创意设计、网络文学、数字文旅、现代演艺、数字场景、影视动漫、数字文化装备等 7 个优势业态。2022 年 6 月，南京出台《南京市推进数字经济高质量发展实施方案》，提出要创新发展数字文化产业，实施文化产业数字化战略，加快优秀传统文化资源“上云用数赋智”，培育文化产品消费新模式和高水平数字内容，打造全国数字文化产业高质量发展“南京样板”；出台《南京市促进文化产业竞争力提升行动方案（2022—2025 年）》，提出要率先建设文化和科技深度融合高地、文化金融合作示范高地、文化旅游融合发展高地、文化产业数字化发展高地，推动各类文化市场主体发展壮大，培育新型文化业态和文化消费模式，不断开创文化产业高质量发展新局面。2023 年 6 月，又出台《南京市贯彻落实国家文化数字化战略实施方案》，提出到“十四五”末，全市文化数字化基础设施和服务平台体系基本建成，各类文化机构的数据中心基本贯通，到 2035 年，全市文化数字化建设跃上新台阶，文化资源全面接入国家文化大数据华东区域中心，中华文化全景呈现，开放共享、立体覆盖的数字文化新生态基本构建，南京的文化美誉度和国际传播影响力持续彰显，以数字文化产业为代表的文化新业态对产业增加值贡献度达 80%，线上线下融合互动、立体覆盖的文化供给服务体系基本形成，数字化文化新体验消费新场景更加多元。

城市文化数字化基础设施和服务平台体系建设是城市贯彻落实国家文化数字

化战略的基础，如何以城市级的数字化平台来统筹推动城市文化“上云用数赋智落地”，亟须整体解决方案支撑。

二、 南京建设城市级文化数字化平台的主要做法

近年来，在南京市委、市政府相关部门指导下，南京文投集团积极开展南京城市级文化数字化平台探索，取得了较好的成果。在《南京市推进数字经济高质量发展2023年工作要点》中，明确南京文投集团为南京文都数字云平台建设、“文学之都”数字化建设、金陵历史文化大数据平台建设等的责任单位；在《南京市贯彻落实国家文化数字化战略实施方案》的工作任务分解表中，指定南京文投集团为建设长江国家文化公园数字云平台（江苏南京示范平台）、建设南京文都数字云平台及其底层基础库、构建世界文学之都“1＋N＋X”文学空间网络和数字体验体系、升级“文枢”历史文化资源大数据平台等的牵头单位。

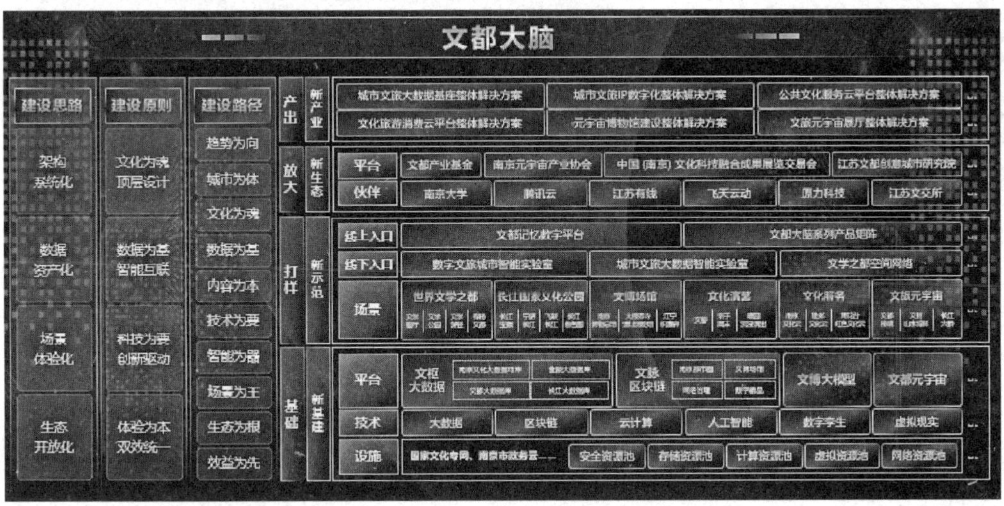

图1 文都大脑

2022年11月，南京文投集团率先发布全国首个城市文化数字化整体解决方案——南京文都数字云平台，提出“架构系统化、数据资产化、场景体验化、生态开放化”的“四化”建设思路，“文化为魂、顶层设计，数据为基、智能互联，科技为要、创新驱动，体验为本、双效统一”的“四为”建设原则，以及相应的分层建设架构。2023年9月，迭代升级推出数字文化城市整体解决方案2.0版——文都大脑，不断推动城市文化“上云用数赋智落地”。“文都大脑”整体解决方案分为基础层、打样层、放大层、产出层四层架构，致力于构建中国文化“最强大脑”。

图 2　文都大脑建设成果

第一，在基础层打造一套数字文化新基建。重点建设文枢大数据平台、文脉区块链平台、文博大模型平台、文都元宇宙平台等四大平台能力。我们建成了全国首个城市级文化大数据平台——文枢大数据平台，按照国家文化大数据体系建设“物理分布、逻辑关联”的要求，打造了数据母库、数据金库、数据超市，并联合大数据技术领域的龙头企业共同打造城市文化数据基座，开展城市文化数据标准化处理，目前已经建成了南京世界文学之都大数据库、长江国家文化公园（南京段）大数据库，完成了南京文化大数据母库、金陵文化大数据库一期；我们打造了全国首个城市文化区块链——文都链，截至 2023 年 8 月底，链上累计存证资产 20794 项，累计链账户 711 个，将南京一百个景点门票升级为数字藏品门票，让数字化文旅消费体验能够在南京得到推广；我们研发了全国首个文博行业大模型，基于百川 13B 开源模型，自研文博语料库，深化模型研发，文博大模型在大报恩寺遗址公园博物馆智能问答中，回答准确率超 95%；我们建成了全国首个城市级文化元宇宙开放平台——文都元宇宙平台，搭建了“文学塔”“文学林”等虚拟文学点位，复建了“国子监”等消失在历史中的文学点位等。

第二，在打样层打造数字文化新示范。围绕世界文学之都、长江国家文化公园、文博场馆、文化演艺、文化服务和文化元宇宙场景，打造一系列新示范产品和线上线下入口。搭建文枢元宇宙平台，推进世界文学客厅数字化，推出探秘文都、文都星空 VR 等应用；建设长江国家文化公园云平台（江苏示范段），上线云上长江、VR 飞越长江、云游长江宝藏、长江大桥元宇宙等应用；上线大报恩寺遗址博物馆元宇宙并以数字技术复原了消失的大报恩寺琉璃宝塔，建成国内首个元宇宙博物馆;上线南京公共文化服务云平台;打造南京首家专业化数字艺术馆;上线文都大脑 APP,作为数字体验的线上入口之一,面向 C 端提供全方位的文旅服务新体验。

第三,在放大层打造数字文化新生态。集团所属创意中心、文都云科技、文创科技、股权投资、大明文化、十竹斋集团、十竹斋文博、江苏文创等 8 家企业共同参与建设,联合南京大学、江苏有线、腾讯云、思必驰、滴普科技等战略合作伙伴,飞天云动、原力科技、千鱼信息、文投锐丰、江苏省文交所等集团及管理基金投资的合作伙伴,芯视元电子、遇见光、出门问问、云问科技、达斯琪等一批业务合作伙伴,并打造文学之都产业投资基金、南京元宇宙产业协会、江苏文都创意城市研究院、中国(南京)文化科技融合成果展览交易会等生态平台,作为项目实施重要保障之一。

第四,在产出层打造数字文化新产业。研发了城市文化大数据基座、城市文化 IP 数字化、公共文化服务云平台、文化旅游消费云平台、元宇宙博物馆(景区)建设、文化元宇宙展厅等六大细分领域整体解决方案,形成服务输出能力,实现数字文化新产业闭环。

(二)案例和成效

案例一:南京世界文学之都数字化建设。我们打造了全国首个城市文学数据库——“文学之都数据库”,在数据要素支撑下,我们打造了南京文学空间 1+N+X 网络、全国首个城市文学元宇宙平台——文枢元宇宙平台。世界文学之都数字化建设助力了南京文旅产业增长,2023 年 1—8 月,南京市共接待游客 1.28 亿人次,同比 2019 年增长 45%,比 2022 年增长 71%;实现旅游总收入 2310.65 亿元,同比 2019 年增长 34%,比 2022 年增长 67%。全市旅行社接待游客量、接待研学旅游人次、演出市场观众人次和票房产出、游客满意度调查全省第一。

案例二:文博场馆数字化建设。大报恩寺是中国规格最高、规模最大、保存最完整的皇家寺庙遗址。南京打造全国首个全真互联的元宇宙博物馆,并采用国际顶尖 CG 技术高清数字复原大报恩寺琉璃古塔,被央视新闻频道 CCTV13 报道。大报恩寺遗址博物馆 2023 年 1 月—9 月游客同比 2019 年增长 51%,比 2022 年增长 465%;营业收入同比 2019 年增长 54%,比 2022 年增长 95%。

案例三:“文客网”文化消费平台。该平台聚焦南京在线文化消费服务,串联南京城市优质文化资源,包括剧目演出、展览活动、政府补贴等,2023 年 1 月以来,南京“文化小店”智能线上平台上线,实现小店聚合展示、地图导览、消费券发放、活动、资讯、打卡等功能,为消费者提供全方位的文化小店服务。目前该平台累计用户超 400 万,日浏览量(PV)约 3 万,月活(MAU)超 5 万。

案例四:文化服务平台。打造了南京市公共服务云、南京建邺文化云、雨花台红色云等公共文化服务类产品，实现城市公共文化个性化服务、精准化配送、数智化管理。最新上线运行的南京市公共服务云平台整合了全市13家区文化馆、14家区图书馆公共文化服务资源，上线了102家全市少儿图书馆及35家最美公共文化空间；与建邺区合作的南京建邺文化云平台自2023年1月上线以来，累计总浏览量超250万人次，发布超400余场活动。

案例五："文都秘境"元宇宙场景展示服务平台。该平台以真实的南京城市为蓝本，打造了一个古今融合交错的未来城市文化空间样本，目前已涵盖南京新街口、夫子庙、江宁织造府、中华门、明故宫、大报恩寺等超时空的南京文旅体验场景和多个原创特色元宇宙街区场景，同时在场景内精心设计了近千条互动文化知识点和丰富的创意玩法，为用户带来前所未有的元宇宙游南京体验。"文都秘境"APP已于苹果应用商店和各大安卓应用市场上架，项目内测期间近千人参与测评，APP上线首周下载量即突破1万次。

近两年来，南京文投集团城市文化数字化整体解决方案建设成果被央视8次报道，被新华社等中央媒体评为"文化数字化的南京样本""全国首个数字文化城市整体解决方案"，被列入南京市委常委会2023年工作要点。系列产品获得多项国家、省、市荣誉，"世界文学之都"数字空间被文旅部评为2023年文化和旅游数字化创新示范优秀案例，"文都时空"大数据智慧文旅项目、大报恩寺遗址博物馆元宇宙创新发展项目分别被省工信厅列入2023年度江苏省智慧文旅示范项目、培育项目，"文客网"被省工信厅列入2022年江苏省信息消费重点领域优秀产品推广目录，"文都时空"文学大数据可视化平台入选2022年中国数字人文年会优秀项目，城市文化数字云平台项目"文都云"场景入选2022年南京市工业和信息化发展标杆应用场景引领项目。

通过南京城市文化数字化建设，实现了社会效益和经济效益双效统一：

在社会效益方面，践行数字中国整体规划，落实国家文化数字化战略、推动城市文化"上云用数赋智"，助力建设中华民族现代文明。实现文脉体系全景呈现、文枢品牌全域打响、文创产业全面升级、文明成果全民共享、文化魅力全球传播。为建设智慧中国、智慧江苏彰显文化力量，为建设中国民族现代文明探索江苏方案，为建设江苏数字经济强省作出南京贡献。

在经济效益方面，推动城市数字文化产业化和文化产业数字化发展，构建文化数字化产业生态。一是促进数字文化内容生产传播消费，深入结合大数据、人工智能、区块链等数字技术，实现数字文化产品在生产传播体验消费全生命周期的价值实现，为城市文化的数字化利用创造新的业态环境，有效带动数字文化产业发展；

二是促进文化创意产业数字转型升级，实现文化旅游、文物、新闻出版、电影、广播电视、网络文化文艺等领域的各类文化机构的数据接入和运营升级，探索数字化转型升级的有效途径，改造提升传统动能，培育发展新动能；三是促进新兴文化业态萌发茁壮成长，推动城市文化数字化产业发展生态持续完善，培育一批数字文化产业龙头企业和“链主企业”，打造一批掌握核心技术、高能级高成长的生态圈企业；围绕城市文化数字化建设，打造一批在国内具有影响力的创新示范场景和引领性服务产品，实现跨地区复制、跨领域融合的规模性效应。

三、 南京城市文化数字化建设建议

在南京文投集团建设南京文都数字云平台(“文都大脑”)之前，南京市面向政务、公共服务领域已建设有南京智慧文旅综合管理与服务平台，面向垂直文旅行业和文化消费服务领域建设了南京智慧旅游大数据运行监测平台、南京文旅消费智能综合服务平台等，但文化资源数据处于诸多孤岛状态，系统间无法实现文化数据资源共享，缺乏对全市文化资源数据的有效整合、深入处理和产业利用，而南京文都数字云平台(“文都大脑”)的建设目的就是解决文化数据孤岛问题、实现文化数据资源共享、提升数据处理能力、推动文化产业发展、实现城市文化“上云用数赋智落地”。与此同时，近年来区块链、人工智能(包括大模型)、元宇宙等技术在文化数字化领域不断得到应用，其中区块链技术主要解决文化数据资产化可信性问题，人工智能技术主要解决文化数字生产智能化问题，元宇宙技术主要解决文化场景数字体验感问题，南京文都数字云平台(“文都大脑”)基础层打造的数字文化新基建在这些方面均探索出一定成果。此外，南京文投集团在打造数字文化新生态、与合作伙伴共建数字文化新示范也取得了较好的成效。因此建议：

在平台建设方面，以南京文投集团城市文化数字化整体解决方案——南京文都数字云平台(“文都大脑”)基础层、打样层、放大层、产出层四层框架及既有工作成果为基础，基于基础层的文枢大数据平台建设南京市级文化资源数据基座，联合市委宣传部、市委网信办、市文旅局、市大数据局、市档案馆、市方志办、市社科院，旅游集团、报业集团、广电集团、文投集团、出版传媒集团等各方力量，按照国家文化大数据体系标准，对全市各文化资源数据进行分类、编目、标识和关联，集成市级层面的文化资源库，为后续文化数据的智能化生产、可视化开发、市场化交易等提供支撑；持续提升南京文都数字云平台(“文都大脑”)的文脉区块链平台、文博大模型平台、文都元宇宙平台功能，与全市文化生产和管理单位共建共创共享，为南京城市文化数字化建设在数据资产化、应用智能化、场景体验化等方面提供支撑。

在生态建设方面，发挥好南京市文化产业协会、南京市元宇宙产业协会、中国（南京）文化科技融合成果展览交易会、相关文化产业基金、南京市文化产业专项资金等职能，全力建设城市文化数字化产业生态，大力培育数字文化产业龙头企业和“链主企业”，培育和吸附一批数字文化产业生态企业，共建共创共享城市文化数字化平台，共同为南京城市文化数字化建设贡献力量。

该论文为2023年度南京市社会科学基金“学习贯彻党的二十大精神”专项项目，一般项目“长江文化数字化呈现与传播研究”（23YB19）和全市文化人才培养对象第八期项目“南京长江文化数字化路径研究”（23WQ8001）的阶段性成果。

南京文化产业可持续发展分析与展望

龚　锐①

摘　要：本文结合南京文化产业疫情前和疫情三年相关数据，通过横向和纵向对比分析南京文化产业发展状况，对全市文化产业可持续发展进行了展望，并就文化产业如何进一步强化我市主导产业地位，推动文化产业高质量发展提出对策建议。

关键词：文化产业；发展；展望

南京认真贯彻落实习近平总书记关于文化产业发展的重要论述和指示精神。积极探索具有时代特征、契合南京特点的文化产业发展新路子，强化顶层设计、以政策引领推动产业发展，文化产业政策体系不断完善。

一、疫情前发展情况

（一）文化产业增加值增速高于全国

截至疫情前的2019年，南京市文化产业增长迅速，增加值从2010年的194.71亿元，增加到2019年的912亿元，十年平均增长率达到18.7%。同期全国文化产业增加值从2010年的11051亿元，增长到2019年的44363亿元，年平均增长率为16.7%，从年平均来看，南京文化产业增长率年均高于全国2个百分点。同期南京市GDP的年平均增长率为12.0%，全国为10.6%，南京市GDP增长率年均高出全国1.4个百分点，南京文化产业增加值年均增速相对GDP年均增速而言增长更快。文化产业十年间高增长的发展成绩，凸显了南京文化产业的发展能力。

（二）增加值占GDP比重全省领先

从文化产业增加值在经济总量中的贡献度占GDP比重来看，2019年南京文化产业增加值占GDP的比重为6.5%，全省为5.0%，南京比全省高出1.5个百分点。从贡献的变化来看，十年间南京市文化产业增加值占GDP的比重从3.8增长

① 作者单位：南京市统计局。

到 6.5，增加了 2.7 个百分点，而同期全省该指标从 3.34 增加到 5.0，增加了 1.66 个百分点，得益于南京文化产业领先于全省的增长率，南京文化产业增加值占 GDP 的比重增加量比全省高出 1 个多百分点，且十年间全市文化产业增加值占比水平始终处于全省首位。

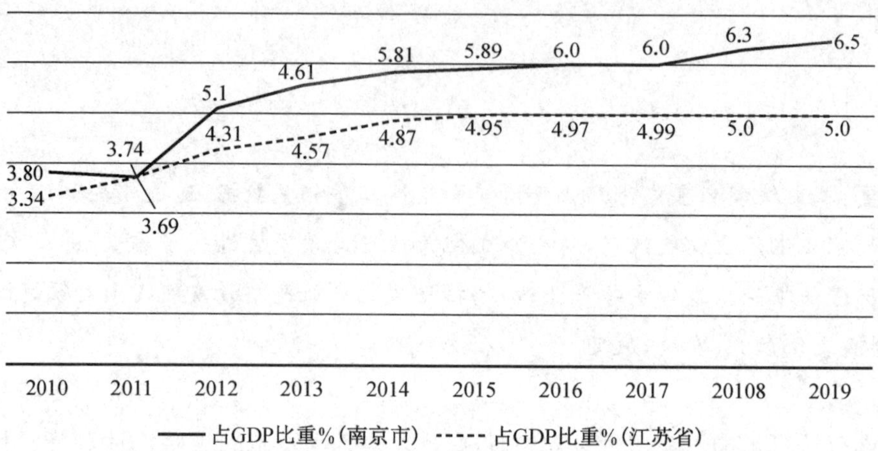

图 1　2010—2019 年文化产业增加值占 GDP 比重对比

二、疫情三年发展情况

（一）总体呈现增长

据统计，2020—2022 三年期间，由于受疫情不断散发的影响，全市文化企业经营指标虽然有所曲折，但纵观三年主要数据，企业运营显现出较强的“韧性”，全市规模以上文化企业数量由 2020 年的 1814 家，增长至 2022 年的 2021 家，企业资产由 6202.52 亿元增长至 7546.26 亿元，营业收入由 3058.58 亿元增长至 3779.34 亿元，从业人员由 29.40 万人增长至 29.69 万人，年均增幅分别为 5.6%，10.3%，11.2%和 0.5%，除企业营业利润 2022 年与 2020 年相比有较小降幅外，均取得了正增长。

表 1　2020—2022 年南京规模以上文化企业基本情况表

时间	企业数（个）	营业收入（亿元）	资产总计（亿元）	营业利润（亿元）	从业人数（万人）
2020 年	1814	3058.58	6202.52	214.90	29.40
2021 年	1986	3652.35	6977.81	244.10	30.42
2022 年	2021	3779.34	7546.26	208.18	29.69

（二）占比始终省内领先

2020—2022 年，从占比水平来看，2020 年南京占比 6.3%，第二名为苏州 5.22%，第三名常州 5.21%，南京分别领先 1.08 和 1.09 个百分点；2021 年南京占比达 6.5%，第二名苏州 5.4%，第三名常州 5.35%，南京分别领先 1.1 和 1.15 个百分点；2022 年南京占比达 6.62%，南京继续分别领先苏州和常州 1.07 和 1.12 个百分点。在全省文化高质量发展监测结果中南京文化产业发展指数始终保持水平第一，发展前三，综合首位。

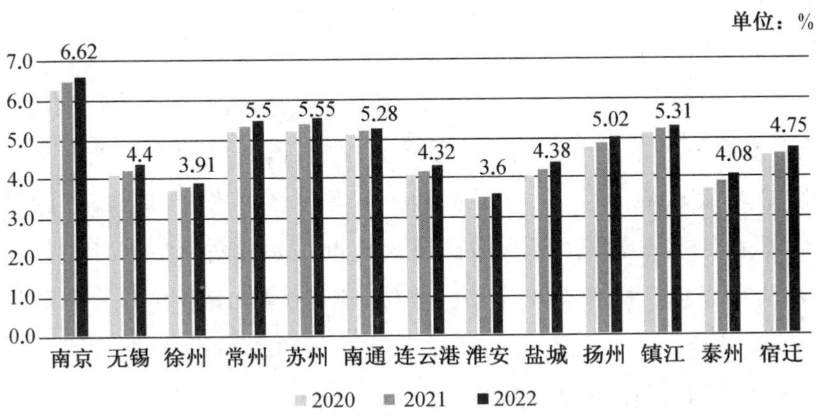

图 2　2020—2022 年江苏各地市文化产业增加值占比情况

通过以上疫情前和疫情期间南京文化产业横向和纵向数据对比，我们不难发现，虽受疫情影响，总的来看南京文化产业发展始终处于较好的区间。

三、 产业发展特点

（一）产业向新业态逐步转型发展

南京文化产业的产业结构随着经济调结构、促转型。据不完全统计，以数字文化产业为代表的文化新业态对我市文化产业贡献度已达 47%，成为文化产业发展的新“引擎”。通过疫情三年来的文化产业发展监测，可以发现：以互联网为基础的数字出版，动漫、游戏数字内容服务，互联网游戏服务，多媒体等 16 个文化新业态行业小类，2020—2022 年营业收入分别为 1192.15 亿元，1459.72 亿元和 1545.37 亿元，三年年均增速达 13.9%，快于全部规模以上文化企业营业收入增速 3.6 个百分点，彰显出强劲的活力。疫情以来，南京审时度势，结合疫情期间全市文化新业态逆势上扬的实际，印发了《关于促进文化和科技深度融合的实施方案》《关于深入推进南京文化和科技融合工作实施方案》，形成从中央到省、市的政策闭环，先后成功举办了南京创意设计周及系列活动、南京(国际)动漫创投大会、中国(南京)文化科技融合交易博览会，营造城市创意浓厚氛围，加速南京文化科技融合，促进文化新业态发展。《关于促进南京市数字文化产业高质量发展的实施方案》等指导文件的出台，也指引着产业转型发展，全市产业呈现出新兴数字文化产业发展加快、文化产品内容品质加强、文化产业结构优化加剧的显著特点。

(二) 文化载体持续高标准打造

南京重点建设秦淮老城南区、环南艺、建邺河西等 12 个创意文化产业功能区。涌现出新城科技园、国家数字出版基地、网易南京数字产业基地、秣陵 9 车间、江苏网络文学谷等特色产业园以及银杏里、D9 街区、水木秦淮等特色艺术街区。以锦创数字产业园、德必艺术盒子 WE、德必钟山镜 WE、德基大厦等为代表的特色楼宇经济新业态发展迅速。全市文化产业载体喜报频传，其中秦淮特色文化产业园获评文化部“第五批国家级文化产业试验园区”，实现江苏省和南京市在国家级文化产业园区“零的突破”；高淳国际慢城被评为首批“国家级特色小镇”；秦淮区、江宁区被评为“国家全域旅游示范区”。截至 2023 年 10 月，南京共有 1 个国家级文化科技融合示范基地，12 个国家级、34 个省级、103 个市级文化产业园区。

(三) 区域产业百花齐放各具特色

各板块聚焦优势产业，在推动产业升级、培育产业新业态方面探索差异化路径，逐渐走出适合自身产业特点的高质量发展之路：玄武区紧盯产业集聚发展和载体建设，市级文化产业园区数量全市领先；秦淮区在网络文学、文化创意、文化消费等领域增效显著，夫子庙步行街获评“首批国家级旅游休闲街区”，实现了社会效益和经济效益双效统一；栖霞区深入挖掘文旅资源，高标准建设滨江城市客厅、栖霞山邮轮母港、华侨城欢乐谷等区域特色项目，助推文旅产业高质量发展；雨花台区坚持文化和科技融合发展方向，依托“文化＋互联网”，积极培育新型文化业态，文化科技融合发展特色进一步彰显；溧水区聚焦文旅融合，打造天生桥景区、无想山景区、永寿坊街区、“咪豆”音乐节等特色文旅项目和节展品牌……

(四) 传统文化消费复苏

传统文化消费市场方面，疫情期间受冲击最大的行业大类为文化娱乐休闲服务业，三年营业收入均为负增长，且一直处于数亿元的亏损状态，极大地拖累了全市文化产业发展。2023 年为激发文化消费活力，促进文旅消费市场加快回暖，我市开展了“文化小店计划”活动，“文化小店计划”对于提振文旅消费、促进信心恢复的效应明显：全市各大景区、影剧院、文博场馆等迎来了久违的接待高峰，人间烟火气迅速回归，素有“天下文枢”美誉的南京，传统文化消费市场呈现一派有序繁荣景象。2023年以来，文化娱乐休闲服务类企业营业收入强劲反弹趋势，1—6月同比大幅增长51.3%，且企业营业利润自2020年新冠疫情暴发以来，首次扭亏为盈，由去年同期的亏损3.01亿元变为今年赢利0.17亿元。旅游数据方面，2023年1—9月，全市共接待游客1.46亿人次，同比2022年增长72.6%，比2019年增长48.0%，实现旅游总收入2599.59亿元，分别比上年和2019年增长63.5%和34.1%。全市旅行社接待游客量、接待研学旅游人次、演出市场观众人次和票房、游客满意度调查等多个方面位列全省第一。不经历风雨怎能见彩虹，相信随着南京文化产业不断转型发展，传统文化消费市场全面复苏，全市文化产业后续发展定会亮出一段漂亮的曲线。

四、文化产业发展展望

南京具备雄厚的人文资源，文化产业发展一直走在全省与全国副省级城市的前列，今后发展阶段，南京应以满足人民群众对美好生活的向往为出发点和落脚点，紧紧围绕建设“强富美高”新南京的总目标，聚焦将文化产业进一步发展壮大，继续以融合发展为主线，以改革创新为动力，以人才和制度保障为支撑，实现更好更快地做强文化产业。

（一）“文化+数字”再发展

传统产业加快数字化升级，文化产品优化供给；5G、大数据、云计算、人工智能等科技创新成果深度应用；云演艺、云展览、数字艺术、沉浸式体验等新兴文化业态不断壮大；南京进一步着力打造富有自身特色与核心竞争力的高精尖数字文化产业体系与数字创意产业集群，做精做强数字文化企业，围绕网络文学、动漫游戏、数字文化装备、网络影视音乐等重点领域，培育出一批具有较强创新能力和核心竞争力的领军数字文化企业。

（二）“文化+创意”再深入

“创意南京”建设不断深化，继续打造一批“文创联名”的IP文创产品。推动文化产业带建设，形成东大·南京设计名城、环南艺等产业功能区，放大晨光1865创意园、紫东国际创意园等文化创意产业集群虹吸效应，鼓励文化产业园区采取“专业园”“园中园”等形式，建设示范性创意设计“众创空间”。

（三）“文化+品牌”再壮大

建立挂点联系服务工作机制，重点打造一批掌握核心技术、拥有原创品牌、具有较强市场竞争力、以融合发展为特色的龙头文化企业和集团，再培育一批文化独角兽、瞪羚、哪吒企业，构建文化企业梯度培育体系，助推更多龙头文化企业入围

“全国文化企业 30 强”。引导中小微民营文化企业走“专、精、特、新”发展之路，对中小微文化企业提供信用担保、培训指导、技术支援等全方面扶持，推动全市文化产业均衡发展。

相信随着文化体制改革的实施和推进，南京必定会紧抓国家文化强国重大战略机遇期，积极谋划文化产业发展大局，加快推进向文化强市的跨越，紧紧围绕文化高质量建设的总体目标，以改革创新为动力，不断开拓进取，积极面对竞争和挑战，加快提升文化产业的整体实力，努力营造公平竞争的市场环境，推动文化产业高质量发展，使南京文化建设迈上新台阶。

五、产业发展建议

下一步文化产业工作应着力提振市场信心、稳住市场主体，健全现代文化产业体系和市场体系，深入实施国家文化数字化战略和重大文化产业项目带动战略，建好用好长江国家文化公园，更好满足人民群众高品质、多样化精神文化需求，推动文化产业高质量发展。建议在六个“着力”上下功夫、见成效：

（一）着力提升龙头企业引领作用

抓好龙头企业培育，支持更多数字文化企业上市，发展壮大网觉、硅基智能等具有行业引领和核心竞争力的本地头部企业带动作用，孵化一批南京本土龙头企业。深入实施国有文化企业深化改革加快发展行动，完善有文化特色的现代企业制度，健全市场化经营机制，做强做精主业，推动市属国有文化企业高质量发展。吸引国内外头部文化企业落户南京，支持大型企业在宁投资文化项目，设立文化企业。力争培育出更多亿级、百亿级文化企业，更多文化企业能够入选或提名全国“文化企业 30 强”、省“民营文化企业 30 强”。

（二）着力推动区域协调发展

发挥长三角区域一体化发展，同“一带一路”建设、长江经济带发展等国家战略叠加优势，建设南京长江国家文化公园，谋划扬子江创意城市群建设，打造扬子江城市群数字文化产业和创意经济发展核心样板。积极融入长三角文化产业一体化发展，助力打造长三角区域“七名”（名城、名镇、名村、名山、名湖、名园、名馆）国际精品线路暨主题专项旅游产品。建设南京都市圈文化产业生态，推动跨都市圈城市产业链建设，打造“南京都市圈文化产业创新联盟”，推出“南京＋都市圈城市”系列旅游产品，打造南京都市圈文旅名片。积极参与沿大运河文化产业和旅游业融合发展。

（三）着力打造高能级产业集群

提升南京国家级文化和科技融合示范基地、国家级文化产业试验园区、国家级广告园区能级和集聚度，引导文化产业空间向线性、带状布局，建设玄武、鼓楼等板块为主的文化消费体验带，秦淮、栖霞、浦口、高淳、溧水、六合等板块为主的文化生态旅游带，雨花台、江宁、建邺、江北新区等板块为主的文化科技融合带。积极争创国家级文化产业示范园区。充分发挥我市文化产业园区（楼宇、街区）基础性优势，引导产业与社区、街区、城区融合，持续推动文商旅提档升级，提升城市公共文化空间的艺术品质。

（四）着力深化文化产业数字化

加快构建以数字经济为引领的现代文化产业体系，延伸智慧文旅、数字出版、数字娱乐、智能制造等产业链条。支持基于新兴技术的文化新场景、新体验和新服务，不断拓展数字化的应用场景。发挥本土领军企业、"链主"企业数字化转型关键作用，带动更多中小企业抢占数字文化细分领域市场。支持建设数字化转型促进中心、数字化产业链、行业数字大脑、数字孪生工厂等。加大文化制造领域新技术、新材料、新设备的研发应用，发挥数字技术对文化产业发展的放大倍增作用。

（五）着力打造文商旅体展特色品牌

打造"极美南京·宁享"系列文商旅体展消费品牌，高质量建设"世界文学之都""国家文化和旅游消费示范城市""国家体育消费试点城市"，积极创建"国际消费中心城市"。打造文商旅体展融合发展示范区，培育文商旅体展融合发展示范企业，创建国家级夜间文旅消费集聚区。打造文博国风、生态乡韵、休闲康养等与旅游融合业态，赏鉴沉浸、潮流文娱、体育休闲、出行服务、载体展会等与消费融合业态，品质餐饮与文化融合业态、夜间经济多元融合业态，支持市场化引入文商旅体消费类展会，开展商业特色街区、优秀老字号新国货、特色文旅商品、乡村旅游精品等评选认定和精准扶持。

（六）着力提升产业国际影响力

借助"世界文学之都""历史文化名城"等文化品牌建设，扩大对外文化贸易渠道，提高图书、影视、动漫游戏等核心文化产品出口规模，大力发展数字文化贸易，积极培育文化出口重点企业及项目，做好国家语言服务出口基地建设，提升语言服务和贸易发展水平。支持南京本土文化企业参加重要国际性文化展会，争创对外文化贸易基地、国家文化出口基地，推动南京文化"出海"，提高南京文化的国际影响力。

栖霞山文化休闲旅游度假区高质量发展路径

沈　芸[①]　祁　林[②]

摘　要：栖霞文旅资源丰富，发展前景良好。但目前整体发展模式有待优化，发展要素有待拓展。栖霞文旅亟需一场文化建设的“格局突破”，打造一个底蕴更丰厚、服务更广泛、品质更高级、格调更现代的新栖霞文化。同时，要进行合力的文化布局和文化建构，通过文化建设改变栖霞文旅在南京文旅资源网络中目前身处的边缘地位，从而成为南京文旅新的核心节点。

关键词：栖霞山；文化休闲旅游；高质量发展

2020年新年伊始，栖霞区发布“十四五”规划，明确提出全区发展要围绕“最强增长极、最美新栖霞”的总体目标愿景，将栖霞区建设成为“现代化产业强区、国际化科创高地、一体化发展典范、绿色化幸福家园、法治化文明样板”。按照这一建设思路，“强区、高地、典范、家园、样板”最终都将熔铸为一种先进、高端的栖霞文化。作为“栖霞文化”建设的主力军，栖霞山文化休闲旅游度假区（以下简称“栖霞文旅”）无疑将扮演不可替代的角色。因此，在整个“十四五”期间，栖霞文旅的发展就不仅是旗下若干板块各自健康发展的问题，更是决定了整个栖霞区是否能够进一步提档升级，进而完成既定目标的关键因素。

一、 栖霞山文旅区发展现状

近年来，在国家积极推进全域旅游发展的背景下，南京市积极把握国家战略机遇，出台了《关于推进南京市全域旅游发展的意见》《2020年南京市文化和旅游工作要点》等相关文件，成立了由主要市领导牵头的若干工作领导小组，编制完成《南京市全域旅游发展规划》等文件，全面部署各项工作，合力推进全域旅游创建工作。在此背景下，南京市旅游事业近两年得到了较快发展。虽然去年因为疫情原因，全

① 南京市栖霞区委党校常务副校长。
② 南京大学艺术学院教授。

市文旅业发展遭遇了一些障碍和困难，特别是第一季度，各景区和相关部门的人流量和收入都有较大规模的下滑，但今年南京文旅事业正在迎来新一轮的良好发展态势。

在此背景下我们重新考察栖霞文旅的发展路径，不难发现，栖霞文旅的发展是在南京市整体文旅事业的发展背景下展开的。从整个文旅市场来看，"南京文旅"具有统一的文化品牌和传播策略，特别是对于外地游客来说，他们会将"南京文旅"看成一个整体，而不会区分"栖霞文旅"来单独对待。因此，如何优化栖霞文旅在南京文旅中的地位和风格，进而有效地利用"南京文旅"的资源为自己助力加分，这是栖霞文旅发展过程中始终贯穿的一个策略性思路。循此思路，我们会发现栖霞文旅在目前发展过程中面临的一些关键性问题。

1. 非中心节点的市场地位

作为一个整体，栖霞文旅资源在整个南京市的文旅环境中处于一个非中心节点的位置，这是栖霞文旅未来进行突破的一个关键点。

从总体上来看，南京市旅游线路网络密度较低，整体网络结构松散。但聚集系数较高，平均路径短，全市形成了若干个核心旅游节点。这些节点按照"城区中心"和"城区外围"两个层次分布。"城区中心"旅游线路密集，客流量大，形成了以夫子庙、钟山风景区、总统府、玄武湖、老门东、大屠杀遇难同胞纪念馆为节点的核心线路组合。除此之外，南京还有一个外围的旅游线路组合，包括牛首山、浦口火车站、长江大桥等景点，而栖霞山旅游风景点也属于这个外围区域。

这种空间分布某种意义上决定了"栖霞山"以及周边文旅资源在整个南京旅游版图中的地位，进而塑造了它们在不同层级游客心目中的"旅游属性"：一是，特别是对于初次到宁的外地游客来说，栖霞山风景区的"必游性"不足。尽管在每年"红叶节"时期，这种情况会有所改善，但在一年中的大多数旅游时节中，栖霞山是一个"可游"而非"必游"的地方，这与同属南京文旅资源的中山陵、夫子庙等地的旅游属性是不同的。而整个栖霞区酒店、餐饮等服务设施力量也相对薄弱，特别是高档酒店服务相对于南京其他区明显不足。这些都妨碍了栖霞区对外地游客的吸引力。

二是，对于南京本地游客以及句容、宝华等邻近的镇江游客来说，栖霞山作为日常休闲游则是一个很好的选择。在调研中我们发现，栖霞山旅游资源的多元化能很大程度地满足本地居民的多元化休闲需求：栖霞山海拔不高(286 米)，没有陡峭险阻的山路，非常适合人们在日常生活中的休闲爬山；栖霞寺作为中国的"四大名寺"之一，佛教"三论宗"的祖庭，不仅具有很高的游览价值，而且，也在很大程度上能满足人们烧香、祈福等宗教活动的需求；千佛岩、萧宏石刻等六朝文化遗迹也能够给游客怀古和历史知识增长等方面带来收获。这些都构成了栖霞山风景区持久的吸引力。

但是，对于本地游客来说，栖霞山旅游服务也有一些短板。其中包括：公共交通不便；目前，栖霞山旅游风景点还没有通地铁，建设中的地铁 6 号线要等到 2024 年通车；内部的诸多文化景点相对分散，对于日常旅游来说，密度不够高，景点和景点之间缺乏固定的旅游巴士的沟通，仅凭交通工具对于普通游客来说还是显得麻烦。大众化且优质餐饮服务的缺位；这是目前栖霞文旅影响游客形成正面情绪较为突出的问题。目前，栖霞山旅游风景区的餐饮服务以私营餐饮机构为主，品种、花样、口味等方面都缺乏自己的特色，栖霞山丰富的物产以及相应的养生文化未能滋养当地餐饮业的发展，某种意义上，这是非常可惜的事情。除此之外，景区附近缺乏诸如老娘舅、麦当劳、蒸功夫、星巴克等全国连锁的大众化餐饮服务，也缺乏有标志性特色的西餐服务，考虑到紫东地区居住着大量的外籍人士，这些餐饮机构缺位，其实也是栖霞文旅事业健康发展过程中的短板。总之，餐饮服务水平有待提升是目前整个栖霞山旅游风景区发展面对的一个重要问题。

2. 消费者情感体验转型升级的迫切性

“情感体验”是衡量文旅产品是否发挥出相应的社会功效的重要指标，同时也是引导文旅产品开发的重要力量。一般来看，关于文旅产品消费的情感体验可分为“正面情感体验”和“负面情感体验”两大类。情感体验是消费者决定是否消费某项(件)文旅产品的重要依据，只有激发了他们正面的情感体验，相关的文旅产品才能够实现自身的经济效益，进而实现自己的文化价值，相关的文旅事业也才能得到充分健康的发展。

调研中发现，消费者对于南京文化旅游消费的正面情感体验的烈度从高到低包括以下内容：餐饮美食—旅游景点吸引力—交通便利—住宿配套完善—文化见识的提升。而负面情感的烈度从高到低包括以下内容：关于景点想象和现实的落差—“人太多”等因素导致的空间体验变差—交通不便—服务人员服务态度差。

在此，有几个关键点特别值得注意：

第一，在“正面情绪”体验中，栖霞文旅的游客对“景点吸引力”和“文化见识提升”这两点是认同程度最高的，这充分证明了栖霞文旅丰厚文化资源的价值。游客们普遍表示，栖霞山整体旅游资源丰富，历史底蕴深厚。特别是第一次游览栖霞山的游客大都有不虚此行的感觉。也有居住在附近的游客表示，栖霞山风景区是他们日常休闲的常规去处，游览相关景点是他们日常生活不可或缺的一部分。这充分证明了栖霞文旅、特别是栖霞山文旅资源的质量。

第二，在“负面情绪”的体验中，则以“交通不便”和“餐饮服务一般”最为普遍。这直接影响了消费者“峰终体验”的建设。所谓“峰终体验”是指人们在文化旅游消费过程中的一条心理定律：在一条完整的“文化旅游消费链条”的延展过程中，“结束”时候的感觉是最重要的。此时，人们的感受是正面的还是负面的直接决定他们对整段行程的总体判断。而游览和消费栖霞文旅的消费者，他们在景区内做的最后一件事情往往是“寻找就餐地点”以及“寻找交通工具以便离开”，而这两项的短板直接拉低了整个栖霞文旅在消费者心目之中的档次。这是特别需要注意的地方。

除了“餐饮”“交通”等方面的短板以外，栖霞文旅还有一些亟待突破的发展瓶颈。

一是，要突破游客到访栖霞文旅仅仅停留在“初级游”阶段，着力探索“深度游”的路径。从目前情况来看，栖霞文旅诸多景点机构大都停留在“有山卖山、有水卖水”的阶段。消费者作为“旅游主体”未能深度卷入栖霞文旅资源的深层次文化内涵中。很多时候，游客还是在用一种“远观”或“旁观”的姿态面对各种旅游资源。比如，从旅游体验来看，无论是游览栖霞寺、攀登栖霞山，或者游览江南水泥厂等等，游客的基本行为都仅仅是观看、欣赏、认知，与这些景点背后深厚的文化资源缺乏深度互动。因此，在现有旅游产品运营的基础上，如何加深游客的情感体验，进而使得他们在旅游过程中有可能深度“卷入”栖霞文旅的资源系统中，最终使得栖霞文旅提升自身整体的旅游黏性，这是栖霞文旅目前面对的一个关键性命题。

二是，栖霞文旅未来的发展面临着其核心产品“文化破圈”的压力，这直接关涉游客对栖霞文旅资源的心理预期以及可能的时间、精力和费用的投入，进而直接影响到栖霞文旅的发展品质。栖霞文旅资源具有一种多元的文化结构，即在所谓“一座栖霞山，半部金陵史”的判断中，所谓“山景文化、江河文化、历史文化、佛教文化、地质文化、养生文化、茗茶文化”熔为一炉。但是，在普通的文化消费者心目中，这些“文化”的分量是不一样的。而从消费者的角度来看，这些“文化”的品质和意义也是不同的。在调研中我们发现，消费者普遍认为：栖霞文旅佛教文化和历史文化是最有震撼力的部分，也是栖霞文旅资源中最具有吸引力的部分；而“山景”和“江河”如何变成“文化”，这里还需要一个“文化开发”的过程，也就是说，我们必须赋予栖霞的山川江河这样的自然景观以生活意义、人文意义，这也是栖霞文旅资源开发未来要着力发展的地方。而茗茶文化和养生文化某种意义上来说目前还停留在史料、观念的层面，其可开发的空间非常辽阔。这足以说明，栖霞文旅不仅有着良好的发展潜力，更有着深远的发展前景。

二、栖霞文旅发展的增长点分析

栖霞文旅的发展近年来取得了很大的成绩，经过多年的发展，已经形成了较为成熟的发展路径和模式。但是，栖霞文旅的外部发展环境正在发生重大变化，内部文化资源面临着重新开发和整合的机遇。综合起来，栖霞文旅未来发展的前景具有三方面的优势。我们可以为栖霞文旅打造一个"空间、文化资源、科技"三元互动的创新发展模式。

1. 城市发展新资源的加持——紫东地区未来发展的整体定位的良好态势

"十四五"期间，南京市将进一步加快紫东地区发展步伐。在全市发展的总体格局中，目前已经确立在栖霞区"建设紫东科创大走廊，打造数字城市"的目标定位。而作为这一战略的主要承载区，栖霞区正在谋划建构"一核一城一带一区"创新空间格局，努力打造全国科技创新网络的重要节点。

具体来说，紫东地区未来将围绕数字化、智能化，全面布局新型基础设施，搭建智能交通、智慧市政、智慧楼宇等体系框架，构建城市智能治理体系，全方位建设"数字之城"，打造南京展示数字城市建设、数字经济发展的"城市样板间"。仙林大学城将充分发挥高校学科优势，以政企校共建模式，进一步释放大学城的科创活力，实现仙林大学城向仙林科技城的战略转型，成为全省乃至华东地区知名的科技新城。G312 产业创新带将集中整合沿线两侧优质创新资源，打造宁镇扬核心战略创新平台，共建科技协同创新中心，打造南京都市圈制度创新综改试验区、长三角沪宁产业创新带重要引擎。南京经开区将充分发挥新港高新园、中国(南京)智谷等科创载体功能，提升在人工智能、新型电子信息、智能制造装备等领域的科创能力与水平，实现区域"科创＋产业"集群化发展。

按照以上的发展逻辑，栖霞区在"十四五"期间将逐渐具备鲜明的高科技、智能化、数字化、教育高端化的发展特质，栖霞区的高端制造业、高质量教育事业、数字产业以及因持续有效环境治理而形成的生态环境将形成城市建设、产业发展和区域协同的良性发展格局。在这种宏观背景的支持下，栖霞文旅事业的健康发展不仅十分重要，而且将发挥一种不可替代的作用。从区域发展的整体格局来看，政治、经济、文化和社会生活是不可或缺的四个组成部分，它们之间的协调发展才能保证区域发展的可持续性，而正是在这一点上，栖霞文旅在未来发展过程中将获得一种丰厚的资源加持。

从这个意义上说，栖霞文旅的发展将大大提升栖霞区整体区域文化品位。如果说，栖霞区的市政建设、产业升级以及制造业的发展等赋予了未来栖霞区进一步熔铸现代、发达、进取、智能、超越等现代文化、都市文化等新锐进取的精神气质，那么栖霞文旅的诸多资源则从典雅、幸福、品位、格调等方面赋予栖霞区深厚的文化底蕴和高端、古典、深邃、历史积淀深厚等等方面的精神气质。换言之，前者是栖霞未来硬实力发展的着力点；而后者，即栖霞文旅的发展则是大大提升栖霞区的软实力的路径。这二者将共同打造栖霞区的未来发展优势，特别是相对于南京其他区的优势。这种“软硬互补”的资源配置性发展也能大大优化栖霞区整体环境的吸引力，比如，对优秀人才定居栖霞的吸引力，熔铸更大的招商引资的吸引力，等等。

2. 栖霞文旅的发展将是栖霞区未来产业升级的重要组成部分，它将大大扩展产业发展新空间

栖霞文旅的发展在未来相当长的一段时间内将在很大程度上受到“新技术革命”和“后疫情”两个因素的影响。这二者将助力栖霞文旅以一种独特且有力的方式加入栖霞区整体的产业升级进程中。

首先，栖霞文旅的发展将离不开高科技领域的加持。而随着“后疫情”时代的到来，智慧旅游、线上旅游的水准也有望获得进一步提高。从栖霞区未来发展的“智慧城市”和“数字之城”的整体布局来看，栖霞区未来将具备良好的高新科技发展的布局和前景。在这样的背景下，栖霞文旅在完成从“互联网＋旅游”向“5G＋旅游”的升级布局的过程中将获得更大的优势。特别是5G技术的发展，将大大拓展栖霞文旅的发展格局。考虑到作为即将到来的新一代通信技术5G具备的三种主要特性——信息传播的高速度、场景传输的低时延和海量设备营造的技术生态系统，这些都将为栖霞文旅提供崭新的发展资源。比如，5G带来的强大的三维空间影像的制造能力为栖霞文旅的各类宣传形式提供了诸多可能，也为栖霞文旅旗下诸多文化景点的旅游产品开发提供了广阔的创意空间。而这二者的合力作用将有可能进一步创新栖霞文旅崭新的发展模式。

其次，在新技术和新发展模式的加持下，栖霞文旅将进一步完成“文化破圈”的任务。具体来说，栖霞文旅在未来发展过程中，要逐渐突破诸多亚文化圈层的限制，而要共同熔铸一种具有强大生命力的旅游休闲文化。这其中，栖霞山、栖霞寺的佛教文化、历史文化要进一步开发，除了保持其经典文化、典雅文化的品位之外，还要将其往日常的休闲文化上靠近，创新开发新的文化产品，以获得更大的社会影响力和市场空间。除此之外，茗茶、草药等资源要尽快进行文化开发，进而打造栖霞文旅独特的养生文化。

3. 新文旅空间的发展带来的栖霞文旅的结构性优化

栖霞文旅小镇、江南水泥厂旧址以及游轮码头将重新结构栖霞文旅的文化空间，这也是塑造新的栖霞文旅未来发展新格局的基础。具体来说，栖霞文旅将塑造

自己的新结构,拥有新的文化功能。

文旅小镇建成运营后,将具备零售、餐饮、休闲娱乐、住宿、文博等业态,为游客提供丰富的文旅休闲体验。同时,这将改变栖霞山、栖霞寺景区餐饮、零售等服务水平不足的状况,优化消费者的旅游体验,提升景区的吸引力。同时,更重要的是,文旅小镇的建成并投入运营,将会延长消费者在栖霞山、栖霞寺的停留时间,增加他们与景点之间的黏性。

江南水泥厂旧址的开发,将在整个栖霞文旅结构中增加"民国文化"和"新中国工业文化"的元素。据此文化资源,可进一步展开文创产品开发、文化体验活动策划等方面的建设,丰富栖霞文旅的内涵。

从文化建设的角度来看,邮轮母港建成并投入使用具有不可替代的重要作用,即它将给整个栖霞文化注入"国际化"的元素。梳理整个栖霞文旅的文化结构,我们不难发现,栖霞文旅的整体文化气质是偏传统和古典的,这也是它进行文化开发的资本。尽管在开发过程中,我们可以注入新技术等元素提升其现代性的文化气质,但无法改变栖霞文旅整体文化气质的底色,邮轮母港则能从底层优化栖霞文旅的文化结构。邮轮母港意味着一个"外向型"文化元素在栖霞文旅的文化中扎根并生长出来,而且是将栖霞的本地文化和国际化、全球化等文化意象结合起来,这将赋予栖霞文旅以独特的现代性与国际化文化特质。

三、栖霞文旅核心产品发展以及产业升级战略

栖霞文旅资源丰富,发展前景良好。但目前整体发展模式有待优化,发展要素有待拓展。特别是,面对"十四五"整个栖霞区整体社会、经济、文化诸多方面的飞速发展,栖霞文旅亟须一场文化建设的"格局突破",要打造一个底蕴更丰厚、服务更广泛、品质更高级、格调更现代的新栖霞文化。同时,我们要进行合理的文化布局和文化建构,进而通过文化建设改变栖霞文旅在南京文旅资源网络中目前身处的边缘地位,从而成为南京文旅新的核心节点。

根据目前栖霞文旅拥有的资源以及相应的开发状况,设定"一体两翼"的文化开发策略:"一体"是以"创新"为驱动,打造栖霞文旅在"十四五"期间发展的"蓝海战略"——将栖霞文旅的诸多文化资源进行细致开发,将旅游产业、文化产业、创意产业、媒体产业、数字产业等诸多产业有效整合,打造新的发展格局,进而将栖霞文旅的发展带入由新技术、新产业、新文化构成的新领域。"两翼"是指"新技术"开发和"新文化"资源拓展。其中,基于新技术的文化开发是外向型的文化开发策略,基于新文化的文化产业战略是"内生型"的发展战略。换言之,从外部资源整合情况

来看，栖霞文旅特别要吸纳高新技术的力量（这一点也符合紫东地区未来的发展方向）；而从内部资源整合的情况来看，栖霞文旅要着力挖掘既有的文化资源，提升文化格调和品位。

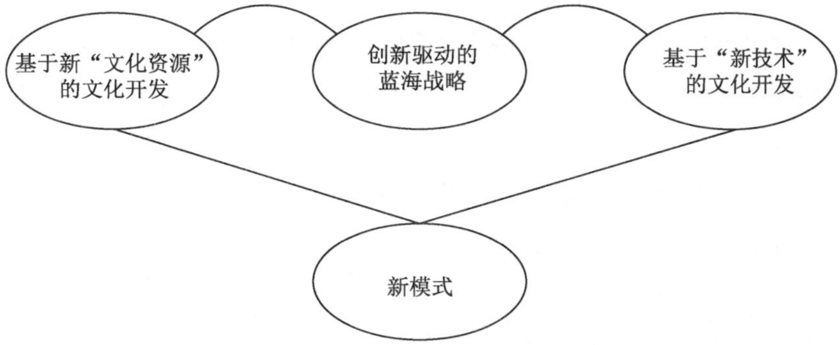

图 1 “一体两翼”的文化开发策略

1. 新技术的开发策略

高新技术的发展将全面介入栖霞文旅的发展脉络中。从目前发展情况来看，其着力点主要包括以下几方面的内容：

（1）打造栖霞文旅的智慧旅游系统

智慧旅游系统是栖霞文旅的“新基础设施”，它将大大提升栖霞文旅各景区以及机构部门的工作效率和服务水准。这其中，建设基于人气导流和社交平台于一体的线上旅游服务平台颇为关键。这一平台具有多元化的服务功能，主要包括：

打造集预约、购票到（语音、视频）导览一条龙的旅游智能服务系统。即游客只要下载了相关 APP，或者登录相关网站，就可以完成预约、购票等等相关服务。同时，所有的语音或视频的导览也可以在这一平台上完成。游客也可在这个平台上预约现场导游的真人服务，最大程度地丰富和满足他们的游览需求和体验。

我们特别建议，在智慧旅游平台上打造“一卡通式”智慧门票服务以升级栖霞文旅整体服务水平和文化格调。具体做法是：嵌入并整合多媒体导览系统和游线打卡机制，用这种方法，栖霞各景点逐渐建设完成对游客的“定制服务”的部署。游客可以选择不同主题的动线（例如养生、山水、宗教等，具体有待根据现有的自然和文化禀赋，结合游客的人口特征分析及行迹、兴趣调研重新设计），按照沿线打卡的点数积累，在指定的景区服务门店或餐饮店换取不同等级的相应主题文创纪念品或饮料小食。智慧门票不仅能便利游客的游览、提升体验，还将记录游客的行迹路线和偏好等重要的一手数据，用于分析和完善现有的景区规划和基础设施安排。

打造在线综合文旅服务平台。在现场票务和导览服务的基础上，该智慧旅游平台还将整合餐饮推荐、文创产品销售、课程讲座、交流社区平台等诸多功能，即游客在这个平台上将能获得在栖霞文旅区域内全方位的引导性服务。在此平台上，相关 App 或其他新媒体产品将建设栖霞文旅自己的餐饮地图、文创用品网络商店、相关网络课程的学习(历史、佛教、心理辅导、养生文化、红叶山景摄影等)等等，同时附加相应的促销手段，将文化传播、教育培训与手机移动端电商有机结合，打造一个完备的线上服务空间。

打造"栖霞文旅"文化消费的社交媒体平台。以"共游大美栖霞"为共同兴趣点，特别针对附近居民，在此平台上凝聚人气。通过"社交互动"打造栖霞文旅的"铁杆粉丝群"。特别是通过这一平台，整合南京市居民以及镇江附近居民，着力打造"登山""长跑""摄影""禅修""素食""养生""古体诗写作"等虚拟社群，开展线上线下结合的服务性活动。社交媒体平台将能大大增强消费者与栖霞文旅之间的"黏性"。特别是，在消费者无法亲临的情况下，获得云参与的游览体验和社群互动感。

(2) 基于"增强现实"和"虚拟现实"技术和思路开发新的旅游文化产品，建构栖霞文旅"场景创新"的产品思维模式

栖霞文旅开发的旅游产品都比较"硬核"，前文所述的"有山卖山，有水卖水"正是这方面的体现。而"山水"等硬核资源背后的软性文化元素在旅游和文化产品的设计和策划过程中开发不足，而这也正是栖霞文旅文化内涵开发的着力点。关于此，我们建议在文旅资源开发方面，在既有的"产品创新""服务创新"的基础上，增加"场景创新"的元素，全面迭代和提升产品和服务创新的水平。特别是，面对紫东地区未来"数字紫东""智能城市"的发展定位，栖霞文旅完全有条件实施精准创意，打造基于"虚拟现实"和"增强现实"的文旅产品——这是栖霞文旅未来产品和事业发展的重要抓手。

一是，调动新技术手段，深度开掘栖霞文旅既有的文化资源。我们以栖霞山和栖霞寺为例。一直以来，栖霞寺、栖霞山的旅游线路其实包括两条线索——自然景观线索和历史人文线索。目前的情况是，自然景观线索开发得较为充分。而人文线索虽然在资料收集、知识积累层面已经发展得很充分，但未能真正落实到文旅项目的实践安排中，这是非常可惜的。沿着此思路，有两条实践路径可以借鉴：一是，充分调动新媒体技术的优势，将存在于史料、传说中的各类史料、故事、人物等等具体化为数字形态的文旅场景，进而将其叠加到游客现实登山游览的场景中。换言之，用"虚实叠加""虚实相生"的理念丰富游客的游览体验。如可将历代栖霞山实

景山水图的观览与游客实际游山的体验相结合，设计“栖霞名人游山图”的动态地图系统，让游客借助手机、pad 等新媒体工具，在游览栖霞山的时候将对名山大川的感知与对名人的景仰相呼应，增强风景的历史文化内涵的直观可感度，加强游客对栖霞山丰厚文化的沉浸式体验。

二是，在旅行线路中增加“剧场表演”的因素。在栖霞山的历史长河中，曾经出现过无数意味深长的历史场景，如始皇临江、千佛岩开凿、李白吟诗、香君出家、乾隆驻跸等等，而且这些历史场景发生的实际地点今天在栖霞山都是有迹可循的。那么，可以考虑在特定的历史发生地，设计相应的剧场表演活动。如此，一方面增强游客登山时候的代入感，强化他们的体验，以“虚实相生”的方式增加游客与景点之间的黏性。另一方面，“剧场”元素的加入，将大大增加栖霞文旅宣传资源的丰富程度，在各类媒体平台上也会增加栖霞文旅的曝光概率(参阅以下第 2 小节)。

同时，针对新技术的特点，“虚拟剧场”传播也是未来发展的重要方向。利用 3D 投影技术、数字光电技术，在栖霞文旅的合适空间内打造虚实结合的剧场表演，同时，这也使创作者有了更广阔的创作空间。也可据此文化创意资源，打造栖霞山、栖霞寺的“夜游”项目。在气温合宜的季节(5 月—10 月)，在栖霞寺和栖霞山相应的地点用光电技术营造特定的旅游场景。如此，在“秋栖霞”这样一个固有的栖霞旅游黄金时间之外，再开辟“夏季”一个热门的文化旅游时节。这样，“夏季”和“秋季”被连成一个整体，栖霞旅游的黄金时间跨度被拉长。

以上思路，也可用于江南水泥厂旧址、栖霞文旅小镇和南朝石刻等地点的文化资源开发。

2. 建构“新媒体—新叙事”全新传播战略，讲好栖霞故事

栖霞文旅拥有丰富的叙事资源，这足以让其建构卓有成效的宣传战略。目前的主要问题在于，栖霞文旅的叙事资源集中在历史叙事层面，其中有些内容(如诗词、佛教等)还拥有一定专业壁垒。这导致在宣传以及其他的信息传播过程中，难以和受众进入“深度交流”的语境。为突破这一障碍，目前的关键点不在于优化叙事内容本身，而是在于传播渠道的革新。

在调研中我们发现，很多游客和消费者都是到了栖霞文旅的现场，通过标识介绍或导游介绍，才开始了解栖霞文旅背后的叙事、故事和文化。而在这之前，他们对栖霞文旅的了解大都非常简单肤浅。相形之下，等他们到达现场之后，栖霞文旅的文化内涵之丰富、格调品位之高，以及趣味性之强，往往又是大大出乎了他们意料之外。这种认知反差和情绪反差足以说明：栖霞文旅在对外传播和外宣战略方面最重要的是——渠道革新，即打造新的媒体平台，让栖霞文化的丰富内涵以一种

更有效的方式到达受众。

第一，大力组织和开展“栖霞文旅”主题的移动互联网络平台的建设。随着传统媒体的衰落，“移动互联”成为目前吸引人们注意力不可忽略的平台，也是当前文化经济竞争和发展的主战场。关于此，栖霞文旅应当有自己的顶层建设，组建专业建设团队，在抖音、快手、视频号、小红书等短视频平台上系统性地建立自己的短视频传播平台。特别是要根据不同时期的文旅主题，持续性、系统性地推出短视频叙事作品。在组织架构上，培养 2—3 个专攻不同主题的自媒体内容运营团队，以增强用户的知识获得和情感认同为目的，有系统、有策略地发布有深度、有温度的各类叙事文本。

第二，在不同群体中培养自己的“关键意见领袖”。针对不同的受众群体，打造传播的“关键意见领袖”（KOL）。为完成此任务，我们建议，对栖霞文旅的消费者进行一次专题性的“消费群体研究”，搞清楚消费栖霞文旅产品的人群结构、阶层构成、文化消费群体心理等方面的内容，有针对性地设计培养不同群体的意见领袖。以这些意见领袖为主角，开辟不同内容、风格、审美旨趣的新媒体传播平台。建立“以活动带宣传叙事”的思路。在已有的红叶节的基础上，开展更多的节令和赛事等活动，在未来争取主办“栖霞绕山马拉松”等有影响力的大型活动。在活动的策划、举办和后期阶段铺开全媒体的宣传和造势，邀请高层次、有影响的 KOL 参与活动，发挥传播力量，强化和更新大众对栖霞山风景区的认知。

第三，以举办主题为“栖霞创意故事”大赛等形式，形成稳定栖霞文旅叙事资源。抓紧整理《栖霞小志》《摄山志》《摄山栖霞寺志》《摄山游草》《栖霞新志》《栖霞诗征》等栖霞史料中的叙事资源，组织实施编撰《栖霞史》《栖霞诗词全集》《栖霞民间故事》等文化工程。其目的，一方面在于夯实栖霞文旅的文化根基；另一方面，也积极打造栖霞本身的故事资源库，为后续的文化建设提供源源不断的动力。

3. 开发新的文化资源

从目前的栖霞文旅的文化资源开发情况来看，自然文化（红叶文化）、佛教文化和六朝文化是开发成效最突出的子文化领域。在这三个领域中，红叶文化具有休闲文化、旅游文化的特点，而佛教文化和六朝文化都属于中华文化中的典雅文化的范畴。即便是红叶文化，也因为“诗词”等原因，使其具有了典雅文化的色彩。一直以来，旅客和消费者也是以“典雅文化”的基本定位看待整个栖霞文旅的文化特性。这使得消费者和栖霞文旅之间基本上还是处于一种“游客—景点”之间的二元关系，而栖霞文旅中能让消费者深度卷入的文化资源尚待进一步开发。

（1）建设栖霞休闲养生文化

随着“后疫情”时代的到来，养生和健康将成为新的消费热点。在栖霞山自然文化和栖霞寺佛教文化既有的文化基础上，结合已有的养老产业规划，还应重点梳理史料和口传中栖霞山的中医、中药和茗茶资源，夯实栖霞养生文化的基础。这包括两方面的内容：

第一，以栖霞史料记载中的中草药资料为基础，建立栖霞养生文化。包括：在景区中建设栖霞历史上的养生名人如葛玄、葛洪、陶弘景、李时珍等名家的标志性景观，在栖霞文化中注入养生文化的特色；结合自然节气有计划地建构养生品牌体系，覆盖草药、茶叶种植、采摘和香囊饮片制作等体验活动；组织训练营和工作坊，组织运作 DIY 手工制作药膳、膏滋、中药茶品等，营造栖霞文化与日常生活文化之间的关系；依托栖霞山秀美的自然风景，开启栖霞文化的中高端度假康养和养老服务等多个面向；选取端午、重阳等重要节令策划“养生主题”活动，以活动打响知名度，推出优质的产品和服务，将游客的“一轮游”“打卡游”转化为深度游、定期游。

第二，将养生文化进行现代化和都市化的产品和品牌的开发，特别是赋予“茶文化”以现代意义。在景区内，考虑引入“喜茶”“香飘飘奶茶”“快乐番薯”等国内知名茶品牌，同时开设以“禅茶”为主题的中华传统茶社，营造“茶文化”的整体氛围。也可考虑和“喜茶”等国内知名品牌合作，共同研发栖霞品牌的养生茶。利用这些知名饮料的流量和名气，迅速打响自己的“茶文化”品牌。

（2）打造“栖霞文化”主题的创意产品系统

文创产品开发是文化产业发展的重要内容。从目前情况来看，栖霞文旅丰富的文化资源在“产品化”方面还有很大的拓展空间。关于这一点，我们建议形成以下建设思路：

利用栖霞文化中既有的“物质文化”元素，打造独特的文创产品。比如，按照史料记载，栖霞地区是著名的“金陵折扇”的工艺发源地。早在明朝，金陵折扇就主要由栖霞、龙潭一带的农民提供货源，他们农忙种田，农闲就到南京来为扇铺制作折扇。新中国成立以后，南京市人民政府在栖霞十月人民公社成立金陵制扇厂，生产金陵折扇及其他品种的扇子，成为金陵折扇生产的唯一地区。可见，栖霞文旅和金陵折扇之间具有浓厚的文化血缘关系。而从文化传统上来看，折扇是江南文化的一个重要的物质承载，具有很高的收藏价值和产品差异化的设计、定价空间。结合栖霞文旅的历史文化资源，特别是书画、诗词资源，可以将折扇文创作为栖霞文创的拳头产品。除此之外，对于栖霞山水“实景＋虚拟”游，折扇文创产品可以发挥关键道具和符号的作用，串联现实与虚拟：以全息投影和 AR 展示的历代栖霞实景山水图为内容，制作折扇产品，作为游线打卡的纪念赠品或游客可以购买的精美收藏品。在游览之后有作为“手办”的文创实物带回，是建构“峰终体验”的重要方式，精美的栖霞山水折扇在游客家中珍藏展示，也会不断深化他们对行旅体验的情感认同。除此之外，折扇还蕴含着“传统”“文人”“文化”“教育”“风雅”等等文化内涵，对这些文化内涵的开掘，可跳出“扇子”这一有形器物的约束，创作出更丰富的文创产品系统。

（3）打造栖霞文旅主题的策展文化

栖霞文旅的文化资源中具有丰厚的古典文化和典雅文化的内涵。而这两种文化都特别适合利用“策展”的方式来表达。更准确地说，从文化传播专业的角度来看，必须将这两种文化先用“策展”有形化、条理化、理念化乃至通俗化，具有相应的亲和力后，才有可能获得有效的社会传播，进而带来相应的文化效益和社会效益。同时，“策展”本身也能够形成新的文旅资源。关于这一点，我们形成以下建议：

第一，开发栖霞文旅中核心的历史文化资源，将其转化成文博资源，与故宫博物院、南京博物院、上海博物馆等国内著名的文博机构合作，举办栖霞历史文化主体的策展，内容包括绘画、书法、文物等等。同时，基于展览进行两方面的文旅开发：一是，针对特定主体进行相应的文创产品开发，如“栖霞历史名画展”可搭配开发历史名画的高仿作品。二是，以展览为核心，在各种媒体上打造“话题”，形成一轮新的宣传浪潮。

第二，建设栖霞历史文化博物馆；在栖霞文旅合适的区域，建设栖霞历史文化博物馆。形成以《栖霞文脉》或《金陵第一明秀山——栖霞山历史文化》为主题的常设展。展览可以分成几个不同板块，诸如“自然与地质：栖霞山的自然历史成因与自然景观”“四大丛林：栖霞山的佛教文化与佛教古迹”“摄生之山：药、茶与道教文化”“文化胜景：栖霞山历代游赏文化”“行宫旧境：乾隆皇帝与栖霞山”等。这些展览内容与前述“虚拟现实、增强现实的新媒体游览”“栖霞山历史文化叙事”“栖霞创意故事”等内容密切相关，可以将栖霞山的历史遗迹和历代名人活动在展览中一一呈现。就“乾隆行宫遗址”一例来说，史籍中记载甚详，景区也已在遗址上将各建筑名称标出，那么在博物馆中，就可用三维动画复原的方式（可参考清华大学复原圆明园的项目）、配合乾隆南巡驻跸活动的纪录片以及行宫建筑微缩模型的展台，将行宫原貌展示出来，而游客又可在游山进入行宫遗址时通过 VR、AR 技术和相关新媒体平台的介绍，更加直接和体验式地领略和感受栖霞山的历史文化。这样一种文旅实践过程其实大大开拓和增强了栖霞山文旅活动的“研学性”。又如“千佛岩石窟”是栖霞山的核心文化遗迹，虽然历史上屡遭破坏和重修，艺术价值大大减少，但论其历史之悠久、在佛教传播史上意义之重大，都有难以估量的价值，其于2001年被国家文物局列为第五批全国重点文物保护单位，而就目前其被大众认知的程度而言，栖霞山千佛岩石窟的知名度不及北方"四大石窟"以及重庆"大足石刻"。因此，展览中可从佛教在丝绸之路的传播入手，用既有的学术研究展示佛教在秦汉至魏晋南北朝时期的传播路线，石窟寺及造像的演变，将曾与云冈石窟齐名而现存极少的南朝石窟文化展示出来，并对历代的损毁和重修的情况加以呈现。（南京各大博物馆，包括博物院、市博物馆和六朝馆其实都缺乏对栖霞山千佛岩的介绍。）在此基础之上，展览中还可将文物保护的过程和相关研究作一定展示（可参考各北方石窟和重庆大足石刻博物馆），达到加强栖霞山文旅活动的"研学性"的效果。再者，山中目前还有一些文物未得到充分保护和展示，如"般若台"，现损坏较为严重，亟须保护重建，还有"天开岩"的历代摩崖石刻，可摹搨展示，这些晚近的保护工作在过程中即可多加记录，用于在博物馆中展示文化遗产保护的工作。

第三，以江南水泥厂为依托，建立"江苏工业博物馆"并做延伸开发；江南水泥厂旧址地区保留了从民国到新中国社会主义建设时期的工厂生产、生活的建筑风貌，结合目前正在规划的邮轮码头，可以打造"中国工业史活化石"（该厂仍在生产）的名片。在博物馆外围，可以将旅游以及影视拍摄场地结合起来。考虑到目前年代剧的热潮方兴未艾，可以与优秀的影视制作团队合作，尝试打造1—2部"爆款"作品，一旦成功，以水泥厂为基础的中国工业博物馆就能产生较大的文化和经济效益。

长江文化

以打造长江国家文化公园中的璀璨明珠 展现中国式现代化南京新图景

南京市人民政府研究室

摘　要：南京在长江国家文化公园建设中具有优越的基础条件，应进一步抢抓长江国家文化公园建设契机，聚焦国家博物馆落地、品质核心展示区建设、长江文化弘扬、区域合作共建等重点任务，依托长江文化讲好新时代中国故事南京篇章，加快把长江国家文化公园南京段建设成为集文化传承、文明对话、文产发展、文旅融合于一体的中外文明交流互鉴平台，以打造长江国家文化公园中的璀璨明珠展现中国式现代化南京新图景。

关键词：长江国家文化公园；长江文化；中国式现代化

习近平总书记在党的二十大报告中，明确提出了中国式现代化的概念，并提出以此指引全面推进中华民族伟大复兴的奋斗目标。文化的现代化是中国式现代化的重要组成部分，二十大报告关于加强城乡建设中历史文化保护传承，建好用好国家文化公园的重要论述，是南京推进长江国家文化公园，彰显中国式现代化南京新图景的根本遵循。充分挖掘和保护长江历史文化资源，守护好长江这一中华民族的代表性符号和中华文明的标志性象征，创造性将长江的风貌、文化、内涵、气质融入城市发展，打造长江国家文化公园中的璀璨明珠，对南京践行“走在前、做示范”重大要求和“四个新”重大任务具有重要意义。

一、依托长江国家文化公园建设保护传承弘扬长江文化的重要意义

党的十八大以来，习近平总书记站在历史和全局的高度，亲自谋划、亲自部署、亲自推动长江经济带发展和长江国家文化公园建设，为保护传承弘扬长江文化掌舵领航。总书记明确指出，长江造就了从巴山蜀水到江南水乡的千年文脉，是涵养社会主义核心价值观的重要源泉。要保护好长江文物和文化遗产，深入研究长江文化内涵，推动优秀传统文化创造性转化、创新性发展。要自觉深刻把握保护传承

弘扬长江文化的政治意义、时代意义、历史意义，自觉增强推进长江国家文化公园建设的自觉性和行动力。

（一）立足推进中国式现代化的高度

党的二十大报告提出全面建设社会主义现代化国家、以中国式现代化全面推进中华民族伟大复兴的宏伟蓝图，揭示了中国式现代化的科学内涵。在中国式现代化的5大特征中，有两点与长江国家文化公园建设直接相关，即中国式现代化是物质文明和精神文明相协调的现代化、是人与自然和谐共生的现代化。总书记对江苏和南京寄予殷切期待，今年7月习近平总书记亲临江苏考察并发表重要讲话，深刻指出“中国式现代化关键在科技现代化”“建设中华民族现代文明，是推进中国式现代化的必然要求”，并赋予江苏“走在前、做示范”重大要求和“四个新”重大任务。推进长江文化公园建设，保护传承弘扬长江文化，是南京贯彻执行党的二十大精神和习近平新时代中国特色社会主义思想，自觉落实总书记视察重要讲话精神的政治行动。

（二）营造增强全民文化自信的热度

总书记对文化自信的意义做出过精辟阐释，即文化自信是一个国家、一个民族发展中最基本、最深沉、最持久的力量。中华民族五千年浩荡历史孕育了中华优秀传统文化，党带领人民奋斗的历史孕育了革命文化、红色文化和社会主义先进文化，南京的长江文化贯穿从文明肇始到社会主义新时代的全过程，是中华优秀传统文化和时代文化的重要组成和集中展现。要从加快社会主义文化强国先行区建设的高度出发，立足坚定文化自信、推动文化繁荣，深入挖掘长江南京段所蕴含的中华优秀传统文化、革命文化、红色文化和社会主义先进文化，创新文化传播的方式方法、坚守文化事业的公益属性，推动长江文化在丰富市民精神文化生活、提升城市文明程度、引导市民增强对中华文化的认同感和自豪感方面发挥更大作用。

（三）把握弘扬中华历史文明的深度

中华文明传承五千多年，历经风雨考验，为人类文明进步事业作出了重大贡献，赋予中国式现代化以深厚底蕴，是全人类和全国各族人民共同的宝贵财富。进入新时代，总书记高度重视中华文明探源工程，南京地域文明探源工程聚焦南京地域文明的溯源和阐释，聚焦南京地域文明起源、形成、发展的基本图景、内在机制、演进路径等重大问题探究答案。深入挖掘南京长江文化、长江历史、沿江发展历史，保护好提炼好展示好南京长江千年文脉，以南京为样本探寻中华文明的起源、形成、发展、传播，为揭示中华文明多元一体演进格局、铸牢中华民族共同体意识作出更大南京贡献，为深刻理解、真心认同中国道路、中国选择、中国自信的历史必然性提供更有力支撑。

（四）拓展中外文明交流互鉴的广度

文明因交流而多彩，文明交流互鉴是推动人类文明进步、弘扬人类共同价值、构建人类命运共同体的重要方式。长江流域是近代中国开眼看世界的发轫之地，也是改革开放的先行示范，更是全面深化改革、推进中国式现代化的排头兵，长江在推动经济开放中发挥了重要作用，并形成了长江文化极具开放包容性的特征，对南京城市形象、城市气质、城市面貌的形成起到了重要作用。要进一步突出长江文化中的开放包容特点，积极融入双循环新发展格局构建，推动南京以更开放的姿态融入全球产业合作，以南京为窗口展示中国式现代化的磅礴生机和生动实践，用更多南京故事、南京成就、南京特色向世界传播中国气质和中华文化。

二、 南京在长江国家文化公园建设中的优势突出

南京是首批国家历史文化名城，拥江发展历史悠久、长江文化灿烂、沿江资源禀赋独特，具备担当长江国家文化公园建设重要龙头城市的基础优势。

（一）南京是长江国家文化公园建设当之无愧的核心阵地

从时代性来看，2020 年 11 月 14 日，习近平总书记在南京主持召开全面推动长江经济带发展座谈会，提出“长江造就了从巴山蜀水到江南水乡的千年文脉，是中华民族的代表性符号和中华文明的标志性象征，是涵养社会主义核心价值观的重要源泉。要把长江文化保护好、传承好、弘扬好，延续历史文脉，坚定文化自信”。总书记在南京系统论述保护传承弘扬长江文化，是对南京的激励和重托。2023 年 7 月，总书记在江苏考察时强调，江苏要加强优秀传统文化的保护传承和创新发展，积极参与建设长江和大运河两大国家文化公园。带头落实总书记讲话精神，展现长江国家文化建设的主动担当，是南京践行“走在前、做示范”重大要求和“四个新”重大任务应有之义。从历史性来看，南京作为四大古都中唯一位于长江流域的代表，最能体现长江之于中华民族和中国历史文化的重要意义。从空间性来看，南京扼守吴头楚尾，地处长江下游核心位置，是万里长江入苏第一站，是长江贯通东西文化的核心所在，长江南京段全长 97 公里，长江岸线总长约 280.82 公里，南京在长江文化保护、传承和弘扬过程中发挥重要作用。

（二）长江文化是南京跨越千年变迁的文化主轴

长江滋养了南京的历史文化，塑造了南京的精神底色，南京也成为长江繁衍中华文明历史的最佳地理注解。在上古文明时期，以汤山猿人和薛城遗址为代表，南京地区是长江孕育中华文明的摇篮。在古代文明时期，南京是长江流域作为首都

时间最早、沿袭最久、朝代最多的城市，是中国经济政治文化中心南移的核心，是郑和下西洋的策源地，在“海上丝绸之路”发展历程中具有无可替代的重要地位。在近现代时期，南京见证了孙中山成立民国临时政府、渡江战役胜利、长江大桥通车等中华民族复兴的历史性事件。当前，南京是四大古都中唯一位于长江流域的城市，现存2463处不可移动文物，拥有非遗代表性项目839项，在讲好长江故事、展示传播中华文明方面具有丰富资源和独特优势。纵观历史，南京临江而建、依江而兴、跨江而强，长江成就了南京辉煌的曾经，也为南京的未来注入源源不断的生机活力。

（三）保护传承弘扬长江文化是南京推动长江经济带高质量发展的时代新篇

启动长江国家文化公园建设，标志着长江经济带建设由“共抓大保护、不搞大开发”，进一步上升到传承长江文化的新阶段。在长江生态修复方面，南京是近年来长江流域新增造林体量最大、断面水质改善成果最好、政策落实力度最强的城市之一，累计退出生产岸线37.6公里，生态岸线占比提升至80.3%，基本建成全线贯通的72公里滨江绿道。在沿江产业发展方面，南京大力清退沿江高耗能高污染企业，推动沿江化工产业关改搬转，引导文旅、生态、商业等新业态发展，已形成了以幕燕景区、鱼嘴湿地公园、江豚保护基地等为代表的长江景观带和文化遗存体系，开发了“长江传奇”游船文旅品牌项目，南京长江大桥入选全国爱国主义教育示范基地，南钢工业文化旅游区获评国家工业旅游示范基地。在长江文化研究方面，南京较早启动长江文化的梳理、保护，依托南京大学等高水平研究力量对长江文化进行了系统研究，为以南京为中心讲好新时代中国故事的长江篇章奠定了基础。舞蹈《大明工匠》、纪录片《扬子风华》等一批传承长江文化、展示长江南京段风貌的主旋律文艺作品相继推出并取得良好反响。

近期随着中央统筹推进长江国家文化公园建设的力度加大，沿线各省市围绕争取“国字号”重大项目、打造特色产业品牌等展开激烈竞争。南京虽有一定优势，但面临的竞争压力不容忽视。一是国家级重点项目争夺日趋激烈。在国家发改委关于长江国家文化公园的总体构想中，国家级重点项目的数量有限，且具有较强的排他性，各省市均将争取国家级重点项目落地作为当前的重点工作，其中尤以国家级长江博物馆的争夺最为激烈。重庆、武汉等地已初步启动国家级长江博物馆建设，基本明确了改建、迁建等方案，并已与有关部委对接。而我市国家级长江博物馆规划建设进度与兄弟城市相比并无明显优势，建设方案有待细化，社会舆论氛围的营造也有所欠缺。二是长江文旅尚未真正繁荣。“长江游”是集体验感、观光性和科普性于一体的长江文化旅游标志性项目。南京虽然成功打造了“长江传奇”游船项目，并在长江下游率实现了夜航夜游，但目前仍仅在市内较短航线内运行，项目影响力相对有限。在更大范围来看，南京的长江文旅目前缺少整体设计和系统打造，江上和江岸两个空间统筹不足、文化和旅游两个维度融合不深，难以满足更高品质的文旅需求，客观上不利于南京长江文化的弘扬和推广。三是长江文化的精神价值有待进一步放大。长江南京段在文化标识性方面与秦淮河、紫金山、夫子庙、明城墙等相距甚远，长江文化在城市整体面貌提升中的存在感和贡献度不高。以长江文化为纽带讲好中华文明发展故事、推动南京在中外文明交流互鉴中发挥更大作用方面还有很大提升空间。对长江文化所蕴含的优秀传统文化、革命文化、社会主义先进文化及时代精神、城市精神、人文精神的挖掘提炼和展示传播还有待加强，缺少在国内外有品牌力的长江文化主题优质文化产品。四是长江文化助力南京发展仍有巨大潜力。长江文化蕴含的精神内涵在新时期南京城市精神建构中发挥的作用尚有不足，让长江文化可触可感、助力发展的体制机制尚未真正建立，对长江南京段特色资源禀赋的挖掘还不够全面深入，从人文经济和区域协调发展视角推动长江文化与区域高质量发展深度融合的探索实践尚未形成系统范式，进一步统筹推进江城融合、文旅融合、产城融合、内宣外宣融合较为迫切。

三、 国家文化公园建设的经验借鉴——以大运河为例

大运河国家文化公园是中央首批建设的三个国家文化公园之一，目前建设取得突出的进展和成效。尤其北京、杭州、扬州等地结合自身城市禀赋特性和历史文化资源，在大运河国家文化公园建设中开展错位竞争，有力推动了城市综合竞争力的提升，其主要经验值得借鉴。

（一）北京市

一是将改善基础生态环境摆在首位。大运河北京段与建成区融合较为紧密，环境整治压力较大。因此，北京市首先推动大运河沿线环境整治，在较短时间内实现了十个条段、四个湖面、二十八个断面的水质全面改善，水环境的质量全面达到功能区要求，为后续文化公园建设奠定了基础。二是依托大运河文化公园推进城市副中心建设。以布局北京中轴线以东首个 5A 级旅游景区——北京（通州）大运河文化旅游景区建设为牵引，推动综合功能完善和宜居宜业水平提升，高质量建设城市副中心。三是跨省跨市聚合建设合力。大运河北京段与天津段、河北段、山东段贯通一体，全流域综合开发尤为重要。为此，北京市充分发挥大运河跨省跨市联接的轴线作用，推动该市通州段与廊坊段同步通航，与津冀鲁三地联合打造精品线路，组织开展京津冀文化交流季等活动，形成了共建大运河文化公园的合力。

（二）**杭州市**

一是以国家文化公园统筹城市发展。杭州规划以大运河杭州段为轴，打造中国大运河国家文化公园的经典园，改善大运河沿线的生态环境，提升整个城市的品质，使之成为浙江共同富裕示范区的文化生态实践范本。二是高品质打造核心展示园。杭州重点打造了拱宸桥运河文化群落、塘栖江南运河名镇等十大核心展示园，并以核心展示园建设为抓手，全面提升城市宜居度，使大运河这一见证杭州兴衰的历史概念有了具象载体，运河之于城市、运河之于国家的历史文化价值依托于核心展示园而被感知、被铭记。三是推动文旅商产业提档升级。杭州积极发挥自身数字产业优势，通过生态修复、产业重构和数字赋能，依托大运河文化公园建设突破传统的文化和旅游产业边界，打造文化旅游新地标，同步提升大运河文化公园的社会效益、生态效益与经济效益。

（三）**扬州市**

一是争取国家综合博物馆率先落地。扬州在率先争得有关部委关于中国大运河博物馆建设的意向性支持后，启动了选址、规划、设计等工作，于 2019 年 5 月中国大运河博物馆(筹)奠基，同年开工建设。同时，在省委省政府支持下，进一步向上争取国家立项，于 2020 年 11 月获批命名为“扬州中国大运河博物馆”，奠定了扬州在大运河国家文化公园中的突出地位。二是发挥好国际组织和对话平台的交流作用。扬州发起成立了致力于推动世界运河城市互动交流的国际型社团“世界运河历史文化城市合作组织”。依托该组织及其主办的世界运河城市论坛，对外与相关国家地区及联合国开发计划署等国际组织深度合作，将大运河文化推向世界；对内实现了与国内大运河沿线城市的联络协调，巩固了中国大运河原点城市、申遗和遗产保护牵头城市的地位。三是健全统筹推进的体制机制。为推动城市发展全方位对接大运河文化公园建设，扬州坚持做到“三个率先”，即率先实现大运河遗产保护管理办公室实体化、独立化运作，率先完成市级层面相关规划体系和配套地方法规体系建设，率先落地专门性区域子基金。

综合来看，上述三地以国家公园建设为载体，以文化弘扬为主题，先行开展了国家文化公园建设的探索实践。一是推动标志性项目建设。通过争取突破性、引领性国家重点项目落地，提升各地在国家文化公园建设中的影响力，尤其是扬州中国大运河博物馆的建成，奠定了扬州在大运河国家文化公园中的突出地位。二是多角度讲好运河故事。以大运河文化公园为载体推动中国文化传播、中外文明交流，突出民族文化自信和地域文化认同，凸显大运河文化在我国文明史上独特的影响力、感召力、生命力。三是注重河流文化的活化利用。通过文化展示、生态修复和产业重构，有效改善运河沿岸城市功能布局，将宝贵的开发空间投向生态友好的旅游、休闲、文创等现代产业，实现经济价值、生态价值与社会价值同步提升。同时也应该看到，目前各地在推进国家文化公园建设方面也存在一些值得重视的问题，主要是重经济效益轻公益属性，重地方利益而轻全域联动，重旅游开发而轻文化传播等。

四、 南京加快打造长江国家文化公园的意见建议

根据长江国家文化公园建设的有关部署，借鉴北京、杭州、扬州等地大运河国家文化公园建设经验，我市应以加快打造长江国家文化公园江苏段核心示范区为抓手，推动形成以南京为核心，集文化传承、文明对话、文产发展、文旅融合于一体的新时代中外文明交流互鉴平台，努力走在长江国家文化公园建设的前列，打造长江国家文化公园中的璀璨明珠，全方位全景式展现中国式现代化南京新图景。

（一）抢抓先机、先声夺人，在长江国家文化公园建设中争取主动

一是加大与国家有关部委的沟通力度，省市联合主动汇报南京的优势、基础和规划构想等，最大限度争取政策倾斜，尤其是推动“国字号”项目落地南京。二是加快推进中国长江文化博物馆建设，借鉴扬州先建设再争取的经验，先行开展拟选址的幕府山白云矿区综合整治，以及博物馆的文物征集、展陈设计等工作，尽快在省级层面立项推动中国长江文化博物馆（筹）（也可暂命名“扬子江文化博物馆”）建设，以较好的建设基础形成竞争优势，力争先报先批。三是尽快启动《长江国家文化公园南京段建设保护规划》及其配套规划编制，同时加快推动相关地方性法规立法颁行进程，以编制规划体系和政策法规体系为长江文化公园建设保驾护航。四是深度对接国家、省长江文化公园建设规划，结合南京实际，将江北自贸区、河西鱼嘴金融产业集聚区、鼓楼滨江商贸区、江豚及湿地保护区等平台深度整合，引导各类优质产业项目为长江国家文化公园南京段建设提供全方位多领域综合保障，以更大合力推动实现更好建设成果。

（二）古今相映、文旅融合，着力推动高品质核心展示区建设

一是全力打造以幕燕景区为主体的核心展示区。尽快启动文旅商体创等配套建设，实现自然美感与人文质感齐升。仿扬州三湾景区与大运河博物馆一体化建设的范例，推动景区与博物馆无缝对接，并依托长江航线将幕燕打造为江上来客访宁游宁第一站。二是进一步做大做强“长江传奇”游船项目。建议市级层面加强与省海事等部门协调，有序增加旅游码头泊位，将“长江传奇”线路延展至马鞍山和镇江、扬州，形成长江游品牌，让长江文化真正“流动”起来。三是加快“数智长江”建

设，依托南京信息技术产业高地和关联领域科研基础雄厚的独特优势，运用好AR、人工智能、元宇宙等新技术新手段，在沿江主要城市中率先开展长江文化数字库建设，打造南京长江段元宇宙宣传形象，布局长江文化宣传和IP打造新赛道，推出具有南京特色的科技类长江文旅项目。四是进一步优化自新济洲至栖霞山的长江风光带。推动下关码头、长江大桥、浦口火车站等重点历史文化遗存焕发新貌，精心打造一批长江文化地标、经典景观、品牌项目，争创高等级景区，以自然大江串联人文长河。

（三）以文传声、以文载道，以南京为中心讲好新时代中国故事的长江篇章

一是发起成立世界大江大河城市文明合作组织。主动与联合国教科文组织、环境署等沟通，搭建“世界大江大河文明对话机制”，建议将今年的“世界历史文化名城博览会”转型为“世界大江大河城市文明对话大会”，以讲好新时代长江文化故事为主旨推动中外文明交流。二是牵头成立国家级智库。整合南京大学等高校院所资源成立中国长江文化研究院，使其成为国家对长江文化保护、传承、弘扬的学术平台。支持开展长江文化的系统性研究，加强长江文化与“海丝文化”、六朝文化、明文化的联动整合，加大外宣力度，提高长江文明成果的国际性和历史性价值。三是丰富长江主题文明对话的形式内容。深度解读南京在长江流域中的历史文化核心城市地位，挖掘具有时代性和传播力的文化IP，引导以南京为中心创作长江文化文艺作品，举办文化、旅游、体育、会展等各类交流活动，以现代科技推动南京长江文化品牌升级。引导各国各类媒体平台有序参与长江文化的正向挖掘、报道和宣传，把南京长江文化更好推向世界。

（四）扩大宣传、凸显标识，聚合建设长江国家文化公园的强大合力

一是将长江国家文化公园建设与城市更新保护紧密结合。深化沿江林区建设、防污减排、禁砂禁采、航道安全防护等重大基础性生态保护和防灾防险工作，确保长江大保护成果得到持续巩固。加大沿江历史文化街区、传统村落、历史建设、特色度假村、工业旅游点等资源的保护性开发力度，将长江文化的宝贵资源融入城市系统更新总盘子。二是推动南京建设长江国家文化公园示范区上升为省重点项目，以南京为龙头提炼省内扬子江文化和江南文化，并与大运河国家文化公园联动发展、一体推进。三是依托南京都市圈发挥更大作用。将长江国家文化公园建设纳入都市圈党政联席会议重点议题和都市圈办公室重点工作，牵头推进长江下游文旅资源整合开发、生态综合整治与沿岸保护协调，形成大流域系统开发与传承保护的良好格局。

长江国家文化公园南京段建设对策建议

汪广丰①

摘　要：南京市大力加强长江文化保护利用，编制保护规划，挖掘长江文化内涵，彰显长江文化特质，提升长江文化价值，打造文化旅游品牌，让历史文化和现代生活融为一体。长江国家文化公园南京段建设要以习近平新时代中国特色社会主义思想为指导，立足国家重点建设区定位，以保护好传承好弘扬好长江文化为主线，打造长江国家文化公园江苏段核心示范区和长江流域璀璨明珠、文化新地标，在长江国家文化公园建设中走在前列。

关键词：长江文化；国家文化公园；南京

2023 年 7 月，习近平总书记在江苏考察时，要求江苏“积极参与建设长江和大运河两大国家文化公园”。建设长江国家文化公园是党中央作出的重大决策部署。如何按照国家文化公园要求，率先建设长江国家文化公园南京段，是南京城市建设的重要课题。

一、长江国家文化公园南京段建设现状

2021 年底，长江国家文化公园建设启动，旨在激活长江丰富的历史文化资源，系统阐发长江文化的精神内涵，深入挖掘长江文化的时代价值，做大做强中华文化重要标志。长江国家文化公园建设范围综合考虑长江干流区域和长江经济带区域，将长江沿线 13 个省区市纳入建设范围，建设管控保护、主题展示、文旅融合、传统利用四类功能分区，形成主题明确、内涵清晰的空间格局，推进保护传承、研究挖掘、环境配套、文旅融合、数字再现五大基础工程。

江苏省积极推进长江国家文化公园江苏段建设，打造中华文明发扬光大的重要地标。2022 年 4 月，出台《长江国家文化公园（江苏段）建设推进方案》。目前，

①　作者单位：南京市城乡建设委员会。

正在编制《长江国家文化公园(江苏段)建设保护规划》以及长江文化价值阐释弘扬、文物保护利用、非遗保护传承利用3份规划,将统筹沿线8市形成“一主八支四片”的长江国家文化公园江苏段建设总体布局,即以长江干流为主线,以秦淮河—天生桥河—胥河、滁河、南官河(济川河)、通扬运河(古盐运河)—串场河、新孟河、锡澄运河—梁溪河、望虞河、浏河—娄江等8条重要河流为支线,打造江城相依、江河相汇、江湖相伴、江海相融四大重点建设片区;构建彰显具有鲜明融合特质的“两廊两带两区”文旅发展空间体系。彰显“江河交汇”特色,统筹推进长江、大运河两大国家文化公园一体化建设。遴选出南京博物院南院建设工程等一批标志性项目(其中8个重点项目已列为国家规划候选项目)和“长江百景”、20条“水韵江苏”长江文化旅游精品线路。

南京市大力加强长江文化保护利用。在保护传承中,挖掘长江文化内涵,编制龙江船厂等保护规划,建成城墙博物馆等项目,研究厘清南京长江文化发展脉络,初步提炼出其内涵所在。在生态修复中,彰显长江文化特质,南京段主江生产岸线占比从五年前的36.9%降至25.3%,“一江两岸”滨江绿道基本建成,幕燕滨江、鱼嘴公园等修复项目成为“打卡地”。在文旅融合中,提升长江文化价值,以长江文化为内核,打造牛首山、栖霞山等文化旅游品牌,推出滨江游轮线路“长江传奇”等拳头产品。“长江传奇”游轮“解锁”的夜航新体验已获常态化运行许可,并受到游客欢迎,2023年上半年已夜航运营55航次,接待游客5.4万人次。在城市更新中,注入长江文化活力,以“微更新”推进颐和路、长江路等历史文化街区保护利用,更新小西湖、浦口老火车站等片区,让历史文化和现代生活融为一体。

目前,长江国家文化公园南京段建设存在的问题主要有:

1. 与流域先进城市相比存在差距。当前主要工作仍是省级层面的规划方案,市级层面工作刚刚起步。还没有类似九江城区段的标志性工程建设启动,列入国省重点项目计划的不多,与南京六朝古都、中心城市的地位不相匹配。

2. 尚未编制长江国家文化公园南京段建设规划和推进方案,相关建设缺乏统筹。各类历史文化资源在点上和小范围片区保护利用展示方面效果显著,但整体串联以及与城乡建设融合仍需加强。历史文化底蕴尚未有效转化为发展动力与活力。特色资源与文创经济、夜间经济等新业态的联动效应较弱。

3. 建设品质有待提升。重点地区建设品质不高,功能业态不合理。滨江风貌打造和利用有待加强,天际线缺少高低错落变化,整体协调度、丰富度和活力不足。

4. 南京长江文化挖掘研究有待深化,国内国际传播力有待增强。一些资源点、片区认知度不高。

二、长江国家文化公园南京段建设的目标定位

长江国家文化公园南京段建设要以习近平新时代中国特色社会主义思想为指导，立足国家重点建设区定位，以保护好传承好弘扬好长江文化为主线，打造长江国家文化公园江苏段核心示范区和长江流域璀璨明珠、文化新地标，在长江国家文化公园建设中走在前列。

（一）落实国家战略

长江南京段是中华文明形象标识的重要组成部分。要抓住“国家”这个关键词，从国家层面打造文化形象、推进文化建设、传承优秀文化、坚定文化自信、建设中华民族现代文明，整体性谋划、高起点规划、高质量建设，体现国家水准。完整准确全面贯彻新发展理念，保护好长江母亲河，推动长江经济带高质量发展，把总书记“五新三主”的战略部署细化实化具体化，确保“国之大者”落到实处。

（二）立足全流域一盘棋

长江国家文化公园与其他国家文化公园的区别在于长江本身的特质。要抓住“长江”这个关键词，充分凸显长江是“母亲河”这个核心要素，放眼整条长江，同中存异。

（三）体现文化内涵

要抓住“文化”这个关键词，尊重文化规律，赓续历史文脉，超越地区、层级、分类和行业，集结长江文化元素、文化遗产、历史文化名城、历史文化名镇为长江国家文化公园建设提供能量，促进长江文化创造性转化和创新性发展。

（四）建设公园空间

公园是长江国家文化公园的空间载体。要抓住“公园”这个关键词，充分体现公共性和人民性，打造还江于民的公共文化空间，让长江文化发展成果融入生活、惠及群众。

（五）彰显地域特色

南京长江历史人文资源丰富，集多元文化景观于一体，郑和下西洋首发地宝船遗址公园、乾隆泊舟题字的燕子矶、江南四大名楼之一阅江楼、民国遗迹中山码头与大马路民国风貌区、津浦铁路终起点浦口火车站、渡江胜利纪念馆、第一座中国自行设计建造的长江公铁两用桥南京长江大桥等，构成滨江地区南京历史文化长廊。要充分挖掘和展示南京特色鲜明的地域文化，将统一性与特色性有机结合，在服务全国大局中彰显南京特色。

（六）突出示范引领

要把长江南京段左右岸大道建成畅通大道、景观大道、人文大道，成为长江中

精彩的一段，形成南京品牌。

三、加快长江国家文化公园南京段建设的对策建议

（一）坚持规划引领

一是按照沿长江呈现生态文化、全市域突出南京特色的思路，坚持保护优先、强化传承，文化引领、彰显特色，总体设计、统筹规划，积极稳妥、改革创新，因地制宜、分类指导，建好为本、用好为要的原则，编制长江国家文化公园南京段建设规划及南京长江文化价值阐释弘扬、文物保护利用、非遗保护传承利用规划和实施方案，科学谋篇布局，统筹协调推进。二是处理好七个关系。即国家文化公园建设与长江生态保护的关系，展示国家文化公园整体形象与体现地域特色的关系，保护与利用的关系，硬件与软件建设的关系，优化提升滨江地区与历史文化名城整体保护的关系，顶层设计与统筹推进的关系，政府主导与社会参与的关系。三是从水缘、产缘、文缘三个方面凝聚文化主体。凝聚文化主体的建设性作用，使国家公园建设融入公众生活。

（二）以重点项目为关键抓手

打造长江国家文化公园重要标识和有效载体，形成更多标志性成果。一是加强重大项目、标志性项目整体统筹和遴选。实施一批整体性高、标示性强、可落地实施、具有南京特色、流域代表性、彰显文化自信的重大项目、重点工程，带动国家文化公园建设整体推进。二是系统实施长江国家文化公园建设。推进中国明清城墙、海上丝绸之路申遗工作，重点推进长江文化博览园暨南京（中国）长江文化博物馆、南京博物院南院、海上丝绸之路文化展示工程、长江文化旅游带等项目，提升宝船厂遗址等海上丝绸之路文化相关遗产资源和石头城遗址公园、浦口火车站等长江标识名片，打造国际一流的滨江风光带。挖掘长江文化，盘活文化遗产，推进江岸联动，串联特色资源，打造一批先行示范区，健全长江文化特色标识体系，优化长江主题旅游线路。

（三）研究挖掘长江文化资源

一是开展长江文化资源普查。全面调查和认定南京长江文化资源，建立南京长江文化遗产与非物质文化遗产基础数据库、图谱、保护名录，抢救性保护濒危遗产遗迹。二是实施南京地域文明探源工程，加大考古发掘力度，以长江沿线区域为重点，推进越城、薛城、西街、湖熟文化遗址等地域文明探源考古项目，打造有代表性的南京长江文明"大遗址"和风貌群。三是深化长江文化研究。建立长江文化研究智库，强化研究阐发，提炼南京长江文化内涵，开展六朝、南唐、明文化等课题研

究。四是梳理历史文脉。综合历史学、考古学、文献学、数字人文等学科，把与长江相关的历史事件、关联主体、区域文化、物质与非物质文化遗产等梳理成长江文化发展脉络，从剖析长江文化基因的传承性入手，探索长江文化历史规律和时代价值。五是遴选文化标识，注重空间营造，建构记忆之场，凝聚文化认同。六是增强南京长江文化传播能力，提升国际知名度，打造成新时代中外文明交流互鉴的新平台。建立长江文化传播交流中心，广泛弘扬、讲好南京长江故事，用好世界文学之都、国际和平城市等品牌，办好南京长江文化国际雕塑艺术展等展会，让南京长江文化走向世界。

（四）建设基础工程

一是点线面结合构建多层次国家文化公园展示体系。以水系为骨架，通过“连点”“成线”“组网”，系统构建立体多样的长江文化空间格局，差异化塑造区域长江文化特色魅力。整体打造多形态的长江文化展示空间，融亲水观江、文化休闲为一体，充分展现自然风貌、人文景观、大江风韵、江城共生，让长江文化遗产活起来，让文物、古迹、历史“说话”。建设核心展示园、集中展示带等不同形态的长江国家文化公园主题展示区，打造跨江联动的大桥—浦口—下关核心展示园，建邺、江北新区打造滨江文旅融合功能区，幕燕滨江建设自然山水主题展示功能区，新济洲湿地公园打造生态管控保护功能区，下关、浦口塑造近现代和红色资源功能区。二是推进数字再现。运用数字技术推进长江国家文化公园南京段实体空间与虚拟空间的双向融合建构，使长江国家文化公园虚拟空间建设不仅是数字化与多媒体展示，而且是与实体空间的协同联动、互通有无。搭建信息汇集、遗产普查、学术研究、监测管理、智慧公园等一体化的南京长江文化资源数字化平台和数字媒体平台，建设数字长江文化博物馆、地域文化与非遗展示馆、沟通长江上中下游的数字文化之路等一批数字智慧公园的标志性工程，推出“云游长江”项目，打造线上长江文化体验与呈现系统，完善长江文化专题遗产库与遗产保护监测体系。在新媒体特有的互动话语体系中加深公众对长江文化的理解，为长江文化、长江故事的传播赋能增势。

（五）提升滨江空间品质

一是以新时代山水城市主轴、世界级魅力人文江岸定位，按照拓展提升公共空间、聚焦重点板块建设、突出核心功能集聚、加强整体统筹协同的思路，构建“一轴两带多支点”沿江空间布局，打造拥江发展核心承载新主轴，山水交融、古今辉映的历史文化长廊及绿色产业带。二是区分主体功能区，依据各区段长江文化资源富集程度、与核心文化价值的关联度、文化遗产发掘保护状态，明确差异化的建设保护重点，构筑空间联动、功能互补、特色鲜明的长江国家文化公园保护利用形态。

滨江核心区段分八大片区特色发展，建邺滨江主打现代时尚，激发青春活力；下关滨江彰显历史复兴，传承近代记忆；幕燕滨江凸显江山共景，展现六朝底蕴；桥北滨江突出温情宜居，促进产城融合；江北中心滨江着力打造未来新区，成为国际典范；绿水湾、江心洲、八卦洲强调生态优先，分别以“绿水湿地、创新花园”“生态科技、风情绿洲”“绿野柳林、田园乡韵”为特色。三是打造古今文化长廊。严格保护滨江70处文保单位和23处历史文化资源及35处工业遗存。在满足生态保护要求的前提下，改造利用码头和工业构筑物等，打造富有活力的公共空间。建设下关—浦口近代文化区、龙江大明文化区、幕府山六朝文化区、燕子矶清文化区四大历史景区，串联形成四条文化主题游线，通过沿江文化地标的传承展示多方位发掘南京历史文化内涵。四是建设便捷舒适新场所。推进跨江通道、慢行系统和立体交通网络和20条垂江绿道与江南江北大绿环建设，贯通72公里滨江绿道，彻底改变主城滨江岸线“江不见城、城不见江”的历史。五是形成科技驱动新高地。依托现有文化、会展、表演、博览场馆等文化设施，搭建创意产业交流平台，形成10个创新交流中心、12个创新聚集区，40个文化艺术会馆、10个高校创新展示基地，策划20个节庆活动，打造全年无休的创意乐园。六是建设鱼嘴、欢乐滨江、绿博园、宝船遗址公园、下关滨江商务区、上元门、幕燕风貌区、定山、绿水湾九个城市客厅。

（六）系统整体保护长江文化

一是分整体格局风貌、历史地段、古镇古村、文物古迹和非物质文化遗产五个层次串联整合历史文化资源。坚持保护第一，把系统性整体性保护作为贯穿始终的首要任务，合理保存传统文化生态，让长江历史的真实性、功能的延续性得到更好保持，守护好中华文化血脉、永续发展根脉。彰显“山水城林”历史文化名城风貌底蕴和特色传统文化魅力，促进历史资源与城市功能的有机融合、传统文化与现代文明交相辉映。二是保护整体格局风貌。遵循中华营城理念、南京建城传统、江南地域文脉，维护“襟江带湖、山水相依、龙蟠虎踞”的山水形胜和“依山就水、环套并置”的都城格局，保持老城“近墙低、远墙高，周边低、中心高，南部低、北部高”的空间形态，传承“南北交融、承古启今”的建筑风格，彰显六朝古都特有风貌和恢宏气度。三是保护历史轴线和地段。重点保护历史文化街区，推进“绣花”“织补”“微改造”，保持历史格局、传统肌理和原有尺度，注重历史真实性、风貌完整性和生活延续性。四是保护历史文化遗产。传承历史文脉，保护历史建筑、名人故居及周边环境，建设地域文化特色浓厚的文博设施。保护工业遗产，找出来、保下来、活起来，让悠久的工业遗产焕发新活力，让先辈的创业创新精神融入城市血脉。保护传承非物质文化遗产。突出活态传承，让长江“流动的文化”融入当下、传承后世。五是打造具有自然山水特色和历史人文内涵的小城镇、美丽乡村和特色文化产业小镇，促进乡村振兴。

（七）推动文旅深度融合

把长江南京段成为展示中华文明、东方神韵的重要窗口，以文旅深度融合，文化为魂、旅游为体，以文塑旅、以旅彰文，让长江文化可见、可感、可亲，将文化资源优势转化为发展优势，为长江经济带高质量发展注入新动能。一是策划集吃住行游购娱于一体的集中展现长江文化的精品旅游路线，让长江国家文化公园可感可看可游可憩。塑造更具标识度的文旅融合品牌，串联长江文化、生态和旅游资源，突出长江大桥、燕子矶、幕府山等节点，开发名著游古诗游等线路，做优鱼嘴、下关滨江、栖霞山等片区，培育具有长江文化特征的体验项目和消费新场景。开通江河一体的60公里水上旅游线，串联南京南站、鱼嘴、青奥码头、中山码头、五马渡、燕子矶公园、八卦洲、浦口码头等生态人文资源。建设九个滨江综合服务中心和每公里一处的滨江驿站及15分钟健身圈。以长江流域唯一能在市内观赏到的江豚为特色，将“青春扬子江”与江豚主题相结合，建设江豚互动广场和活力运动水岸。发展长江“文化＋”休闲旅游，推动资源、空间、产业与文化融合和文化为发展赋能。加强重大活动策划及文艺创作。推进“演艺＋旅游”，建设小剧场，丰富城乡居民精神文化生活，为游客提供“白天观景、晚上赏戏”的全天候体验。二是引进具有资质和能力强的长江国家文化公园运营企业，将社会效益与经济效益相结合。三是推进文旅融合提质增效。发展新型文化企业、业态和消费模式，打造数字文化产业示范园区和长三角文旅消费集聚平台，将平台建设与品牌塑造、招商引资与骨干企业培育、园区建设与产业生态培育、短期收益与长期发展相结合。引进视频直播、元宇宙创新科技、时尚设计、演艺娱乐、健身休闲等领域的国际知名消费类品牌项目，发挥头部内容资源的引流作用。

（八）把长江大保护摆在压倒性位置

一是科学合理规划生产、生活、生态空间。严格落实“三线一单”制度，划定115平方公里蓝绿空间，建设1条滨江生态绿廊、3条主要垂江绿廊、14条次要绿廊、长江及其洲岛、湿地和两侧带状绿带。保护绿水湾、潜洲、鱼嘴＋三桥湿地、江心洲、八卦洲、幕府山六个生态涵养区，并依托六个生态涵养区和湿地公园，建设长江江豚自然保护区、长江鱼嘴长吻鮠铜鱼国家级水产种质资源保护区、东方白鹤保护区、震旦鸦雀保护区，让长江重现更多野生保护动物种群。打造12个特色植物观赏区和30处滨江生态休闲体验区，形成处处四季有景的滨江生态空间。二是注重流域系统性整体性，打造水美岸绿的生态示范段。在保护路径上，坚持山水林田湖草协同治理，打好污染防治攻坚战。以沿江突出环境问题整改为先手棋，聚焦污水收集处置、废物处置利用等重点，补齐基础设施补短板。治水上水资源、水环境、水生态“三水统筹”，治气上减污和降碳协同、颗粒物与臭氧治理协调，岸线上清理整治与生态修复协同。在治理体系上，推进环境治理现代化。严格落实长江禁捕退捕。三是推进绿色低碳发展，打造动能强劲的产业示范段。严格落实长江经济带发展负面清单，推进“双碳”目标，深化沿江产业布局与结构调整、岸线功能优化，打造北岸先进绿色制造产业带和南岸高端现代服务业产业带，推进江北新材料科技园绿色循环化改造，“一企一策”推动企业转型升级，破解“重化围江”“钢铁围城”。

建设高质量长江国家文化公园

——以南京河西滨江风光带为例

吕道峰① 吴俊宏② 荣晗琳③ 赵晨晓④ 王津宁⑤

摘 要：本文从生态环境保护、文旅特色挖掘、科普空间营造三个维度入手，提出了高质量建设长江国家文化公园的具体路径，旨在推进长江千年文脉与新时代文明有机融合，实现长江生态保护、文旅产业发展、绿地环境提升、城市文脉传承的和谐共生，为长江国家文化公园建设提供理论参考。

关键词：长江文化；长江国家文化公园；河西滨江风光带

长江文化承载着中华民族的集体记忆，推动着五千年来社会进步与发展，是中华文化的重要支撑。2020 年，习近平总书记在全面推动长江经济带座谈会中发表重要讲话并明确指出，"长江造就了从巴山蜀水到江南水乡的千年文脉，是中华民族的代表性符号和中华文明的标志性象征，是涵养社会主义核心价值观的重要源泉。要把长江文化保护好、传承好、弘扬好，延续历史文脉，坚定文化自信。"⑥如何保护、传承、弘扬好长江文化，实现中华民族的伟大复兴，高质量建设好长江国家文化公园，是回答这一时代问题的重要路径之一。党的二十大报告指出，要加大文物和文化遗产保护力度，加强城乡建设中历史文化保护传承，建好用好国家文化公园。⑦

---

① 南京市河西新城区国有资产经营控股(集团)有限责任公司党委委员、副总经理。
② 南京滨江公园管理有限公司副总经理。
③ 南京滨江公园管理有限公司副主管。
④ 南京滨江公园管理有限公司。
⑤ 南京滨江公园管理有限公司部长。

⑥ 中国政府网：习近平主持召开全面推动长江经济带发展座谈会并发表重要讲话，https://www.gov.cn/xinwen/2020-11/15/content_5561711.htm

⑦ 中华人民共和国文化和旅游部：肩负起文脉传承使命 建设好国家文化公园——党的二十大报告中"建好用好国家文化公园"的战略部署引发热烈反响，https://www.mct.gov.cn/preview/special/xy20d/9675/202210/t20221025_936947.htm

南京河西滨江风光带全长58公里，北起北河口水厂，南至秦淮新河入江口，长江岸线11公里，现今已被打造成为以滨江风貌为特色的带状开放式生态自然休闲空间，是南京市民享受长江之美、自然之美、生活之美的城市客厅。结合实际，建设好长江国家文化公园南京段，是河西滨江风光带面临的重大时代机遇。坚定不移地贯彻落实党的二十大精神，进一步整合滨江沿线自然与文化资源，将河西滨江风光带的绿地品质提升与推进长江生态保护和长江经济带高质量发展相融合，讲好河西滨江故事，加大文旅融合推进力度，高质量建设长江国家文化公园。

一、长江国家文化公园（南京河西滨江风光带）现状

（一）长江国家文化公园基本概况

1. 建设背景

“国家文化公园”这一概念最早在《国家“十三五”时期文化发展改革规划纲要》中被提及，明确其承担着传统文化和自然遗产保护传承的使命。为推进我国生态文明建设，2021年7月，第一批国家公园名单公示，宣告国家公园建设正式启动；2020年11月，习近平总书记在全面推动长江经济带座谈会上发表重要讲话，强调要保护传承弘扬长江文化；2021年12月，国家文化公园建设工作领导小组正式印发《长江国家文化公园建设工作安排》文件；2022年1月，长江国家文化公园建设正式启动；同年4月，江苏省委、省政府印发《长江国家文化公园江苏段建设推进方案》，明确了至2025年将基本完成长江国家文化公园江苏段建设任务，届时将成为江苏社会主义文化强国先行区的鲜明标识和闪亮名片。①

2. 建设内容

国家文化公园是在党中央统一领导下，以保护国家文化遗产、文化资源，弘扬中华民族文化精神与价值信念为目的的“公园化”管理模式，是侧重于文化属性的中国范式。② 长江国家文化公园是以长江文化为主题的文化公园，其建设主要要满足以下三大功能：一是长江文化的保护与传承功能，二是长江文化的展示宣传与科普教育功能，三是休闲娱乐与滨水体验功能。

（二）长江国家文化公园（南京河西滨江风光带）建设成效

南京是长江岸线四大都市之一，早在本世纪初就提出了跨江发展的策略。2003年南京市规划局颁布的《南京市沿江开发总体规划》中，规划了南京滨江风光

---

① 中共江苏省委新闻网：推动江苏省长江国家文化公园建设走在前列，http://www.zgjssw.gov.cn/yaowen/202207/t20220718_7619037.shtml

② 嵇睿.新时代国家文化公园建设路径研究[D].吉林大学，2023.

带的区位布局与功能定位(图 1),近年来,结合河西新城开发、江北跨江融合、中国绿化博览会、亚青会、青奥会等国内外大型活动加持,如今已形成滨江风光带慕燕段、下关段、河西段、鼓楼段、江心洲段和浦口段,各具特色。

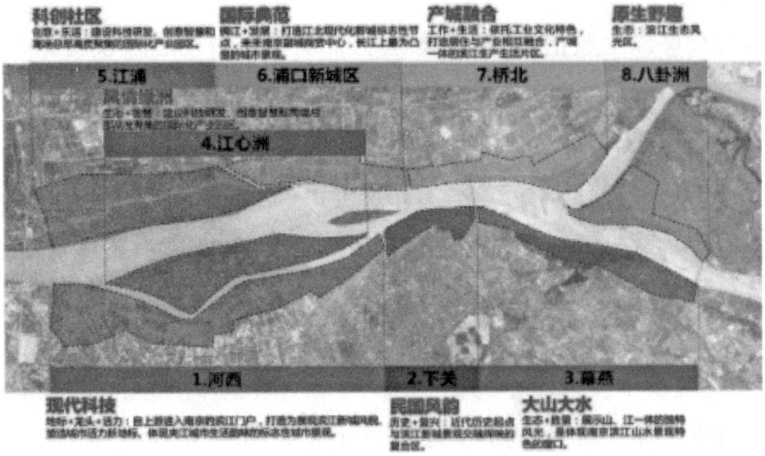

图 1　南京滨江风光带发展定位

河西滨江风光带北起北河口水厂,南至秦淮新河入江口,长江岸线长度约为 11 公里,总面积约 4.38 平方公里,分为万景园段、绿博园段、青年文化公园段和鱼嘴鱼背段,于 2014 年完成建设。① 河西滨江风光带地形平坦,自然资源丰富,其发展定位是以现代科技为导向,塑造城市活力新地标,体现滨江新城风貌、生活韵味的标志性城市景观(图 2)。

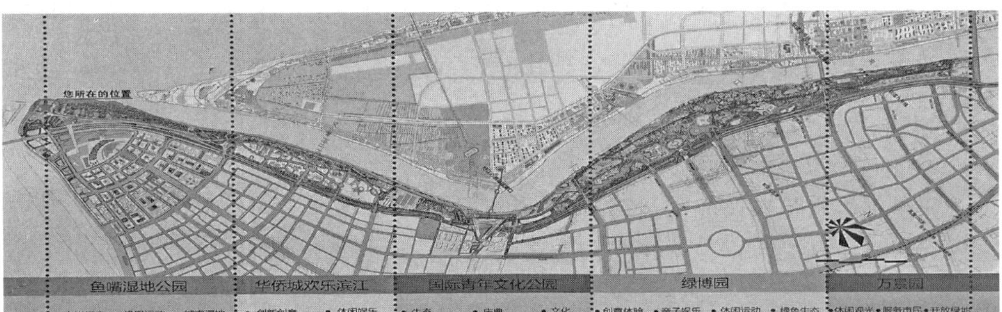

图 2　南京河西滨江绿地总平面图

近年来,河西滨江风光带积极响应国家生态优先、绿色发展号召,开展生态修

① 张文豹. 南京河西滨江风光带生态效益及使用者评价研究[D]. 南京农业大学,2021.

复和保护、加快恢复生物多样性的质变提升、带动业态发展等，促进生态效益、经济效益和社会效益的有机统一，不断推动长江大保护向纵深发展。同时不断提升沿江景观风貌整治、优化设施配套，为建设长江国家文化公园做好基础性工作。目前，取得的成效主要有：

一是结合江岸环境整治，修复江滩生态系统。在沿江全线设有滨水栈道及栈桥，并配建了湿地花园及天池等雨水收集系统，将生态景观理论落到实处；以朴树、榆、桑、椿、梓、乌桕等南京乡土树种作为基调，挖池凿渠，自然集水以利灌溉；利用树木枝条修剪后粉碎再加工，覆盖与植物根部土壤表面，防除杂草，增湿保湿；鱼嘴湿地从设计之初就践行生态理念，在充分尊重自然的基础上进行设计，保护原生湿地的完整性，辅以必要的人工干预或监管，并在后期管理过程中采用低维护管养模式，在夜间关闭通道和照明，不设置服务点，减少人类活动对湿地生态系统造成干扰，为野生动物提供了近乎原生的栖息地，是鸟类繁殖、迁徙、越冬的"休息站"；设立长江增殖放流基地，有计划地开展增殖放流活动，进一步加强长江水域生态环境保护，维护长江生态稳定性和生物丰富度，更好保护长江生态系统。

二是严格落实水源地保护政策，推进排污"源头"生态整改。近年来，南京市高度重视长江经济带生态环境保护工作，制定了《南京市域滨江岸线利用详细规划(2014—2030)》(以下简称"规划")，河西滨江风光带内部分区域被界定为饮用水水源地二级保护区，按照《规划》要求，保护区内禁止一切与饮用水源保护无关的开发利用，禁止布局排污口，确保供水水源水质。应环保整改要求，进行自查整改，采取系列措施解决公园内环保问题，包括安装污水再生资源处理设备，完成了15处生态水循环零排放环保公厕的改造，关闭红线范围内的全部上下水，同时关闭并拆除游乐场等影响防洪的建筑及设施。绿化养护方面，为严格保护长江沿线环境，防止空气、水污染以及土壤残留，自2019年起，风光带内禁止使用农药、化学肥料及其他危化品。

三是推进水生态监测和治理，提升水系统生物多样性。利用水生森林技术、水生物富营养化技术等技术方法进行水生态治理。针对青年文化公园南区的生态湿地，通过种植沉水植物，释放微生物"食藻虫——水下森林"共生系统的净化效力，改善水体透明度，增加水生生物多样性，形成良性循环的水生生态自净系统，全面恢复良好平衡的水生生态系统。通过对水体进行不断的监测和治理，形成了良好的长江沿岸水生态环境。

四是开发特色科普展教资源，丰富长江文化展现形式。近年来，除室外绿地自然空间外，河西滨江风光带陆续建成南京奥林匹克博物馆、生态实践展示馆、长江水生物科普展示馆、航标文化馆、水运文化长廊等多个室内科普场所，宣传环境保护、生态修复、长江动植物资源、奥运文化、水运文化知识等，为市民提供游中学的科普教育场所。同时，组建科普团队对滨江特色植物资源和生态园林建设成果进行梳理并编制书籍《南京河西滨江生态实践展示》《南京河西滨江生态实践展示——增刊一》《南京鱼嘴公园湿地植物》《南京绿博园园林观赏植物100种》等，并在公众号上发表原创科普文章，发挥江苏省科普教育基地、南京市优秀生态文明教育基地的社会责任。

五是持续开展景观提升工程，促进游园环境提档升级。经历十年的发展，河西滨江园区配套设施完善，环境整洁，卫生绿化良好，服务设施已经达到国家4A级旅游服务标准。为给游客提供美丽舒心、健康安全的游园环境与体验，河西滨江风光带每年都会进行景观风貌的提升工程，包括贯通绿博园棉花堤绿道、提升改造鱼嘴滨江绿道及鱼背区域挡浪墙的美化，打造彩虹绿道，增添园区活力和张力；在左岸花海打造"都市田园"，满足市民亲近自然、回归田园的愿望；园内主游览道路路面出新改造；将鱼嘴银杏广场改造为露营房车基地，增设露营基地服务驿站、休憩长廊、餐椅等配套服务设施等，深受广大市民、游客的喜爱。同时，积极开展各项便民服务，设立爱心母婴室、便民服务亭等便民措施，用心用情为游客办实事、解难题，营造了更高质量的游园环境，不断增强游客的获得感、幸福感和安全感。

（三）长江国家文化公园（南京河西滨江风光带）建设存在的问题

其一，以长江文化为主题的特色文旅融合度不高，缺乏明晰定位。目前，河西滨江风光带的旅游资源开发中，对于长江文化的内涵深度挖掘不足，缺乏主题IP打造，存在同质化现象。对于文旅产业融合发展的定位尚不明晰，缺少系统性、整体性的发展规划，市场竞争力较弱。

其二，环保宣传教育力度不足，公众对于长江大保护意识薄弱。在公园进行生态厕所改造过程中，多次受到市民投诉，说明公众尚未树立长江大保护的主体意识，缺乏一定群众基础。同时，园区内与其相关的科普宣教设施设备不足，一定程度上影响了群众的知情权、参与权与监督权。

其三，缺乏系统性的长江文化科普产品，智能化展教设施不足。河西滨江风光带以几个主题公园串联组成，现状资源丰富，各园区景点特色不一。由于河西滨江风光带依江而建，以万景园至绿博园至青年文化公园至鱼嘴滨河公园的观光线路成为旅行参观的主要线路，因此形成了研学线路的思维固化，重"游"轻"学"，科普研学游学路线单一，缺乏系统性的分析与设计，难以凸显长江文化的独特魅力。同时，由于河西滨江风光带科普研学工作开展已久，基础设施存在老旧破损现象，且以非互动类型装置为主，难以满足青少年互动体验的新需求。

二、长江国家文化公园（南京河西滨江风光带）建设的价值

（一）践行“两山”理论、生态文明思想

南京滨江风光带作为省、市沿江保护和开发的示范带，自 2002 年启动建设以来，目前南京滨江风光带河西段建设发展最为成熟，是长江生态保护和科普教育的天然展示区。建设国家文化公园，是以生态优先、绿色发展为指导思想，“守护好一江碧水”，还江于民，有助于进一步推进长江生态保护与修复，践行习近平总书记嘱托和“两山”理论，彰显着习近平生态文明思想的实践伟力，让良好的生态环境成为最公平的公共产品和最普惠的民生福祉。

（二）新时代背景下中华优秀传统文化创造性转化

秦汉时期，南京西岸大陆还没有形成，如今河西地区地面的部分还沉睡在长江水下，直至六朝时期，由江水挟带泥沙沉积堆聚而成的沙洲才开始形成。从东吴初年，到东晋时，沙洲面积逐步扩大且相对稳定下来，如今我们所看到的河西滩涂地才逐渐成形。

南朝《丹阳记》中：“白鹭洲在江宁县西三里大江中，多聚白鹭，因名其洲。”这是河西之地首次见于文字记载。至隋唐时期，白鹭洲已是绿树成荫，船帆点点，成为文人诗作中的“常客”，唐朝李白有诗云“朝别朱雀门，暮栖白鹭洲”和“三山半落青天外，二水中分白鹭洲”，宋朝贺铸的“凤凰台下凤凰巢，白鹭洲边白鹭涛”等“带货”白鹭洲的诗句千古流传。

宋元时期，白鹭洲和附近其他大小沙洲渐成一体，并且向东边的陆地靠拢。据元《至正金陵新志》载：“别有沙洲乡在县西南。”可知，到了元朝白鹭洲才开始设置为行政区域。到了明朝，随着白鹭等洲最终并入陆地，河西之地也完成了从江河到陆地的自然风光变迁，开始迎来人文历史的崭新一页——沧海桑田的千年，南京河西的滥觞，大江东岸的河西或许从一出生就注定了不平凡。

南京滨江风光带河西段的建设，也见证着从水运码头、生产岸线到生活岸线的变迁。将其提升到长江国家文化公园建设的高度，以长江为轴线，以滨江山水为画卷，以地区自然与文化记忆为笔墨，展现多层级、不同时期的长江文化，形成新时代背景下中华优秀传统文化创造性转化，充分激活长江丰富的历史文化资源，系统阐发长江文化的精神内涵与时代价值，有助于推动优秀传统文化创造性转化、创新性发展，让滨江人文资源在新时代再展新颜、焕发新生。

（三）助力长江经济带高质量发展

一是长江国家文化公园(南京河西滨江风光带)建设与长江经济带发展是区域重大战略趋势且密不可分。党的二十大以来,区域协调发展、区域重大战略范畴不断拓展,长江文化和长江经济带发展所关注的空间领域也在不断扩展。推进长江经济带发展战略研究以及关注的领域是坚持生态优先、绿色发展的战略定位和“共抓大保护 不搞大开发”的战略导向等方面,而高质量建设长江国家文化公园(南京河西滨江风光带)是保护传承弘扬长江文化,推动山、水、人、城和谐发展,文旅融合协同,推动长江经济带高质量发展的具体体现。

二是区域协调发展不断促进并推动长江文化和长江经济带发展创新。而长江文化和长江经济带协同发展存在的问题也随之日益凸显,推进长江国家文化公园(南京河西滨江风光带)建设是长江文化和长江经济带发展研究的内容不断丰富的重要部分。

三、 长江国家文化公园(南京河西滨江风光带)建设的路径

做好长江国家文化公园(南京河西滨江风光带)建设,关键是要从生态环境保护、文旅特色挖掘、科普空间营造等多维度着手。

（一）生态环境保护——守护长江文化绿色基底

“共抓大保护 不搞大开发”,下一步,河西滨江风光带将深入贯彻习近平总书记提出的“五新三主”战略定位,协同推进长江经济带高质量发展和生态环境高水平保护,加快展现人与自然和谐共生、绿水青山与金山银山交相辉映的现实图景。

一是要做好生物多样性调查与保护,恢复长江水生态健康。开展滨江风光带生物多样性本底调查和评估,包括植物、昆虫、鸟类、水生生物等,形成河西滨江风光带生物多样性分级保护名录。滨江沿线湿地是我国濒危鸟类的重要栖息地,在观测到的鸟类出现较为频繁的区域设置生态缓冲区,减少人工养护干扰,为鸟类提供良好的栖息地,提高长江沿线的生物多样性,构筑生物多样性保护网络。同时,绿地管养方面要做好外来入侵物种的预警监测和源头防控,联合高校院所开展外来入侵物种的调查和名录编制,建立预警、监测、清除、修复等针对加拿大一枝黄花和福寿螺等入侵种的全流程处理机制。

二是要引入先进理念和技术,实现生态低碳绿色发展。加强滨江环境科研和技术创新,探索新的环境保护技术和管理模式,提高滨江绿地环境保护的科学性和先进性。按照绿色低碳循环发展经济体系建设要求,推动沿江节能环保产业发展,推进清洁生产,推广使用清洁能源,例如园林养护中,使用电力发动的园林机械,代

替汽油使用，能够有效减少污染物排放，控制碳排放总量和强度，持续改善长江岸线生态环境。坚持低碳园林建设理念，鼓励使用野生地被，提高绿地碳汇能力；选用本地乡土树种，建立稳定植物群落；资源化处理绿化废弃物，增强绿地生态循环效益；定期对滨江沿线管理人员开展培训，从认知层面提高生态环境保护的战略地位，切实提升管理技术水平。

三是要加强环保宣传教育，增强公众环保意识。加强长江环境保护宣传和教育工作，通过宣传栏、标语、展板等形式，普及环境保护知识，增强公众环保意识和环保行动力。针对滨江风光带特色生态环境保护成果进行宣传，如动植物保护方面，可设立若干江豚等动物观测点，增加植物科普标牌，进行生物多样性科普宣传，滨江栈道沿线可以围绕“共抓大保护 不搞大开发”“十年禁捕”进行宣传，同时作为生态旅游部分向公众展示，形成良好的环保宣传氛围。

（二）文旅特色挖掘——传承长江文化创新发展

以保护传承弘扬长江文化为核心，深入挖掘河西滨江风光带文脉特色，讲好长江故事，借助现代科技，打造集生态、文化、科教、休闲于一体的城市滨江活力岸线，让传统文化注入时代新机。

一是要加快滨江景点串珠成链，提升数字化服务水平。梳理河西滨江风光带自然资源与文化遗产，遵循整体性原则，站在长江国家文化公园建设的层面上，紧紧围绕长江文化这一主题，系统规划串联起沿岸的自然人文景观节点，打破原有保护和凸显单一景观的建设思路，强调景观节点间的协调与融合。通过梳理打通交通路线、提升周边景观效果、完善配套服务设施、设计统一长江导视标识系统等方式，引入一体化智能公园管理系统，设置现代化可互动设施设备，增进市民与长江之间的紧密互动，体现长江国家文化公园（南京河西滨江段）的独特性和差异性。

二是要深挖文旅融合主题，引入特色业态模式。南京河西滨江风光带经历了从江河到陆地，见证着从水运码头、生产岸线到生活岸线的变迁，承载着南京河西地区的历史记忆与文化血脉，也拥有濒危植物和动物资源、类型多样的运动场地……在长江国家文化公园建设中，需要深度挖掘属于河西滨江的长江文化基因，确定合理的文旅发展的功能定位和发展方向，在传承的基础上创新，坚持以文塑旅、以旅彰文，加强与文化企业的交流合作，尝试引入新文化业态和消费模式，研发能够体现长江文化的特色旅游线路，吸引不同消费群体关注长江文化，构建属于河西滨江的文旅发展新局面，从而为长江经济带高质量发展注入新动能。

三是要研发滨江文创产品，创新长江文化传播形式。河西滨江风光带景观资源丰富，拥有相对稳定的客流量，消费群体层次丰富，开发场景潜力较大。绿博园郁金香、南京眼、鱼嘴灯塔、江豚等这些标志性活动及景点为后续也为文化创意品牌的塑造打下了良好的群众基础。基于已有文化自然符号，设计全新 IP 形象，形成统一标识；增加品牌识别度，提升品牌传播穿透力和号召力；增设相关销售场景，把握特色景点，注重通过将内容与产品相结合，将产品场景化，充分引发用户情感共鸣；加强互动式体验，满足不同类型游客需求。针对不同游客类型，考虑增设不同服务内容，如开展产学研一体化服务、文创 DIY 项目等。

（三）科普空间营造——弘扬长江文化惠民育民

弘扬长江文化，举旗帜、聚民心、育新人、兴文化、展形象①。推动长江文化育民、惠民、利民，使之成为人民精神生活共同富裕的价值引领和社会主义文化强国的重要支撑。

一是要强化科技赋能，优化科普空间体验感。借助新媒体技术，体现时代创新②。引入 VR 虚拟现实技术、二维码识别系统、声光电学技术，完善和丰富河西滨江风光带的科普展陈设施，实现单一感官体验向多感官体验转变。例如，在鸟类活动频繁的区域设置观鸟台，并设置对应的 QR 码或观测望远镜，近距离观察的同时也能链接到对应的音频，吸引青少年关注鸟类保护问题；打造一些趣味的生境花园，供儿童观察鸟类、昆虫和自然，丰富林下体验，提供自然教育空间；完善滨江沿线珍贵树种、动物植物挂牌；雨水花园、生态水循环湿地净化系统等设置原理介绍牌，更好传播生态文明理念与成果。

二是要科学规划科普研学路线，发挥科普基地社会责任。河西滨江风光带拥有丰富的自然资源和人文资源为载体，科学规划科普研学路线，例如水生态与修复研学路线、长江江豚保护研学路线、乡土植物与文化研学路线、长江大保护研学路线等。免费向中小学生开放滨江沿线科普场馆，赋能“双减”，培养学生的创新能力和实践能力，实现理论知识与科学实践的融会贯通。同时，发挥科普基地社会责任，发动科普专家志愿者力量，走进校园、走进社区，向大众义务普及长江文化相关知识，提升全民科学素养，增强国民精神文明建设，树立文化自信。

---

① 李琤. 保护传承弘扬长江文化　推动长江经济带高质量发展[N]. 中国文化报，2023-07-05(001).

② 满意. 长江国家文化公园标识系统设计研究——以江苏沿江标识系统为例[J]. 中国水运，2023(03)：153-155.

生态文明视域下的长江湿地文化保护与创新发展

——以南京江宁新济洲为例

张军[①] 王登俊[②] 陈晓洁[③] 王诗露[④]

摘　要：长江湿地作为长江生态系统的重要组成部分，承载着丰富的湿地文化。保护与传承发展长江湿地文化是新时代推进生态文明建设和实现经济社会可持续发展的必然要求。本文通过对南京市江宁区新济洲保护与创新长江湿地文化实践的考察，深入分析其在湿地保护管理、湿地资源开发利用、湿地文化传承发展等方面存在的问题，并从注重挖掘内涵价值、立体保护利用、生态文旅融合、多元宣教传播等方面提出对长江湿地文化保护和创新发展的相关对策建议。

关键词：生态文明；长江湿地文化；新济洲

长江是中华民族的母亲河。长江文化承载着中华民族的共同记忆，是中华民族的显著文化标识，也是全人类的宝贵智慧资源。2020 年 11 月，习近平总书记在南京主持召开了第三次全面推动长江经济带发展座谈会，强调"要把长江文化保护好、传承好、弘扬好，延续历史文脉，坚定文化自信"。2021 年 12 月，国家文化公园建设工作领导小组印发《长江国家文化公园建设工作安排》文件，2022 年 1 月长江国家文化公园建设正式启动。长江国家文化公园其实质是以长江文化为主题的滨水公园，其功能包括长江沿岸历史文化景观展示、休闲娱乐以及文化科普宣传等。水是长江国家文化公园建设的重要内核，加强长江国家文化公园建设，必须坚持生态优先、绿色优先。2016 年 1 月，习近平总书记站在中华民族永续发展的战略高

---

① 江宁区委宣传部（文联）副主席。
② 江宁区委研究室副主任。
③ 南京市城市建设（控股）有限公司项目管理部副部长。
④ 江宁区委党校教师。

度指出："长江拥有独特的生态系统，是我国重要的生态宝库。当前和今后相当长一个时期，要把修复长江生态环境摆在压倒性位置，共抓大保护，不搞大开发。"2021 年 3 月，《长江保护法》的施行标志着长江保护进入新阶段。

南京长江岸线总长 280.82 公里，是长江国家文化公园江苏段的重点区域。2023 年《南京市长江岸线保护条例》的通过为南京建设长江国家文化公园典范城市、传承长江文化提供了更加有力的法治保障。作为长江入苏第一洲的南京江宁新济洲，在 2001 年实施政策性移民的基础上，率先探索"整体性、原生态、系统化"的湿地保护新路径，成为江苏开展长江大保护成效的"生态样本"、代表南京生态文明建设水平的"绿色明珠"，也为江宁创成全国生态文明建设示范区等品牌塑造了"美丽典范"。从南京江宁新济洲湿地生态保护实践中深度挖掘长江湿地物质文化、湿地精神文化、湿地制度文化等，能够进一步丰富长江文化内涵和时代价值，推动中华优秀传统文化创造性转化、创新性发展，助力长江文化公园建设，更好地展示长江南京段的历史人文之美、生态文明之美、时代精神之美、创新创造之美、开放包容之美。

一、长江湿地文化保护的江宁新济洲实践

（一）新济洲湿地的发展历程

新济洲群湿地地处长江江苏段最上游、苏皖交界处、南京市江宁区长江段内，由泥沙淤积心滩不断扩大形成，包括新济洲、新生洲、再生洲、子母洲、子汇洲五个江岛及陆域码头，总面积 2666.8 公顷，是长江中下游洲滩湿地的典型代表，为江苏长江第一洲。

新济洲形成于南宋。清末，江西、湖北、安徽等地难民顺流而下于此定居。新中国成立前，该洲隶属救生局管辖，用于救济贫苦人民，故名救济洲。新中国成立后被划至南京市江宁区铜井镇下辖行政村，洲上原有居民约 4000 人，以捕鱼、种植为生。20 世纪 60 年代以来，在人类长期围垦筑垸、过度捕猎、工业生产等活动影响下，新济洲群景观格局发生根本变化，自然湿地面积逐渐减少、湿地资源过度利用、湿地生态功能严重退化。

2000 年起，为了加强长江防汛及生态环境保护，江宁区对洲上原住民实施"生态移民工程"。2011 年 3 月，新济洲湿地被国家林草局批准进行国家湿地公园试点建设。2016 年，江苏南京长江新济洲国家湿地公园获得国家林业局授牌，成为南京市首家国家级湿地公园，也是国内第一个长江洲滩型国家湿地公园。

经过持续多年的湿地生态修复和功能再造，如今的新济洲已从一个普通的江

中小岛变身江中“绿宝石”，成为南京和江苏湿地保护修复、长江湿地文化传承和生态文明建设的典型示范和展示“窗口”。

（二）新济州湿地文化保护与传承的主要做法和成效

1. 以生态修复为先，湿地生态功能和生物多样性显著提高

全面加强依法保护。把修复长江生态环境摆在压倒性位置，认真落实中央和省市关于湿地相关决策部署和保护方案，制定《南京市江宁区湿地保护规划（2021—2030年）》，融入社会经济发展计划，建立联合监管机制，与省法院合作建成南京环境资源审判长江新济洲研究修复基地，为保护长江、保护生态、保护江岛提供坚实法治保障，2023年最高人民法院党组书记、院长张军在新济洲实地调研时给予充分肯定，2017年来南京出席国际研讨会的多国大法官对新济洲探索实践纷纷点赞。

开展洲岛岸线治理绿化。结合长江岸线南京江宁段整治，以提升长江江堤临水侧洲滩、新济洲岛湿地生态功能为主攻方向，拆除岛上原有废弃工业设施，系统整治新济洲对岸的沿江污染型企业52家8.5万平方米，完成综合环境提升1.84万亩，长江江宁段和洲岛水体的水质稳定在Ⅱ类以上标准，岛上空气质量优良率三年提升10.3个百分点，PM2.5下降26.8%。在洲岛内生态脆弱地块进行植被恢复、洲岛岸线实施生态绿化带建设，全面提升新济洲湿地生态功能，目前，已在新济洲及对岸19.08公里江堤，自然栽植樱花、水杉、落羽杉、池杉、垂柳、黄金柳等各类绿化苗木，建成5825亩生态长廊，有效减轻湿地沿岸洪涝灾害，彰显大江风貌的沿江风光带。

修复重建湿地生态环境。以自然保护区、湿地公园等为载体，通过生态移民、河道疏浚、退耕还湿、退渔还湿，扩大和优化森林沼泽、草本沼泽、湖泊、河流等多种湿地生态系统结构和功能，增加动植物栖息地。新济洲湿地环境得到极大改善，湿地面积从2016年的1063.5公顷增加到目前的1876.1公顷，湿地修复面积超过800公顷，湿地率从不到40%上升到69.9%。生态植被的恢复进一步丰富了生物多样性，岛上植物由366种增加到501种，鸟类由103种增加到221种，分布国家重点保护野生动植物56种，极度濒危物种江豚在南京段数量由20多头增加至50多头，并且呈现增长趋势，新济洲湿地生态修复做法成效受到中央第二生态环境保护督察组组长宋秀岩肯定，江苏省委常委会也将新济洲作为主题教育正面典型案例开展解剖式调研。

2. 以科学管理为重，为长江大保护提供重要科研数据

实行科学分区管理。以突出湿地生态系统特色、体现新济洲文化底蕴为基础，

在有效保护湿地生境、物种、水源、水质良性循环发展的前提下，规划建设新济洲国家湿地公园，将公园规划分为栖息地与景观质量提升、长江下游湿地植物资源库、水生植物展示、鸟岛恢复、沼泽湿地恢复、生态码头等“六大功能区”，为科普宣教、科学研究提供多类型、多途径主题，成为展示长江洲滩湿地文化的靓丽名片和重要场所。

加强湿地生态监测。新济洲湿地建立了生态环境自动监测和野生动物视频监控系统，对湿地进行长期、系统和科学的野外智慧监测，研究湿地生态系统在不同时空尺度上生态过程的演变转换。数据获取后会实时传输到湿地生态监测大数据平台，为完善全国湿地生态系统观测研究网络、保护长江湿地资源、促进长江大保护研究提供重要支撑。

联合开展专题研究。进一步整合资源，搭建合作平台，深化与南京大学、南京林业大学、南京信息工程大学、南京市园林绿化研究院、南京环保研究所等联动，围绕湿地气象、水文、水质、碳汇、生物、生态系统健康评估等开展联合研究；举办“湿地保护”“湿地经济”“湿地旅游”等系列学术研讨会，吸引来自耶鲁、哈佛、清华、南大等知名高校优秀学子围绕湿地修复、候鸟迁徙、湿地碳汇等议题开展学习研讨；加入“中国国家湿地公园创先联盟”，促进国际国内湿地公园交流合作，加强技术与管理创新；突出对珍稀濒危物种的保护和繁育研究，配合生物多样性监测进一步完善濒危动植物资源的调查研究，建立动植物名录档案，为生物栖息地修复提供数据支持。

3. 以立体传播为要，让湿地文化可体验可分享

建立科普设施，开展湿地宣教活动。新济洲湿地建设了 2700 平方米的长江中下游生物多样性展示馆、观鸟屋等科普宣教设施，组织开展自然教育、观鸟直播、摄影采风等宣教活动，以长江洲滩湿地景观为特色，积极宣传湿地保护理念和长江湿地科学知识。

强化宣传发动，构建多元共治格局。保持共抓大保护的战略定力，扎实推进长江禁渔退捕，51 户个体捕捞户、1 家捕捞生产单位全部转产上岸，2020 年 1 月 1 日零时起，长江江宁段全面禁止生产性捕捞。成立“长江守望者”联盟，吸纳原来的“捕鱼人”等原住民参与，组成由 600 名志愿者组成的巡江、清江、护江、保江、述江、绘江 6 支志愿者支队，联合河海大学长江保护与绿色发展研究院、南京市江豚保护协会等，对新济洲以及长江岸线环境开展群防群治，“长江守望者”项目荣获江苏省志愿服务展示交流会金奖、江苏省青年志愿服务项目大赛一等奖。依托世界湿地日、“爱鸟周”、湿地国际论坛等节点平台，邀请中央级媒体、海外媒体和长三角省级媒体联盟开展宣传报道和直播拍摄，全面展示新济洲沧桑巨变，使生态理念深入人心、保护湿地蔚然成风。

优化产品供给，增强湿地文化认同。注重湿地文化创造性转化、创新性发展，常态化组织岸线长跑、文学采风、绘画大赛、摄影大赛、生态研学等主题活动，开展湿地公园环洲“生态乐跑”活动，与南京晓庄学院音乐老师合作创作《新济老家》歌曲，与国网公司合作拍摄反映新一代湿地建设者与老一辈守护者精神传承的微电影《在希望的岛屿上》，拍摄反映新济洲湿地公园建设与发展的文献纪录片《扬子风华》。目前正筹备拍摄专题片《江岛家书》，通过“生态＋文化”多元产品，让人们感受湿地文化的独特魅力。

（三）关于江宁传承发展长江湿地文化的问题和思考

1. 湿地保护管理体系仍需完善

目前中央、省市和区级层面的有关法规，在一定程度上缓解了地方湿地保护和开发利用的矛盾，但是仍缺乏相关配套政策，一些法律规定还存在着程序性规定欠缺、可操作性弱等不足。由于国家土地分类中湿地并未被列为一个专门土地类型，湿地保护仍存在管理边界不清、处罚力度不够等问题。近年来，江宁依托境内南京长江江豚省级自然保护区、江苏南京长江新济洲国家湿地公园和南京上秦淮省级湿地公园，初步建成了以“自然保护区—湿地公园”为主的湿地保护管理体系。但是，湿地资源类型多样，其保护管理、合理利用涉及多部门、跨行业，目前缺乏灵活高效的协调对接机制。

2. 湿地资源开发利用水平有待提升

湿地生态系统是支撑经济社会可持续发展的重要生态资源，也是彰显城市文化气质、展现城市精神面貌的重要底色。江宁境内主要分布秦淮河水系和长江南京段沿江水系，河道纵横，水网密布，山水林田湖草尽有，湿地资源十分丰富。但是，当前城市规划建设中，还没有充分考虑湿地保护、修复、开发、生物多样性等因素，湿地在城市高质量发展中的功能作用体现不够充分。此外，公众对湿地在经济社会可持续发展中的重要性仍缺乏足够的认识，湿地作为一种独特生态系统的价值和功能被忽视或弱化，没有充分释放其社会效益。

3. 湿地文化传承发展方式有待拓展

对湿地历史文化内涵挖掘不够深入。目前对湿地文化的保护与传承更多停留在物质层面，缺少精神层面、制度层面的转化。尤其是对湿地孕育出的物质生产、民俗风情、历史溯源等地方文化特色还是空白，湿地理论构建和学术传播体系尚未形成，且与区内海丝文化、湖熟文化等整合力度不够。

与长江江苏湿地文化串联度不够。江苏地势平坦、长江穿境而过，大量运河、人工沟渠及水利工程，形成了江苏境内江河湖库塘海等高度关联的湿地水网。丰富的湿地资源，孕育了"鱼米之乡"、"江南水乡"、里下河"垛田"等历史悠久又韵味独特的湿地文化。但目前江宁在传承发展湿地文化时，缺乏与上下游文化的联动互通。未来，湿地文化发展要积极融入大运河文化带和长江国家文化公园建设。

湿地品牌活动影响力不足。缺乏对湿地文化的整体定位，以及围绕湿地的重点主题文艺作品创作、文创产品研发设计、文化品牌塑造传播和"文化＋"特色产业打造。目前，江宁长江湿地文化的显示度和影响力不够，存在知名度小、展示不充分、群众认可度不高等问题。

二、湿地文化保护的有益经验与借鉴

（一）国际经验

保护湿地已经成为全球共识。《湿地公约》（也称作《拉姆萨尔公约》）是全球第一个政府间多边环境公约，同时也是全球最早针对单一生态系统保护的国际公约，现有 163 个缔约方。从国际上看，湿地保护、湿地文化保护主要关注湿地生态系统和合理利用。比如美国、加拿大、澳大利亚以及欧盟等发达国家和区域，实践起步早、经验丰富，保护策略包括加强湿地保护立法、实施湿地保护和恢复项目、推动湿地保护管理国际和区域合作、促进湿地保护社会参与等。其中，值得借鉴参考的主要是：

一是注重政策间协调配合。例如，美国 1977 年出台《清洁水法》规定许可证制度后，提高了湿地转换为农地的门槛；1985 年制定的大沼泽条款着手解决联邦农场政策和湿地保护之间的冲突问题，对那些破坏湿地的农场项目不给予政策扶持；1986 年取消转换湿地成本的税收优惠待遇，进一步提高湿地转换的成本。① 这一系列政策环环相扣，互为补充，极大地增强了政策实施效果。

二是创新生态补偿机制。例如美国设立湿地缓解银行制度，在实现湿地面积"零净损失"政策目标下，由湿地缓解银行主办者通过恢复、保护现有湿地或新建湿地产生湿地信用，通过市场化手段将湿地信用出售给对湿地造成损害的开发者，并从中盈利。② 湿地缓解银行充分吸引非营利性机构、私人实体参与，同时赋予湿地银行主办者长期维护和管理湿地的职责，不仅减少了政府财政资金支出，还实现了

① 万海峰. 他山之石：国际湿地保护模式与借鉴[J]. 中华建设，2017(07)：23.

② 赵晓宇，李超. "生态银行"的国际经验与启示—— 以美国湿地缓解银行为例[J]. 2020(06)：52-53.

对湿地保护的高效管理。

三是推进利益相关者广泛参与。湿地保护需要各级政府、当地社区以及各相关利益方的共同参与。澳大利亚于1995年7月成立了国家湿地咨询委员会,推动各政府机构及社会群体积极参与湿地保护政策制定。澳大利亚环境与遗产部还将实施社区教育,提升公众对湿地价值及功能的认识纳入全国性的项目或计划①。

(二)国内经验

自1992年加入《湿地公约》以来,中国坚持生态文明和绿色发展理念,积极履行公约宗旨和义务,形成了具有中国特色的湿地保护模式。中国保护湿地的智慧,不仅体现在加强法治建设和战略规划引领上的努力,还包括依托科技进步、关键技术攻关、标准规范建设等,提升湿地的监测能力和保护修复领域的科技支撑能力;始终坚持开放,加强国际合作交流等。其中,在湿地文化保护方面值得借鉴的经验主要是:

一是打造湿地文化"金字招牌"。世界自然遗产是联合国教科文组织为了保护自然遗产而设立的,因其认可度高、申请难度大,被认为是目前国际社会公认的最具有含金量的生态品牌和城市名片,也是国际社会对一个国家(地区)自然资源价值的最高认可。2019年7月,江苏盐城的黄海滨海湿地申遗成功,成为我国沿海经济发达地区首个世界自然遗产,极大提升了盐城滨海湿地文化的生态效应、社会效应、经济效应。②

二是推动湿地文化与城乡发展相融合。最典型的是浙江杭州西溪湿地,作为中国第一个国家湿地公园,将城市、人民、湿地有机结合起来。一方面通过截污纳管、引水入园、植被生态修复等方式抢救性保护自然和文化遗产;另一方面加大保护与恢复西溪"民俗文化"与"乡土文化",发展生态旅游,带动原住民就业,从事渔耕、农耕和管理服务等工作,共享保护利用的成果和收益。据统计,自2005年开园以来,西溪湿地累计营业收入近22亿元,对促进周边地域经济社会可持续发展产生较强的示范带动和辐射作用。③

三是创新湿地文化传播形式和产品。尝试运用"数字化"技术开展沉浸式体验。比如中国大运河博物馆运用5G、AR、VR等新兴技术,让游客领略运河上的水

---

① 万海峰.他山之石:国际湿地保护模式与借鉴[J].中华建设,2017(07):25.

② 徐静.盐城如何培育弘扬世遗文化——从中国首个滨海湿地列入世界遗产说起[J].科学管理(信息版),2020(06):73-75.

③ 范昊天,强育文,刘温馨.天人合一 万物共生:中国湿地保护之路[N].人民日报海外版,2022-11-21(第011版).

利智慧、舟船式样、戏曲艺术、饮食风俗、市井生活，以及运河沿线的自然生态，感受运河的魅力。再比如今年 4 月全球首座“红树林数字湿地保护园”入住元邦，让新世代走入绿水青山的元宇宙，随时随地享受红树林湿地生态之美，实现了湿地文化感知与湿地生态保护的平衡。另外，加强湿地博物馆主题策划，提升文化吸引力。比如，中国湿地博物馆引入策展人制度①，策划“草木有心——诗经湿地植物文化展”“湿地红色印记展”“中国荷文化展”等一系列湿地文化展，设计湿地相关主题研学活动，深入挖掘了湿地文化内涵，推动湿地博物馆可持续发展。

三、长江湿地文化保护与创新发展的路径选择

习近平总书记对湿地保护和恢复一直牵挂于心，多次作出重要指示、提出明确要求，强调“湿地贵在原生态，原生态是旅游的资本”，指出“长江经济带作为流域经济，涉及水、路、港、岸、产、城和生物、湿地、环境等多个方面，是一个整体，必须全面把握、统筹谋划”。作为长江入苏“第一站”、湿地资源富集区，江宁将深入贯彻习近平生态文明思想，认真落实习近平总书记关于生态保护的重要讲话重要指示精神，牢牢把握湿地保护的重大意义、目标任务、方向路径，大力保护传承湿地文化，有效激活特色湿地资源，全面提升生态功能价值，擦亮国家湿地公园名片，让湿地成为展现长江文化的窗口、赓续中华文明的载体。

（一）注重挖掘内涵价值，讲好新时代新济洲变迁故事

无论是黄河流域，还是两河流域，纵观人类文明发展史，人类从逐水草而居到沿着湖泊、河流建立城市，始终离不开湿地的滋养，湿地不仅为早期人类生存提供了必需品，也为农耕文明的兴起提供了物质基础和生态屏障。新济州拥有长江中下游天然的物种基因库，蕴含着丰富的中华优秀传统文化、革命文化和社会主义先进文化，必须注重深度挖掘和活化传承，使其成为长江文化的重要节点和鲜明标识。**一是提炼兼容并蓄的城市精神**。从看摊守业到两岸共治，村民从与世隔绝到离岛开枝散叶，新济洲吐故纳新、生生不息，和长江接纳百川、汇聚千流的开放特质一脉相承、高度契合。应从洲岛演进变迁、村民生活变化中，提炼具有独特价值的城市精神，建构对未来城市发展理念，增强城市精神的凝聚力、引领力。**二是提取开拓进取的时代意涵**。新济洲原住民生态移民后，摆脱了洪涝灾害的侵扰，曾经的孤岛也蝶变成“江中明珠”。应从时代之进、生态之变、生活之美中提炼主题，运用

① 周圆. 博物馆策展人制度的探索与实践——以中国湿地博物馆为例[J]. 中国博物馆协会博物馆学专业委员会 2022 年“提升中小博物馆质量 盘活基层博物馆资源”学术研讨会论文集[C]. 2022-11-10.

可观可感的生产场所、生活空间，打造兼具地域性、时空性的立体场景，强化集体记忆和身份认同的精神表达，让湿地文化焕发出新的时代价值。**三是弘扬和谐共生的生态理念**。20 多年前，新济洲开启休养生息模式，全面退出生产生活功能，周边园区也从化工围江转向了绿色发展。新济洲的嬗变，正是从靠江吃江、过度索取转向守江爱江、拥江护江的缩影。可以从历史和未来贯通、生产生活生态"三生"融合的宽广视角，依托江滩岸线、江豚广场、绿色节能环保等生态化实境，在润物无声中引导群众体悟人与自然和谐共生的美好愿景，树立尊重自然、顺应自然、保护自然的生态文明理念，让绿色变革成为普遍形态和行动自觉。

（二）注重立体保护利用，彰显长江江宁段文化特质

湿地因其水之灵动、物之丰饶、景之秀美，自古以来就是长江风貌的名片。新济洲经过多年的自然恢复和人工修复，基本建成生态湿地和绿色廊道，日益展现出大江风貌和城市新景交相辉映的壮美画卷。立足于长江中下游的资源禀赋和独特的湿地景观，还需要围绕推动高质量发展、创造高品质空间、完善高效能治理，强化湿地和城市的有机链接和功能耦合，推进湿地点线面多层次保护利用，在传承发展中挖掘长江文化内涵，提升长江特色风貌，营造水天一色、群鸟蹁跹的城市律动，充分彰显长江风貌、湿地风光、时尚风范的崭新气象。**一是从点上保留江岛原真**。加强湿地原真性和完整性保护修复，深化巩固水系整理、退耕还湿、退渔还湿成果，扩大和优化森林沼泽、草本沼泽、湖泊、河流等多种湿地生态系统结构和功能，增加动植物栖息地。坚持源头监管、综合监管，严格控制人为活动对湿地及其生物多样性的影响，严禁不符合主体功能定位的各类开发活动。**二是从线上串联文化元素**。充分利用入江河道、水源保护地、穿城水域等优势，积极整合传统村落、亲水平台、休闲步道、文化公园等载体，有机植入反映农耕文明、乡土技艺、美学价值的建筑小品、绿色景观，高标准谋划打造长江文化集中展示带，推动长江江宁段文化资源的理念传递和价值转化。**三是从面上保护山水肌理**。严格落实"共抓大保护、不搞大开发"方针，统筹生态保护修复和产业绿色转型，扎实推进"生产退、生态进，污染退、治理进"，在沿线生态增容、洲岛生态功能、生物多样性上做"加法"，在清退整治高污染、高能耗项目上做"减法"，持续改善长江生态环境和水域生态功能。

（三）注重生态文旅融合，推动新济洲湿地文化传承发展

湿地具有强大的物质生产功能，蕴藏着丰富的动植物资源。从新济洲来看，岛内栖息着 37 种国家重点野生保护动植物，被誉为"离野生动物最近的地方"，随着长江岸线植树造林、整治提升，更赋予了新济洲新的生机和活力。在文旅消费升级的大背景下，应结合南京长江国家文化公园建设，以感知长江文化为主线，以丰富消费场景为牵引，形成特有的文化景观、文化主题和文化价值。**一是拓展生态文旅融合新路径**。主动对接“水韵江苏”长江文化旅游精品线路，深度挖掘长江沿线散落的历史遗迹、文化遗存，放大新济洲湿地涵养、科普教育、研学实践等多样功能，运用互动触摸屏、多媒体演示、故事分享会等多种形式，展示新济洲人与长江的难舍情缘，嵌入式开展遇见江豚、湿地观鸟等各类文化创意活动，升级改造江豚广场、游览步道等公共空间和服务设施，加快生态与文旅、健康、教育、体育等相关产业跨界融合，优化长江生态文化旅游产品和业态供给。**二是打造主客共享新空间**。以“微旅游、慢生活”为主题，收集展陈木质渔船、渔具等展现长江渔业和渔文化的传统物件，加强岛上原住民住宅的修缮保护，打破景区和社区的边界感、疏离感，让外来游客拥有更深入的旅游信息和旅游体验。在长江岸线建设村史馆、新时代文明实践站等新型公共文化空间，组织摄影、音乐等长江主题文化活动，构建“处处可去、人人可及”的休闲场所。**三是丰富数字技术新应用**。运用VR、AR等高科技、数字化、互动性新技术，系统构建湿地文化资源库，研发虚拟现实交互的湿地文化、长江文化游览线路，实现对不可移动文物、文化遗产的动态展示，提供沉浸式、互动式的文化内容创作、传播和运营，推广运用云旅游、云直播、云展览等智慧文旅服务，让厚重的长江文化、独特的湿地文化活起来、火起来。

（四）注重多元宣教传播，提升新济洲湿地系统整体功能

新济洲因300万年前的地壳运动和地质变化而起，因整体生态移民而绿，又因近年来退耕还湿、生态修复而美，本身就是一部弘扬生态文化、倡导绿色生活的活教材。在发挥新济洲生态宣传教育功能上，应统筹考虑人、景、物、产等多种要素，生动讲述好生态文明实践和美好家园建设故事，让“绿水青山就是金山银山”理念深入人心，更加坚定地走好生态优先、绿色发展之路。**一是完善平台功能**。全面提升生物多样性展示馆、综合观测塔等科普平台功能，不断丰富鱼类、鸟类馆藏资源，运用试听互动、全息投影等创新性表达手法，营造互动展示空间和多功能体验空间，打造引领“公益科普＋宣教研学”的湿地文化IP。依托南京环境资源审判长江新济洲研究修复基地，为相关环境资源案件审判结果执行提供替代性修复场地和项目，打造环资审判研究平台和环资审判宣传教育、国际交流平台。**二是链接社会力量**。放大“长江守望者联盟”品牌效应，进一步聚合社会组织、高校志愿者、环保企业、老党员老教师等群体力量，全面开展巡江、清江、绘江等行动，不断扩大守江护江“朋友圈”，引领绿色低碳社会新风尚。发挥机关部门、社会团体等各方作用，常态长效开展长江渔业禁捕退捕，组织长江流域增殖放流活动，有序恢复长江江宁段鱼类种群资源。加大退捕渔民就业帮扶力度，深度开发就近就便公益性岗位，让上岸渔民就业有出路、生活有保障，巩固提升长江禁渔成效。**三是开展分众传播**。针对老年人、Z世代、游客、退捕渔民等对象差异化需求，组织自然教育、观鸟直播、摄影采风等不同形式的活动，联动主流媒体、网络视听平台创作推出一批体现湿地元素的文艺作品、科普读物和国际传播案例，充分展现湿地生态系统特色和新济洲文化底蕴。加强和高端智库、协会机构、高校院所对接合作，联合举办高层次、国际性学术会议和专业论坛，深化对洲滩湿地生态效应的系统研究和理论阐释，形成一批原创性、标志性研究成果，为丰富和发展长江文化注入新内涵、增添新活力。

文化品牌

南京打造地方文化标识的路径与策略

——以金陵图书馆为例

陈　萱[①]　秦宗财[②]

摘　要：南京作为"世界文学之都"，其文化气息浓厚，图书馆作为城市客厅象征着城市的文化品位，也发挥着城市文化建设主阵地的作用。图书馆推动打造地方文化标识是图书馆的内在职责，也是城市发展的必要需求，金陵图书馆作为南京市级图书馆，承担着保存城市文献资源，展示城市文化，为城市居民提供文化休闲服务的重要职责。同时金陵图书馆在打造文化标识、传播地方文化方面也发挥着重要作用。

关键词：南京文化；文化标识；金陵图书馆

一、 南京地方文化概况

南京是我国著名古都城市，国务院公布的第一批历史文化名城之一，南京城市文化以"六朝古都""十朝都会"为人所熟知，南京的文化底蕴深厚，文物古迹众多。在《国务院关于南京城市总体规划的批复》中指出："南京是国家历史文化名城，城市的规划、建设和发展，要继承和发扬山、水、城、林相互交融的特色，保护好文物古迹、历史街区及其环境和自然景观。"南京及周边地区形成的文化又叫"金陵文化"，具有南北交汇、开放包容、兼收并蓄的显著特征，是中华文明的重要组成部分。在历史的变迁中，随着三次"衣冠南渡"，南北文化在南京实现了交融，既吸纳了中原文化，又保持本源的江南文化和吴文化特征。古代的南京也被称为"天下文枢"，而现在的南京也继承发扬了"天下文枢"的文化特色，被称为"世界文学之都"。南京历史文化名城是中华文明的发祥地，具有极高的历史、文化价值。如今，在历史文化浸润下的南京，文化与书香气息浓厚。

---

① 金陵图书馆馆员。

② 扬州大学新闻与传媒学院教授。

二、南京地方文化特征

城市文化是城市的鲜明特征，是城市形象的核心要素。① 南京文化属于江南文化的范畴，但范畴较大，难以说清南京地方文化的精髓，南京文化又以金陵文化、钟山文化、秦淮文化被人所熟知，但“南京文化”更具唯一性且更能代表整体文化。南京文化经过漫长的历史演变，形成了独有的文化品质。

（一）古都文化

作为中国著名的古都，南京历史悠久，文脉悠长，底蕴深厚，“江南佳丽地，金陵帝王州。”“六朝古都”“十朝都会”来源于历史上多个王朝在南京定都，使南京具有悠久而灿烂的文化，六朝文化、明清文化、民国文化等构成了南京独特的古都文化，古都与文化的交融使南京拥有大量珍贵的文物，丰富的文化遗存和历史古迹，悠久的历史孕育了南京独特的文化气质，作为多个朝代的文化中心、经济中心，南京一直延续着崇文重教的传统，南京的城市气质也格外古典，饱含历史沉淀。

（二）海纳百川　包容文化

南京文化繁荣离不开众多搬迁到南京的移民，历史上南京经历过数次人口迁徙，这也使得南京文化融合了吴越文化、荆楚文化、南北文化，丰富多样的文化在南京碰撞与融合，造就了南京文化的海纳百川的特征。

历朝历代，在南京这片钟灵毓秀的宝地上，不同地区、不同民族甚至不同国籍的文人来此游览名胜或建功立业，大都留下脍炙人口的名篇，创作了丰富多样的文化作品，使得南京群星璀璨，文化繁荣，诚如朱偰《金陵古迹图考》所言：“长安、洛阳、金陵、北京，此四都之中，文学之昌盛，人物之俊彦，山川之灵秀，气象之宏伟，以及与民族患难相共、休戚相关之密切，尤以金陵为最。”

正因外来移民众多，南京善于接受外来文化，吸纳外来营养，在交汇融合中丰富自身文化，形成了包容宽厚的城市氛围。大气、开放和包容是南京文化的鲜明特征。

（三）文化中心

南京长期以来都是东南文化中心，文化资源丰厚，文学成就瞩目，自古以来文人居住在南京并留下无数名篇，古今中外众多的经典和不朽作品都诞生在南京，是中华文明史上宝贵的财产。

南京素有“天下文枢”之美誉，拥有厚重的文化底蕴和书香文脉。南京文脉长达一千八百年，期间诞生了诸多经典文学作品。中国历史上第一个“文学馆”即设

---

① 何国平.城市形象传播：框架与策略[J].现代传播（中国传媒大学学报），2010(08).

立于此；中国第一部诗歌理论和批评专著《诗品》、第一部文学理论和批评专著《文心雕龙》、第一部儿童启蒙读物《千字文》、现存最早的诗文总集《昭明文选》，中华优秀传统文化的代表作品如刘义庆《世说新语》、许嵩《建康实录》、解缙等《永乐大典》、吴敬梓《儒林外史》、袁枚《随园诗话》等均诞生在南京。还有众多文人骚客在南京留下名篇：诗仙李白一生七入金陵，留下脍炙人口的诗作；曹雪芹在金陵写下旷世奇书《红楼梦》。

生活在南京的文人学者所带来的崇文风气以及优秀文学作品造就了灿烂的南京文化，使南京被称为“天下文枢”。数千年来一代又一代的南京儿女生活在崇文尚读的社会风尚下，并将这种书香文化延续下去，为延续中华文脉、传承文化基因做出独特贡献。2019 年 10 月 31 日，联合国教科文组织批准南京入选“世界文学之都”。南京从古代的“天下文枢”慢慢成长为全球知名的“世界文学之都”，也是一代代文化传承的结果。图书馆正是存储文化资源，传播地方文化的载体，南京通过金陵图书馆更好打造出南京特色的文化标识。

三、图书馆打造地方文化标识的逻辑阐释

（一）使命逻辑

《中华人民共和国公共图书馆法》中对图书馆的使命做出进一步明确，指出公共图书馆应坚持传承发展中华优秀传统文化，发展社会主义现代文化。公共图书馆应保障公民基本文化权益，提高公民科学文化素质和社会文明程度，传承人类文明，坚定文化自信。联合国教科文组织发布的《公共图书馆宣言》中也明确了图书馆服务的核心与文化密切相关，促进不同文化的对话，促进文化的多样性。公共图书馆是城市的文化名片，承担着推动城市文化建设的重要责任。

公共图书馆是社会主义公共文化服务体系的重要组成部分，应当将推动、引导、服务全民阅读作为重要任务。图书馆作为全民阅读的阵地，承担着提升公民文化修养与道德水平的职责，图书馆定期开展系列文化教育活动及爱国活动等潜移默化中提升公民的文化素质。地方文化中的历史文化也更易深入公众内心，增强公众对地方的认同感和归属感。

（二）时代逻辑

推动公共文化服务高质量发展是当下发展社会主义先进文化的必然要求，为此，文化和旅游部发布《关于推动公共文化服务高质量发展的意见》提出打造有特色、有品位的公共文化空间，对公共图书馆、文化馆（站）功能布局进行创意性改造，实现设施空间的美化、舒适化。加快公共文化服务品牌建设，加快推进公共文化服

务数字化。公共文化是城市文化中的重要部分,公共文化的高质量发展彰显着城市文化的特色。公共图书馆打造城市文化标识正是响应时代的要求与现实的呼应。

打造城市文化标识是图书馆主动参与城市文化建设的表现。文化建设在城市建设中占据越来越重要的地位,公共图书馆作为城市的文化地标,应明确自身定位,积极为城市文化传播与城市历史文化挖掘做出贡献。

四、金陵图书馆打造南京地方文化标识的路径

文化,是一座城市的基石与灵魂,而公共图书馆是展现城市文化的重要载体。金陵图书馆是南京市级图书馆、全国古籍重点保护单位,是市民获取文献信息资源服务、进行健康休闲阅读、接受终身教育的公共文化空间。金陵图书馆在资源建设、文化品牌建设、公共文化空间建设、文化服务保障等方面着力,积极打造南京地方文化标识。

(一)立足阵地服务,加强资源建设

图书馆是保存和展示地方历史文化的重要场所,图书馆中的典籍、方志、文献中藏有大量地方文化历史信息。图书馆对地方文献的收集整理不仅丰富了馆藏资料更使地方文化得到了较好的保存。金陵图书馆以传承历史人文、弘扬并传播地方文化、普及科学文化为主旨,有针对性地收集各学科主题、各文献类型、各学科层次的文献,着意收集与本市社会、政治、经济、文化、科研密切相关的地方文献,建设多元、丰富、动态的馆藏文献资源体系,并通过读者荐购采购方式满足读者多样的阅读需求,促进馆藏文献资源建设更好地储存地方文化信息。

金陵图书馆作为南京市级图书馆,格外注重对南京地方文化的储存与挖掘。金陵图书馆同时加强了特色馆藏“文献+”建设,立足现有馆藏,持续充实特色馆藏积累,在继续发展南京地方文献、民国文献、戏曲文献等特色专藏的基础上,扩充南京地方特色数据库,深度挖掘馆藏文献资源中与南京地方文化有关的内容,以“文学之都”“南京学”“长江文化”等热点主题为导向,把握南京都市圈和创新名城建设的文化发展需求,为“南京学”的研究和发展搭建文献等服务阵地,并以“南京学”的研究不断深化和补充区域性“长江文化”内涵,实现向“长江文化”等专题智库的过渡。着重梳理馆藏文献中与南京地方文化有关的内容,挖掘地方文化历史长河中重要的“人”和“事”,打造一批富有地域特质、彰显地方文化、融入经典元素和标志符号的文化品牌和公共空间,展现地方历史文化之光。金陵图书馆还抓住文旅融合发展契机,结合馆藏地方文献资源特色,同步南京市旅游景区内数字阅读机的铺

设,建设"南京名胜数据库",涵盖体现南京历史与地方文化特色的名胜古迹,以文字、图片、音视频相结合的方式,全方位展示南京的文化魅力。

金陵图书馆挖掘南京地方文化相关内容,以南京热点问题为导向,打造一批彰显地方文化特色的品牌,通过馆藏文献资源的建设,助力南京打造地方文化标识。

(二)打造特色文化品牌,助力文学之都建设

图书馆的文化品牌是意义和精神象征的承载,品牌本质是一种叙事系统,图书馆借助文化品牌可以向读者传递故事并产生共鸣。金陵图书馆通过强化文化品牌打造南京地方文化标识。

金陵图书馆强化特色的"阅美四季"品牌,即:冬季"阅美·迎新"、春季"阅美·书馨"、夏季"阅美·欢欣"、秋季"阅美·悦心"。特色分明的活动主题,按时而作的运作规律,体现了中华传统文化中春华秋实的文化精髓。在"阅美四季"总品牌之下还有各个子品牌,包括讲座展览类、资源推送类、公益服务类、文旅融合类,具有完善的阅读推广体系。金陵图书馆将阅读与南京地方文化的宣传融合在一起,如"再读金陵——百名少年文化寻访调研",以"寻访历史,学习文化,读懂南京"为口号,结合中小学课本,选择十个有代表性的路线,带领孩子们寻访历史遗迹、触碰文化脉动,通过现场沉浸式的体验学习,了解历史文化遗迹的现状,一起寻访金陵、触碰文脉。旨在增加青少年对南京传统历史文化的了解,传承南京优秀历史文化。在"杖量文都,触摸金陵"文化助盲活动中带领盲人读者诗游城墙,用双手触摸着古城墙,用心眺望山水城林、人文荟萃的金陵胜景;"文都宣讲人"用文学作品带领盲人读者领略古都之美,盲人读者在身临其境的感官体验中追寻诗意盎然的文都精彩,感受浓烈醇厚的六朝底蕴。在 citywalk 掀起潮流之时,金陵图书馆也开展了"诗意文都　边走边读"——2023 阅读马拉松 citywalk,在暑假期间前往南京市部分社区开展"送文化进社区"阅读推广服务,通过馆员行走,围绕古代诗词文化和南京地方文化相关书籍将知识分享至古城金陵的各个角落。依托金陵图书馆馆藏资源及馆员自身文化素养,以"一站一主题、一站一特色"的活动形式分享南京城从古至今的人文风情、天文地理、历史典故、科学素养等方面的知识,丰富了读者的精神文化生活与阅读文化需求,激发了读者了解地方文化、传承优秀文明的热情。

金陵图书馆长期致力于非遗项目的保护、宣传、普及与建设,尤其是南京本土的代表性非遗项目,促进非遗与阅读深度融合。金陵图书馆开展"非遗遇见设计　文脉悦见书香"活动,涵盖了南京云锦、南京剪纸、南京泥人、秦淮灯彩、南京绳结和金陵木偶等。通过非遗项目讲座解读,剪纸、泥塑、秦淮灯彩等手作体验,主题展览及书目推荐等多种形式让市民读者感知非遗传承与发展,以社会美育涵养城市文明，做好非遗活化传承，使金陵文脉传承下去，坚定文化自信。

在文化品牌活动的建设中，金陵图书馆致力于将打造阅读品牌与南京地方文化结合起来，既丰富市民精神文化生活，提升市民的阅读修养，也助力南京更好建设“文学之都”，打造南京特色地方文化标识。

（三）打造公共文化空间，点亮城市名片

地方文化标识的重要体现在于城市现代化的基础设施和标志性的文体建筑，特色建筑能够展示并提升地方的文化特色与品味。① 公共图书馆作为城市的文化标识和象征，其风格应与地方的整体气质相呼应并有图书馆独特的个性。金陵图书馆的建筑外形的风格取自“琢石成玉”。石与金陵的别称“石头城”一脉相承，同时它寓意着知识和智慧的基石，而玉则意味着城市居民通过阅读书籍提升自己，精雕细琢得到成长。建筑是日益进取和追求美与善的象征，具有鲜明的地方特色和图书馆象征。

对于图书馆来说营造一个温馨且富有书香气息的环境十分重要。除主体建筑外，周边的树木、花卉、草坪、水面小品建筑以及馆内或屋顶花园、花木盆景等方面进行规划设计，使整体外观错落有致、生机盎然，建筑与自然景观相得益彰。

图书馆外的水池仅一尺见深，从三面包围馆舍，一方浅水与碧色的主体建筑呼应成趣，形成以水养玉的格局。水池与主体建筑相互呼应，也吸引着读者与游客在建筑前驻足，间接地吸引少儿读者进馆阅读。图书馆内部的空间结构是使读者能够坚持长期阅读的关键所在。金陵图书馆一楼的少儿借阅室、成人借阅室、阅荐空间能够满足不同年龄段读者的需求；二楼的电子阅览室、自修区、艺术设计阅览室、科普文献借阅室满足大众不同方面的需求；三楼的期刊借阅室、报刊阅览室和图书阅览室满足读者阅读借阅期刊以及中老年读者读报的需求；四楼的特藏阅览室满足专业读者阅读地方文献。除此之外，为深入推进全民阅读工作，进一步提升公共图书馆的阅读环境和品味，推动促进公共文化服务高质量发展，金陵图书馆与大无文化联合打造“890 文化空间”，为“80 后、90 后、00 后”提供一个阅读、交流和文化体验的平台。

金陵图书馆打造城市公共文化空间不仅体现公共学习和信息获取空间的打造，还在于建筑外观以及广场的公共休闲功能的打造，满足公众终身学习的需求，提供信息获取的便捷途径，还满足公众交往互动的需求，发挥公共图书馆文化休闲的功能。

---

① 廖小梅. 城市图书馆与城市文化建设概说[J]. 图书馆论坛，2010，30(05)：140-142.

(四) 创新公共文化服务,建设"书香金陵"

作为公共文化服务体系的重要组成部分,图书馆为丰富人民群众精神生活、传承中华民族优秀传统文化、提高全民族文明素质、增强文化自信方面发挥着重要作用。《公共图书馆宣言》指出,每一个人都有平等享受公共图书馆服务的权利,而不受年龄、种族、性别、宗教信仰、国籍、语言或社会地位的限制。为了让每一个公众平等享受到图书馆的服务,从而使南京地方文化得到更好的传播与认同,金陵图书馆创新公共文化服务,以此打造南京地方文化标识,使"书香金陵"深入人心。

金陵图书馆为推动全民阅读创新借阅手段,推出"书服到家"信用网借,通过整合各馆图书资源,读者可在南京市统一的网借平台上借书,平台联通南京市各馆网借服务,物流配送图书上门,实现"外卖"模式的新型借书方式,让读者在全南京市范围内自由地实现流通借还,打通基层阅读服务的最后一公里。

文旅融合背景的影响下,金陵图书馆在南京市文化和旅游局的指导下,进行了服务创新,在各个文旅场所摆放信用网借书柜、数字阅读屏等新型阅读设备,真正实现了文化和旅游的融合。"书服到家"还进一步拓展了服务范围,与南京国创园、地铁 S6 宁句线马群站合作,增设网借书柜,使读书更加容易,使阅读氛围在全南京浮动,增添南京书香气质,使南京"文化中心"的地方特征深入人心。

金陵图书馆周边的银杏里历史文化街区入选了首批江苏省旅游休闲街区,银杏里从一条普通的银杏大道成为南京首个开放式文化街区,逐渐成为世界文学之都的重要载体、建邺的文化新客厅。金陵图书馆和云几书房合作打造新的地标建筑,以"家在六朝烟水间"为文化元素,集合了阅读、餐饮、文化沙龙等多种功能,使市民在轻松休闲的氛围中享受阅读。银杏里历史文化街区中还设有朗读亭、网借书柜,进一步推动"书香南京"的建设。

金陵图书馆切实从读者的需求出发,积极推动各类文献的用户驱动采购,使读者成为文献资源建设的参与者,推出"你选书,我买单" 购借合一的新模式,分为线上线下两种方式,线下在新街口新华书店、凤凰书城等地开展,让读者直接从书店将喜欢的书借回家,真正做到让读者爱读书、读好书。线上模式则借助"互联网+"的便捷,打通了线上线下的壁垒,大大扩展了读者荐购外延,实现了线上线下齐发力,南京市区全方位全覆盖。在传统阵地借阅服务的基础上,线上"你选书 我买单"从新时代读者需求出发,把图书直接送到读者手中,实现图书馆"外卖"点餐式全域服务。通过全市 14 家公共图书馆大联动,盘活文化资源,融合发展,最终为广大市民读者提供更便捷的阅读服务。让更多读者享受到现代化的图书馆阅读服务,打造书香气息浓厚的南京地方文化。

为更好服务读者，金陵图书馆积极探索运用现代技术，如“书服到架——慧找书”是新推出的智能找书系统，在庞大的书籍中找到心仪的书一直是读者的难题，“慧找书”智能系统解决读者找书难的问题；“慧指路”智能导航系统则帮助读者找到不同阅览室正确的路线，金陵图书馆灵活运用现代技术优化读者体验。

金陵图书馆推出一系列为读者服务的项目，如“心惦图”是金陵图书馆开启大型公益心理咨询活动，通过阅读等方式，帮助市民读者纾解情绪困扰，达到身心平衡、健康；“朗读者”项目是金陵图书馆推出的一项面向视障人士的公益性志愿活动，通过朗读经典书目丰富视障人群的文化生活。金陵图书馆将为读者服务放在首位，是对读者的人文关怀和暖心服务的体现，也是为南京“书香城市”的建设提供暖心举措。

金陵图书馆真正做到让公共文化服务深入市民生活，号召读者积极阅读，不断提高阅读素养和读书品味，激发全民的学习热情和文化渴求，建立高品质的精神文化生活，以品牌活动赋能“书香金陵”建设，描绘“书香满城”新图景。

五、金陵图书馆未来发展方向

金陵图书馆在打造南京地方文化标识中做出一系列努力，未来还将继续从南京作为“文学之都”的文化特征出发，深耕阅读推广，营造书香气息浓厚的城市文化。

首先要建立相适应的馆藏文献保障体系。南京是世界瞩目的“六朝古都”“十朝都会”，在2500年建城史上，留存着丰厚的历史文化遗产，文献遗产是其中最重要的组成部分。金陵图书馆依托南京得天独厚的历史文化资源和人文资源，立足南京，面向海内外，应自觉承载起保存文化、传承文化、创造文化的重任，在挖掘、整理、弘扬地方历史文化典籍方面还应发挥更大作用，着重收集整理南京地方历史文化、地方名人及地方民俗等，并对馆藏文献资源进行一定的宣传，使南京地方文化更加深入人心，增强市民对当地文化的认同感。

其次，金陵图书馆未来还应继续强化品牌建设，深耕“阅美”系列品牌，优化以“阅美四季”为母主题的阅读活动及其他子主题的阅读推广活动体系，在“读者节”“读书日”推出系列阅读相关活动，还需进一步扩大传播力影响力，使“书香南京”的特质深入人心，将“书香金陵”“文都南京”的特色文化名片传播开来。

再次，金陵图书馆还应继续打造城市文化空间，拓展阅读空间。图书馆的建筑是一座城市亮丽的名片，应保持主体建筑的干净明亮，并对周边环境进行更新，如建筑前方的水池及时更新，保证清澈度。金陵图书馆还应结合南京标志性植被如银杏、梧桐等，打造书香文化与南京文化相结合的城市文化空间。

最后，金陵图书馆还应加强服务效能，提供更优质的文化服务。为了给全市范围内的市民提供便捷阅读，金陵图书馆未来还应加大对社区分馆、特色分馆、地铁图书馆和24小时图书馆等便民图书馆的建设，在全市范围内推进图书通借通还、资源共建共享的公共文化服务体系建设。金陵图书馆探索推进全市免押金办理实体读者证，在“一卡通”的基础上，更加注重“一码通”及其实效性。金陵图书馆还应促进优质阅读资源向基层延伸，扩大服务范围和受众对象，拓展图书馆的服务功能和覆盖面。创新公共文化产品和服务供给方式，满足人民群众基本公共文化需求，提高公共文化服务的精准度和有效性。

文化是阅读的根基，文明是文化的灵魂，文脉是文明的载体，作为世界“文学之都”，南京文化悠久、文明璀璨、文脉绵长。金陵图书馆以阅读赓续文化，打造南京地方文化标识，强化南京书香气质。未来，金陵图书馆积极实现“让图书馆成为刚需”的愿景，以崭新的公共文化服务形态加速推进公共文化事业和世界文学之都的建设，为广大市民提供更高品质的阅读服务，助力陶冶南京文都气质，涵养金陵文脉底蕴，为“书香南京”的建设凝聚力量。

南京推进"侨文化"阵地建设的新思路新举措

何　淼[①]　付启元[②]

摘　要:"侨文化"阵地作为联系海内外华人的重要情感纽带,是凝侨心筑同心的精神价值支撑。近年来,南京通过推出多元文化活动、增强华文教育功能、打造区级特色品牌、加强优质资源整合等,推动"侨文化"阵地建设取得了一定成效。南京应通过系统建设党建引领阵地、传播交流阵地、理论研究阵地、保护传承阵地、海外拓展阵地、网络"云"阵地共六类阵地,聚焦讲好五种文化故事、做好四类活动设计、打造三大物化载体、深化两类研究阐释、凝聚一股建设合力,推动"侨文化"阵地建设"走在前、做示范",增强广大侨胞对中国式现代化的认同感和自信心,为实现中国式现代化南京图景贡献侨界力量。

关键词:南京;侨文化;阵地建设

一、推动南京"侨文化"阵地建设"走在前、做示范"的时代语境

所谓文化阵地,是蕴含着"公共空间"和"文化空间"双重概念的空间,是服务人民群众文化生活、满足人民群众文化需求、实现人民群众精神富裕的主要场所。文化阵地根据场所、地点、功能的不同会有不同的类型,但其承载的"使命"基本统一,即提升人民群众的文化获得感、认同感。从这一定义出发,南京"侨文化"阵地的建设意义在于传播好中华优秀传统文化和南京特色文化,弘扬好华侨爱国爱乡、顽强拼搏的精神特质,增进华侨华人的文化认同和交流融合,广泛凝聚侨界人心、智慧和力量,推动南京侨务工作争当示范引领,为落实中国式现代化的南京图景在更大范围内凝聚共识,为建设中华民族现代文明汇聚华侨华人力量。

一是培根铸魂,构筑好中国式现代化南京图景的思想基础。广大海外侨胞和归侨侨眷对祖国的热爱不断增强,对中国共产党、中国特色社会主义的认同感进一

---

① 南京市社会科学院、江苏省扬子江创新型城市研究院副研究员。

② 南京市社会科学院、江苏省文化强省建设研究基地研究员。

步提升，是实现中华民族伟大复兴的中国梦的重要基础。从这一层面而言，侨文化阵地的建设与经济社会发展大局息息相关，是侨务工作的文化之基。对于南京而言，“侨文化”阵地建设要紧紧围绕新时代“同圆共享中国梦”的侨务工作主题和“根”“魂”“梦”的侨务工作主线，在潜移默化、润物无声中发挥好“以文化人”的作用，旗帜鲜明讲政治，团结引领广大侨界群众，感党恩、听党话、跟党走，构筑好“强富美高”新南京现代化建设的思想基础。

二是凝心聚力，凝聚好中国式现代化南京图景的侨界力量。习近平总书记指出，只要海内外中华儿女紧密团结起来，有力出力，有智出智，团结一心奋斗，就一定能够汇聚起实现梦想的强大力量。作为全国侨务工作重点城市，南京拥有较为丰富的侨务资源。相关数据显示，我市现有涉侨人员 30 万左右，全市引进的领军型科技人才中，68%拥有海外留学、工作或进修经历的涉侨背景，约 50%具有“侨”的身份，近年来回宁创新创业的新侨年均近 4000 人。[①] “侨文化”阵地的建设，既要传播好南京的城市形象，提升南京城市国际美誉度、影响力，吸引侨智投身“强富美高”新南京现代化建设；又要以文化情感为纽带，发挥好侨界服务大局的能动性。

三是坚定信念，书写好中国式现代化南京图景的侨文化篇章。侨文化建设是坚守中华文化立场，推进社会主义文化强国建设的必然要求，也是增强广大侨胞文化自觉和文化自信，推动中华优秀传统文化的创造性转化、创新性发展的必然要求。近年来，各大城市都高度重视侨文化建设，但目前围绕“侨文化”阵地建设还缺少系统的实践。南京“侨文化”阵地的建设将对新时代“侨文化”阵地的功能类型、架构模式、运作方式进行全面研究，展现南京侨务文教工作的鲜活实践与创新探索，推动南京“侨文化”阵地建设走在前、做示范，形成可推广、可复制的经验。

二、南京“侨文化”阵地建设的基本成效

习近平总书记指出，“团结统一的中华民族是海内外中华儿女共同的根，博大精深的中华文化是海内外中华儿女共同的魂，实现中华民族伟大复兴是海内外中华儿女共同的梦。”习近平总书记关于侨务工作的重要论述和重要指示批示，为新时代侨务工作提供了根本遵循。近年来，南京市侨办积极构建“侨文化”阵地，力推海内外同胞关系和谐，取得了一定成效。

（一）推出多元文化活动，演绎新时代城市风韵

精准对接海外侨胞的文化需求，探索各种方式提升各类文化活动丰富度，推动

① 数据来源：市人大常委会民族宗教侨务外事委员会：《关于我市侨务工作情况的调研报告》，来源：http://www.njrd.gov.cn/hyzl_66742/cwhhy/njsdsljrmdbdhcwwyhdssschy/202207/t20220713_3642433.html.

中华文化在海外生根发芽。积极参与国务院侨办的“文化中国·四海同春”,组织艺术家赴美国慰侨演出,在 4 城举办 5 场活动,为 3000 余位旅美华侨华人和当地民众送上南京特色节目。举办“月明南京”中秋文化、“品味南京”中餐文化、“悦读南京”非遗文化、“中医惠侨·名医大讲堂”等近 200 场对外文化交流活动,吸引全球 52 个国家和地区的海外侨胞参与线上互动体验。积极参与世界知名城市“南京周”文化交流活动,进一步提升了南京在海外的影响力。

(二) 增强华文教育功能,有效提升文化认同感

着力发挥“侨文化”阵地的华文教育功能,增进海外华裔青少年民族认同、文化认同。目前,南京拥有国侨办挂牌“华文教育基地”2 家,省侨办挂牌“华文教育基地”12 家,已成为海外华裔青少年学习中文和中华文化的重要阵地。开展与海外华文学校的对接交流,参加“百所华校云牵手”活动,组织华文教育基地以及热心华文教育的学校,与海外华文学校开展“一对一”共建签约,目前南京各华文教育基地与海外华文学校建立常态化沟通联系。依托华文教育基地的海外交流资源,举办“海外华裔菁英青少年大运河文化体验活动”,累计吸引 46 个国家 227 所华文学校近 10 万人次参与,相关活动情况被中央、省、市官方媒体及海外主流华文媒体报道。组织实施“中华文化云课堂”网上教学,举办“南京‘一带一路’华文教师培训班”,来自印度尼西亚、马来西亚、缅甸、日本等近 20 个国家 500 余位华文教师参与在线学习。①

(三) 打造区级特色品牌,推动阵地向基层延伸

推动“侨文化”阵地向基层延伸,依托各区的特色资源,不断拓展南京文化走出去的基层阵地。秦淮区打造的“侨相会”服务品牌,将特色阵地建在文旅场馆、中华老字号餐饮店以及侨胞创业企业等特色转角空间,建成侨界群众的学习园地、联谊空间、展示窗口和服务平台。建邺区打造的“同心邺家”,充分发挥南京非物质文化遗产的独特优势,创新非遗文化宣传交流形式,可以每天 24 小时全年 365 天在线浏览观看,成为港澳台同胞和海外侨胞走近南京、了解建邺、传承中华优秀传统文化的平台,向世界展示独特的审美情趣和传统气质,让中华文明的影响力、凝聚力、感召力更加充分地展示,让更多的海外侨胞了解中华传统文化之美,更好地传承我们民族精神。

(四) 加强优质资源整合,构造文化交流新模式

为推动南京“侨文化”阵地建设迈上新台阶,市侨办积极利用各类优质资源提

---

① 宋雅建.在服务社会主义现代化典范城市建设中不断展现侨务工作新作为[J],华人时刊,2021(12).

升“侨文化”阵地建设能级。积极与高校资源合作，联合南京大学、东南大学等8所高校共同举办了“月明南京·云端庆中秋”文化交流活动，借助在宁高校海外校友会对文化交流活动进行宣传推广，文化交流活动的海外影响力不断提升。主动对接各类市级文化阵地，与市民俗博物馆合作，举办“融在金陵”文化体验活动暨《融在金陵——侨界创业录》新书首发仪式；与郑和纪念馆合作，举办“悦读南京·走近郑和”文化交流活动，来自“一带一路”沿线国家和地区的华人社团、华文媒体、华文学校负责人和广大海外华侨华人，线上参加交流活动。用好主流媒体资源，与中新社江苏分社合作，签订《海外宣传推广合作协议》；与海外华文媒体合作刊载南京专版，宣传改革开放成就和投资创业环境；举办海外华文媒体“云对话”，加强对外宣传力度，讲好南京故事，展示南京形象。

三、南京“侨文化”阵地建设的问题与挑战分析

（一）南京“侨文化”阵地建设的主要问题

“侨文化”阵地是侨胞侨眷的精神家园，是传播南京文化、讲好南京故事、赢得广大海内外侨胞文化认同的主战场。对标新时代侨务工作应有之文化作为，对标文化阵地的政治导向、思想引领、文化传承等功能要求，对标国内相关地区既有做法，目前，南京“侨文化”阵地建设还存在着不足。

一是“侨文化”阵地体系不完善，缺少大型文化阵地。目前，南京的“侨文化”阵地以文化交流推介为主，缺少保护传承、理论研究等阵地，顶层设计与系统谋划有所欠缺。同时，目前阵地功能的发挥主要依托各类活动的举办，缺少大型、实体化的文化阵地，特别是南京唯一的华侨村——华兴村还缺少系统的保护利用规划，仅有一栋楼，阵地功能发挥不足。

二是“侨文化”阵地活动开展不经常，参与度受限。目前，南京“侨文化”阵地的各类活动主要结合重要的时间节点开展，且主要面向海外华侨、华裔青少年，缺少常态化的活动设置，也缺少面向归侨、侨眷的活动安排，导致文化的浸润功能难以可持续地发挥。

三是“侨文化”阵地的资源整合不足，效能有待提升。在“大侨务”的理念下，“侨文化”阵地涉及侨办、侨联、宣传部、文旅局等众多相关部门，需要进一步整合资源和力量，创新工作机制。目前，南京“侨文化”阵地在建设中的资源整合能力相对有限，对行政资源、社团组织等资源的利用还不够充分，缺少跨界融合。

（二）南京“侨文化”阵地建设面临的挑战

一是面临海外统战工作变化的挑战。新时代海外统战工作的对象不仅仅是海

外华侨华人，还要以侨为桥、走向彼岸，团结联合更多的国外友我人士。他们生活在与国内不同的社会制度中，文化偏好不同，并且不同群体间差异化明显，工作难度较大。目前对这些群体，国内外理论界与政策界既缺少相应的调查研究，也缺少相关理论指导，这对在更深层次、更广范围推进“侨文化”阵地建设提出了挑战。

二是面临南京侨情变化的挑战。相关研究显示，近年来回宁创新创业的新侨年均近4000人，且受疫情影响有上升趋势。新侨受教育程度高，服务需求逐步向更高品质的工作、生活、精神需求和价值实现等方面转变。这要求“侨文化”阵地的建设要在精准化对接上实现突破，更好满足新侨群体的高品质文化需求。

三是面临工作对象变化的挑战。海外华侨特别是侨二代、侨三代多已融入当地的生活，与祖国家乡的纽带关系明显弱于老一代华侨，文化认同感不足。南京“侨文化”阵地的建设，面临这部分群体对中国文化的文化自觉、文化自信、思想认同等问题，开展具有长期影响力的南京海外统战工作面临挑战。

四、南京“侨文化”阵地建设的新思路

南京“侨文化”阵地的建设应以习近平总书记关于侨务工作的重要论述、习近平文化思想为根本遵循，以凝聚侨心侨力同圆共享中国梦作为价值遵循，以马克思主义文化领导权理论与意识形态安全理论作为理论遵循，坚持以文铸侨，延续文脉，构造凝聚广大海外侨胞的情感之纽带、精神之依托、动力之源泉，树起在新时代激励广大海外侨胞和归侨侨眷服务大局的文化旗帜。应致力于党建引领阵地、保护传承阵地、理论研究阵地、宣传交流阵地、网络“云”阵地、海外拓展阵地共六大阵地的系统建设，从而形成多维立体的南京“侨文化”阵地，面向世界讲好新时代南京故事，推动中华优秀传统文化传播到五湖四海，从而以文聚侨、以文化人，打造联结海内外南京人的精神纽带，推动海内外南京人人文相通、使命共担，为共同书写中华民族发展的时代新篇章、凝心聚力描绘中国式现代化新篇章提供精神动力与价值支撑。

（一）建设党建引领阵地，铸牢侨文化阵地的压舱石

坚持以习近平新时代中国特色社会主义思想统领工作，将海外侨胞、归侨侨眷听党话、跟党走摆在首要位置，把“抓党建”和“抓侨建”有机统一起来，建设一批党建引领基地。通过将党史与侨史、侨情、侨务的交集融会贯通，精心设计《南京华侨与百年党史》《南京爱国华侨》等课程，定期在基层阵地开展宣讲。系统梳理南京爱国华侨等资源，将陶欣伯、李殷宏等人的爱国故事转化为侨史微党课的素材，形成“线上直播+线下宣讲”紧密配合的传播格局。

（二）建设传播交流阵地，讲好新时代的南京侨故事

深耕文化传播交流，坚持海外本土双向互动，弘扬中华文化、讲好中国故事、促进中华文化走向世界，多方位打造海内外宁籍乡亲共享的精神文化阵地。联动各类市级文化阵地，在市级博物馆、文化馆、文化艺术中心等开展侨文化主题展，在基层文化阵地结合春节、端午、中秋等传统佳节开展面向侨界群众的主题文化慰问和文化艺术活动，推动南京标志性人文景观增加侨文化元素，改造提升为侨文化阵地。

（三）建设理论研究阵地，做好南京侨文化的新阐释

加强对南京侨文化的研究阐释，从建构人类命运共同体高度以历史的眼光、多时态的视角研究南京华侨华人，建设一批理论研究阵地。建设“南京侨文化研究院”智库，依托南京高校的多学科侨文化研究力量，整合南京市、江苏省乃至国内外各方面的侨文化资源，开展省内外、境内外合作交流，对华侨华人文化和侨乡文化进行科学研究、活化利用，定期依托智库召开侨文化主题座谈会、研讨会，适时申报省级重点培育智库。组织专家学者围绕南京侨文化开展系列研究，推出一批有深度有影响的反映南京侨文化的作品。结合南京社会经济发展重点问题设置侨文化相关选题，推动选题进入南京市社科规划项目，助推成果转化。

（四）建设保护传承阵地，扩大南京侨文化的能见度

推动南京侨文化的创造性转化和创新性发展，在挖掘保护的基础上做好文旅融合，建设一批保护传承阵地，吸引更多海外华侨华人回宁寻根探访，唤起海外华侨华人共同的家国记忆。推动侨文化遗产的挖掘抢救，加大遗产保护力度，对侨胞渊源、迁徙、经济、家族发展、重要人物史料和民俗进行发掘整理，适当时机在南京市档案馆、南京市文化馆开设涉侨文物档案展、侨文化专题展等，通过嵌入市级文化阵地做好侨文化遗产的保护与展示。

（五）建设海外拓展阵地，提升南京侨文化的美誉度

涵养海外侨务工作资源，密切与侨界联系，发挥好侨团组织、具有海外文化交流功能的民间团体作为文化阵地的作用，增进感情交流，推动海外工作开展，建设一批海外拓展阵地。在南京友好城市、“一带一路”沿线国家和地区中设立南京侨文化驿站，形成深化中外文化交流、讲好中国故事、南京故事的重要载体和阵地。加强与海外网红博主、流量大V的合作，邀请其来南京进行沉浸式体验，发挥其作为“发声器”的功能，直接面向所在国主流社会推广南京文化，推动跨文化交流。

（六）建设网络“云”阵地，唱响网络侨文化的主旋律

敏锐抓住信息化发展的历史机遇，加强南京侨文化的网上正面宣传，推进网络平台上的南京侨文化内容建设，守住思想净土，建设网络“云”阵地。尽快建立南京“网上侨胞之家”平台，打造成政府发布相关权威信息、海内外侨界精英交流的综合性平台。推动统战系统和各级涉侨部门充分运用微信群、朋友圈、微信公众号、手机 APP 云平台等新媒介，建立健全海外华裔新生代、海外华侨华人及侨团侨社联谊网络体系。鼓励并推动民间力量在知名网络平台开展侨务宣传，与海外侨界新媒体合作，推出南京专题专栏，形成海内外网络平台上的宣传互动热潮。

五、南京“侨文化”阵地建设的新举措

南京“侨文化”阵地的建设是增进华侨华人与祖国、家乡感情的重要工作，也是传播中华优秀文化、提升南京国际美誉度的有效途径。应通过挖掘讲好五种文化故事、做好四类活动设计、打造三大物化载体、深化两类研究阐释、凝聚一股建设合力，推动南京“侨文化”阵地提质增效，在文化惠侨、文化聚侨上形成“南京经验”。

（一）讲好五种文化故事:构建“侨文化”阵地的情感共鸣

中国知名学者潘懋元教授曾经指出:“海外华族文化特征是中华文化与居住国各种文化，尤其是本土文化互相融合的产物。但海外华族文化无论与中华文化有多大差别，它与中华文化总是有着共同的文化渊源，即共同的文化之根。”对于南京“侨文化”阵地的建设而言，应以优秀文化厚植家国情怀，创新讲好新时代南京文化故事，不断强化海外华人华侨与祖国的血脉联系。

一是讲好优秀传统文化故事。近年来，中华优秀传统文化在海外受到热捧，不仅说明优秀传统文化凝结着海外华人对于故土的思念，也表明优秀传统文化在国际社会中具有价值上的普适性。结合海外华人华侨的审美情趣，加强对郑和文化、红楼文化等的传播。持续办好“悦读南京・走近郑和”文化交流系列活动，面向华裔青少年策划推出“郑和文化研学游”活动。将江宁织造博物馆的小红楼图书馆、红楼梦馆打造为侨文化阵地，线上线下联动开展各类文化活动。做好南京美食、中医药、武术、民俗的文化传播。举办南京美食海外推广研习班、网络厨艺大赛、“秦淮八绝”海外慰侨活动，聘任南京美食海外推广大使，做好“舌尖上的”传播。发挥南京中医药文化资源优势，打造金陵国医讲坛、华裔青少年中医体验之旅、金陵名医互联网远程医疗等工作品牌，向海内外侨胞提供优质的中医药服务，着力向海内外宣传中医药文化。发挥高淳作为“全国武术之乡”、江宁作为“全国围棋之乡”的资源优势，面向海内外侨胞开展武术论坛、围棋论坛以及线上武术、围棋大赛。推动秦淮灯会等南京特色民俗活动实现“云直播”，带领海外华人华侨走进南京文化。

二是讲好南京非遗技艺故事。2022 年 6 月，由中国旅游报社、中国社会科学

院、中国舆情调查实验室等单位联合成立的文旅产业指数实验室，发布了2022年非物质文化遗产在海外短视频平台上的影响力报告，其中指出：在TikTok上，最热门的一条榫卯视频播放量高达5250万，并受到国外网友的“纷纷点赞”。这说明非遗技艺是讲好中华故事的重要载体，应进一步推广“百工造物”成功经验，通过文化阵地的建设推动南京各类非遗走出南京，让南京非遗技艺“活起来”，推动南京非物质文化遗产走上国际文化市场。开展南京非遗技艺云课堂，在线教授剪纸、绒花等南京非遗技艺，引导海外华人华侨参与创作。推动南京的非遗传承人开通视频号，通过各大网络平台将非遗制作场景、工艺流程等进行直观真实的展现。做好非遗技艺与侨文化的融通，策划推出表现艰苦奋斗、爱国爱乡、报效家国的精神与力量的文艺作品。

三是讲好南京文学之都故事。文学作品是文化传播的最佳载体之一。在“世界文学之都”的品牌下，南京的文学作品将有更好的国际推广传播机会，从而助推以文学为核心的海内外华人文化交流。应通过文化阵地的建设，发挥文学融通中外、联结世界的作用，围绕南京本土的“人（知名作家）”“物（文学作品）”“地（与知名作家、文学作品相关的地点）”进行多维度传播。依托南京具有较高知名度的文学作品，开发各类文创产品，在夏令营活动中向海外学子赠送，在传统节日向友好华侨华人社团、海外留学生等寄送涉侨文创产品。联合“一带一路”写作研究中心和名城文化传播基地，面向海外华人华侨开展各类文学交流活动。

四是讲好南京奥林匹克故事。2022年北京冬奥会期间面向美、俄、英、法、德、澳、加、意、日、韩等国家20—69岁民众开展的海外民意调查显示，73.2%的海外受访者在不同程度上关注了冬奥会；受访者对于本届冬奥会的印象主要集中于专业、精彩、友善；年轻人最愿意来华深入了解中国。应运用好南京的青奥文化遗产，发挥南京籍世界冠军的名人效应，聘请张常宁、王赐月等作为南京文化国际传播使者，传播好新时代的南京体育故事。开展海外华裔青少年云游南京青奥场馆等活动，展现更具活力的南京形象。

五是讲好南京山水城林故事。家乡美景承载着海外华人华侨绵长的情思乡愁，也是独特历史信息和文化景观的直接表征。应依托“云”阵地的建设，运用VR、AR技术，建立中山陵、秦淮河、夫子庙等南京标志性自然与人文景观的网上展厅，方便世界各地的华侨在自由选择的沉浸视角中畅享南京美景的魅力，寄托思想之情。开展“把美丽南京寄出去”的主题活动，以南京的地标性风景、不同历史时期的城市风貌为主题制作特色明信片，邀请南京市民、学生、归侨侨眷、来宁外国友人等向海外华人华侨寄送。适时开展“海外侨胞故乡行”活动，向海外华人华侨展现新时代南京发展成就。

（二）做好四类活动设计：实现“侨文化”阵地的精准传播

文化阵地开展的各类文化活动是潜移默化传播文化正能量的重要方式。应面向海外华人华侨与友华人士、海外华裔青少年、归侨侨眷与归国留学生、海外媒体四类群体，广泛开展针对性强、形式多样、内容丰富的文化活动。

一是面向海外华人华侨与友华人士做好各类文化交流活动。继续深度对接国侨办“文化中国”系列品牌文化活动，借助国家部委开展的国家文化年、中国文化节、“感知中国”、“舌尖上的中国”等品牌活动平台，运用好南京在海内外举办的“南京周”、历史文化名城博览会等国际性活动平台，精心组织慰侨文化活动，集中宣传展示南京历史文化底蕴。策划中餐文化、非遗文化的特色示范活动，组织实施“中医惠侨・名医大讲堂”等文化交流品牌活动，组织各区依托自身特色开展对外文化传播。借助“中华文化海外交流基地”的平台，围绕“一带一路”沿线国家开展人文交流，加强与海外华侨华人文化社团的联系交往，共同举办各类文化活动，推动我市优质文化资源以各种方式展示交流。

二是面向海外华裔青少年做好各类文化教育活动。继续面向海外华裔青少年持续办好网上夏令营等活动，放大2020海外华裔菁英青少年大运河文化线上体验活动的成功经验，对接南京市级文艺院团、美食协会、武术协会、文化产业协会等，运用线上教学、短视频录播、直播等形式，帮助营员们了解南京的历史文化，感受今日南京的蓬勃朝气，深切感悟中华优秀传统文化。积极应对海外华文学校面临的各种困难，持续办好线上课堂，鼓励支持在宁高校、中小学积极创新华文教育活动模式，推动实景课堂直播与微信班级群交流互动相结合，向海外华裔青少年展示南京的特色文化。利用南京的友好城市资源，积极开展面向华裔青少年的各类文化艺术竞赛活动，提升华裔青少年对中华文化的兴趣。继续支持指导“‘一带一路’华文学校行知教育论坛”的召开，积极组织华文教育基地和海外华文交流基地参加“一带一路”华文学校行知教育论坛活动。

三是面向归侨侨眷与归国留学生做好各类文化暖心活动。运用好侨胞之家、新时代文明实践中心等基层阵地，面向广大归侨侨眷和留学归国人员定期以读书分享会、专题培训、演讲比赛等形式开展各类群众性文化活动。将南京的爱国主义教育示范基地打造为侨文化阵地，定期面向归侨侨眷与归国留学生开展爱国主义教育活动。结合春节、中秋等中华传统节日节点，开展南京侨界联欢会、新年茶话会等主题活动。搭建南京各区的侨文化交流阵地，打造“侨界同心书屋”等阵地，结合各区的文化特色，开展形式丰富的线上线下活动。

四是面向海外媒体做好各类文化推介活动。持续办好南京海外华文媒体“云对话”专场，按照疫情防控常态化的要求，择期开展“世界华文媒体看南京”活动，形成实地采访资料，面向全世界推介南京文化。联系省委统战部、中新社江苏分社，围绕我市中心工作，联合各区委统战部，与有代表性海外华文媒体合作刊发“中国南京海外专版”。借助世界华文媒体合作联盟，推动南京与其他国家的侨界媒体建立联系，持续向海外推送新闻稿件。

（三）打造三大物化载体：提升“侨文化”阵地的感知效能

任何文化必须可阅读可感知可触碰，才能产生“以文化人”的作用。南京侨文化阵地的建设，必须通过提供更加丰富的物化载体，才能真正让大众走进南京侨文化。

一是打造具有品牌效应的南京侨刊乡讯。推出南京的侨刊乡讯并面向海外发行，发挥好侨刊乡讯在传播中华文化、推介南京形象、联络乡音情谊、促进友好交流、推动经贸合作等方面的独特作用，成为南京对外传播的重要品牌。支持侨刊乡讯杂志社打造电子化期刊，开通微信公众号、视频号和“抖音号”，推动侨刊乡讯适应互联网时代发展。依托南京侨胞的微信群，第一时间发送侨刊乡讯电子链接，持续面向海外华人华侨讲好新时代南京故事。

二是打造具有文旅功能的南京侨文化特色村。运用好华兴村的侨文化遗产，形成南京拳头侨文化阵地，打造具有南京文化特色又兼具侨文化元素的美丽“侨”村坚持固态保护、活态传承、业态提升的理念，进一步挖掘、整理、提升华兴村的人文景观体系，以“一楼一故事”引领华兴村传统建筑活化利用，打造主题博物馆、场景体验馆、浸没戏剧馆等侨文化体验新场景，融入文化传承、旅游休闲、研学体验等功能，放大华兴村作为南京侨文化地标的综合效应。加强主题雕塑、墙体彩绘、浮雕背景墙的设置，打造侨文化展示载体，设立“华兴村侨文化旅游区”，推动纳入南京市精品旅游路线，成为华侨文化寻根的重要节点空间。

三是打造具有集体记忆价值的侨文化博物与文化空间。建设展示华人华侨历史的特色型博物馆，纳入南京市特色旅游路线。在新街口华侨文化广场的基础上，在全市范围内建设十个南京侨文化主题空间，集中进行侨文化展示和历史场景复原。推动侨文化融入城市空间设计。如江北新区研创园聚集了大量侨企，可结合周边的地铁站、公交站打造侨文化主题车站。适时开展侨文化主题空间“打卡集邮”活动，成功即可兑换南京特色文创产品，为侨文化的保护传承注入时代元素。

（四）深化两类研究阐释：夯实“侨文化”阵地的理论基础

一是加强对侨文化工作的研究。面对丰富的侨务实践和海内外侨情的变化，加强对海外侨情可能产生的变化进行预测和分析，把握好“侨文化”阵地建设的着力点。加强对发挥华侨华人在连接中外、融通中西方面的作用研究,引导华侨华人践行人类命运共同体理念,积极参与"一带一路"建设,与住在国人民一道共建美丽世界。从华侨华人与中国的关系出发,研究如何满足外籍华人念祖恋乡的情感需求、传承中华优秀传统的文化需求,扩大海外侨界对我友好力量。

二是加强对南京本地侨文化的研究。进一步梳理挖掘南京的侨文化资源,适时启动《南京华侨史》《南京华侨志》《南京华侨建筑图片集》等编撰工程,为"侨文化"阵地的建设夯实理论基础。做好南京华侨与党史研究,编写南京华侨人物志,按照新民主主义革命时期、社会主义革命和建设时期、改革开放和社会主义现代化建设新时期、中国特色社会主义新时代等四个历史时期整理收录南京华侨先锋人物,集中和突出反映党史各个时期中的南京侨界英勇事迹,做好南京侨文化的深度阐释。

(五)凝聚一股建设合力:强化"侨文化"阵地的政策保障

一是做好顶层设计引领。"侨文化"阵地的建设关乎中华文化、南京文化的传承,关乎广大侨界同胞的文化认同与文化福祉。要运用"大侨务"的工作观念,推动"侨文化"阵地建设成为党、各级政府、全社会共同参与的大事。要努力推动党委、政府每年有专题研究"侨文化"阵地的建设,建立健全市级层面"侨文化"阵地建设联席会议制度,推动侨文化阵地相关议题成为相关部门的共同责任,做好顶层设计与系统规划。要提升全市统战系统人才的文化底蕴和文化素养,在侨务工作中树立文化理念,善于从文化的角度去认识、分析和思考侨务问题。

二是加强资源有效整合。"侨文化"阵地建设是一项涉及面广的工作,涵盖了许多涉外部门,是一项综合性的系统工程,需要全社会紧密配合,相互支持,协同作战。要积极对接国家部委办,加强与上级的沟通联系,借助上级渠道打造更具影响力的南京"侨文化"阵地。要牢固树立"大侨务"理念,由市统战部门牵头,统筹抓好党委政府有关涉外部门、统战系统各有关单位、海外联谊会等社团组织的信息互通、资源共享,在全市建立"侨文化"阵地建设的协调机制,组织宣传、文旅、教育、体育、外事等部门、单位及行业协会为成员单位,整合资源共建"侨文化"阵地。

三是做好效能评估工作。"侨文化"阵地建设数量够不够、效能高不高需要在实践中加以验证。要建立"侨文化"阵地的第三方评价机制,坚持侨办实施部门自评估和第三方综合评估相结合,定期对各"侨文化"阵地的活动开展情况等进行系统性评估。完善侨界群众对"侨文化"阵地的评价反馈机制,以第三方评估与群众评估结果为依据,提升"侨文化"阵地建设水平。

南京市红十字文化活动传播的实践与启示

叶　军①

摘　要：全国人体器官捐献缅怀纪念暨宣传普及活动以弘扬红十字精神为统领，把讲好生命接力故事、彰显博爱城市形象的过程，通过事件营销、整合传播、情感浸濡等方式，转变成为传播人道价值理念，增强社会公众对红十字精神及其价值认同感、归属感和参与度的过程，获得圆满成功。同时，对做好新时代红十字文化活动传播进行积极探索，为今后更好地塑造与传播红十字会良好形象和社会公信力积累经验。

关键词：红十字会；文化活动传播；实践与启示

中国红十字事业是中国特色社会主义事业的重要组成部分。站在新时代历史起点上，加强红十字文化活动传播，对于有效塑造与传播红十字会良好形象和社会公信力，充分发挥党和政府在人道领域联系群众的桥梁和纽带作用，履行引导群众"听党话、跟党走"的政治责任具有重要意义。2021 年 3 月至 4 月，南京市红十字会以承办全国人体器官捐献缅怀纪念暨宣传普及活动（以下简称"纪念活动"）为契机，大力弘扬"人道、博爱、奉献"的红十字精神，把讲好生命接力故事、彰显红十字会形象的过程，通过事件营销、整合传播、情感浸濡等方式，转变成为传播人道价值理念，增强社会公众对红十字精神及其价值认同感、归属感和参与度的过程，获得圆满成功。同时，对做好新时代红十字文化活动传播进行积极探索，为今后更好地塑造与传播红十字会良好形象和社会公信力积累经验。

一、南京市红十字文化活动传播实践

从 2013 年开始，中国红十字会总会人体器官捐献管理中心每年在不同的省市举办纪念活动，以此缅怀全国为人体器官捐献作出贡献的捐献者。2021 年 3 月 31

① 南京市红十字会副会长。

日，由中国红十字会总会、国家卫生健康委员会指导，中国人体器官捐献管理中心主办，江苏省红十字会、南京市红十字会承办的纪念活动在南京市遗体器官捐献者纪念林举行。出席纪念活动的有时任中国红十字会党组书记、常务副会长梁惠玲，江苏省副省长、省红十字会会长陈星莺和国家相关部委领导和来自全国红十字会代表，部分爱心企业、基金会等人士，部分捐献者家属、移植受者、协调员、志愿者、移植医生代表和媒体记者等近千人。

（一）策划宣传“最关键”

策划宣传是一种意识主动、机制开放、选择最佳和绩效增值的宣传方式，能最大程度地发挥宣传的效力，有利于发挥宣传的造势引导效应，在宣传生存竞争中发挥着越来越重要的作用。南京市红十字会成立策划宣传工作专班，负责协调国家、省、市三级红十字会联动，负责对纪念活动进行事件策划与整体营销，确保报道平稳高效。一是加强顶层设计。与市委宣传部门多次对接，共同制定《新闻通气会方案》并召开新闻通气会，对纪念活动筹备、全市红十字事业发展现状以及各类风险舆情点等事项与中央电视台、新华日报社、省广电总台和市属主流媒体沟通互动，确保基调平稳，导向正确。二是精确设置议题。围绕媒体关注重点设置议题，拟定被采访人选，准备纪念活动背景资料、提供新闻素材稿，确保报道亮点精彩纷呈、重点浓墨重彩。三是加强现场调度。细节决定成败。根据纪念活动现场环境和媒体属性，将新闻报道划分“核心区、非核心区、采访区”三个区域，实施证件管理，对直播、摄影、文字记者等分区安置，人性化做好媒体报名、记者接待与现场服务，确保秩序井然，运行高效。

（二）内容载体“最硬核”

传统媒体发展的基石是内容，新媒体发展的基石也是内容，以渠道起家的新媒体更加需要内容的支持。纪念活动前，主承办方注重“整合传播”，与多个传媒机构合作，研制多种内容精湛、形式精美、短小精悍的视觉听觉产品，增强互动性，使纪念活动的影响力更加持久。一是视频冲击力强。制作 6 部视频短片，其中《志友，我想对你说》视频，通过 5 位遗体器官捐献志愿者内心“独白”，述说自己的故事，让公众理解与尊重遗体器官捐献者的行为与心愿，在社会上产生反响。二是海报创意新颖。设计制作 5 幅缅怀纪念活动创意海报，在全市各重要公共交通枢纽或站点、活动现场进行张贴、投放，通过密集宣传，提高了纪念活动的整体效果和社会关注度。三是新媒制品黏度高。精心策划与制作了“让生命接力前行”的 H5，推出“同致敬、共缅怀”线上献花、线下走访慰问已逝志友困难家庭活动，得到“南京发布”微博、头条号、龙虎网微信公众号等同步推送，进一步扩大纪念活动的影响力和参与度，线上献花过万人，线下报名过千人。四是户外广告吸附力强。将纪念活动宣传阵地向公共平台延伸，在市城市管理局、市广告协会的配合与支持下，免费在48余个地铁重要站点、繁荣商圈的50余个公交站台和电子大屏投放为纪念活动定制的各类宣传制品，提高了人体器官捐献的社会知晓率和认同度。纪念活动结束后，同期登记成为全国人体器官捐献志愿者和加入南京市“志友”协会的人数大幅增加。

（三）持久发酵“最大化”

为了让纪念活动影响更为持久、作用发挥更加有力，主承办方不仅注重纪念活动当天的宣传报道，更注重持续有深度的宣传效果，引发全社会关心支持理解遗体器官捐献的共鸣，让整个纪念活动有深度、有温度、更有持续力，真正把意义的事做的有意义。纪念活动传播分为三个阶段：一是事先预热宣传。先期发布中国红十字会总会和南京红十字会的两个H5宣传视频和微信预告，广泛投放户外广告进行预热，通过线上招募网友看望“志友”活动，发动全社会参与到纪念活动中来，让更多的人了解到身边这群用生命延续生命的广大志友以及他们默默奉献的故事。二是事中精心实施。纪念活动规格高、阵容大，承办方积极省、市新闻媒体单位及其管理部门，注重加强对媒体的引导、服务和管理，做到有分有统、有序有矩；特别是组织网络直播、线上献花、现场采访过程中，重视加强与网友、志友的沟通协调，确保每个环节不冷场、不出错。三是事后二度传播。南京市红十字会、市委网信办和市志友组织在清明前期，组织部分网友线下走访部分已逝“志友”家属，让失亲者不失亲，让城市充满温度。“南京发布”微博和微信、头条号、南京广电牛咔视频、龙虎网、公益南京、我苏网等媒体对走访活动进行持续深度报道并产生良好反响。

二、南京市红十字文化活动传播成效

（一）传播正向度高

在中国红十字会总会、江苏省红十字会关心指导下，纪念活动参与报道的各级媒体数量是新中国成立以来南京市红十字会历史上最多的一次。其中现场报道纪念活动的新闻媒体有中央媒体、省级媒体和市级媒体，涵盖了传统媒体、新媒体以及诸多自媒体。据不完全统计，仅中央媒体报道有14次，新华社通稿转发100多次，其中包括央视朝闻天下节目、央视新闻客户端、新华社客户端、中国青年报、中国环球电视网、中国网、新华网、中国新闻网等；其他各级各类媒体报道达140多次；中国红十字会总会和多家省、市红十字会双微平台也同步进行宣传。在各级各类媒体现场报道过程中，全国人体器官捐献中心领导和人体器官捐献志愿者家属小鹅父亲、周亢父母，接受肺移植手术南京姑娘吴玥、已捐献遗体钱钟韩院士的女儿钱宛汝、一家三代五口都加入“志友”的邵泽忠老人、东南大学医学院学生杨斌等成为媒体竞相追逐报道的对象。各新闻单位从媒体的视角、记者的视野系统报道了纪念活动的概况、背景与主题，全面、深度报道了全国人体器官捐献工作发展现状，传播正向度高，负面信息为零，为近年来南京重大社会活动新闻报道中所罕见。

（二）报道有效度高

纪念活动报道影响大，转载数量多，阅读互动性强。3 月 31 日活动现场，牛咔网络直播播放量近 56 万，现场图片闪传直播平台浏览量 17 万多人次，“志友”钱钟韩院士小视频观看人次达 4.9 万次。4 月 1 日，纪念活动的报道上了微博热搜，总阅读量达 1192.6 万次，至今已有 5430.8 万人次。其中：央视新闻微博阅读量 347 万，转发 1327 次，评论 613 条；共青团中央微博阅读 81.1 万人次，转发 128 次；新华视点微博阅读量 32.2 万人次、转发 173 次；荔枝新闻微博阅读量 127 万人次、转发 360 次；中国新闻网微博阅读量 42.2 万人次、转发 48 次；现代快报微博阅读量 2.8 万人次。截至 4 月 8 日，仅新华社客户端活动报道浏览量达 183.5 万人次，新华社对纪念活动的报道被 100 多家媒体转载。此外，环球时报、环球网、参考消息、中央人民广播电台、扬子晚报等诸多媒体与网络大 V 微博纷纷转载纪念活动报道信息。

（三）情感认同度高

人类情感的产生是社会文化、认知和生理因素共同作用的结果。以获取受众情感认同为目的的宣传模式，不仅促进立体式、多维度、全方式报道格局的形成，也极大浓郁全城缅怀人体器官捐献者的社会氛围。在纪念活动报道过程中，传统媒体充分发挥深度报道权威、受众群稳定等优势，营造了全社会广泛参与的舆论氛围；新媒体注重发挥短、平、快等优势，在活动现场感呈现、感染力等方面有着不俗的成效。“学习强国”南京学习平台首次录用红十字会报送的稿件和视频各 1 篇（条），市政府官方“南京发布”微信微博先后 2 次发布有关活动的相关报道。同时，发挥平面媒体立体直观、时效性强等的特点，为纪念活动量身定制的《让生命绽放》《让爱接力》两幅海报吸引众多市民驻足观看。制作“让生命接力前行”H5 小程序，集“线上缅怀献花、志愿者招募、现场网络直播在线观看、报名成为志友”等多种功能为一身，致使许多不被人所知“无言的大体老师”感人事迹被社会大众所铭记。“他是我看不见的朋友。每年的手术纪念日是我和他认识的日子，我会写一封信给他，说说一年来发生的事情。”时年 34 岁的吴玥曾接受双肺移植。她的器官捐献者是一名广西男孩，他在放牛时不慎摔落导致脑死亡。获得新生的吴玥，称他为“放牛小弟”。

三、 南京市红十字文化活动传播经验启示

习近平总书记强调：“红十字是一种精神，更是一面旗帜，跨越国界、种族、信仰，引领着世界范围内的人道主义运动。”新时代赋予红十字“精神”和“旗帜”新内涵新使命新要求，需要有强大的红十字文化基因和行之有效的载体，才能得以传承赓续。纪念活动虽然已过去一年多时间，但对于南京红十字会今后如何结合主责主业，树立品牌意识，组织开展红十字文化传播活动仍有着较好的工作启示。

（一）加强顶层设计，不断完善全市红十字文化活动传播整体方案

如何借助纪念活动凸现南京红十字事业发展最新成效，不断塑造红十字会良好形象、提升城市影响力，是南京市红十字承办纪念活动的应有之意。通过圆满承办纪念活动，南京红十字会逐步认识到，红十字文化活动传播是一项系统工程，既需要有地域特色的红十字文化传播内容，更需要精准把握人民群众的精神文化需求；如果只就活动个体而进行宣传，没有形成对红十字事业大局的系统观照，就会失去向社会公众进行红十字文化宣传与推进事业发展的良好机遇。今后，南京市红十字会将不断加强对重点文化活动的统筹与策划，围绕“三救”“三献”主责主业，结合“世界红十字日”等重要节点，紧贴人民群众需求，以 2024 年南京红十字会建会 120 周年为近期目标，不断完善《南京市红十字文化活动传播整体方案》，进一步彰显红十字文化及其价值观，让人民群众真正了解、认识和支持红十字会事业的发展。

（二）提高动员能力，加快推进红十字文化传播志愿者队伍能力建设

近年来，许多社会名流、文化名人自愿参加人道公益事业，利用一己之长奉献爱心，为社会进步贡献力量。如在纪念活动现场，央视著名主持人、中国红十字会总会兼职副会长白岩松深情朗诵了《生命的礼物》，著名歌手杭天琪和 20 多名儿童共同演唱《让世界充满爱》，他们用艺术形式直观地传播红十字文化理念及其精神，起到了非常好的传播效果。国家的建设离不开文化的推动，文化建设是促进国家文明建设的基石。南京地域传媒资源丰厚，新闻从业者素质高，组织开展红十字文化活动传播有着诸多有利条件。今后，要广泛动员和吸纳文化名人、公众人物、影视明星，特别是传媒界名人等成为红十字形象大使，充分发挥南京红十字理论研究中心和南京红十字文化传播志愿协会的功能与作用，注重传播主体“把关者”的知识素养与能力水平，提升红十字文化传播的质量与效果，促进“公益伴着新闻飞，新

闻随着公益火”红十字文化传播新局面，把社会上善心义举的正能量做成“大流量”。

（三）**注重资源整合，不断促进多元主体形成强大的传播合力**

在承办纪念活动中，南京市红十字会进一步增强了与市委市政府相关部门、属地各级各类媒体单位以及社会公益机构等沟通联系和交流，工作的整体意识、系统思维和联动渠道等得到有效增强与拓展。今后，南京市红十字会将深入挖掘红十字文化城市资源和历史禀赋，加快梳理以约翰·马吉图书馆、南京癸丑掩埋阵亡军士纪念碑等一批中国红十字运动史珍贵历史文化遗存为主的实体资源，进一步促进与各类传媒介质、红十字文化研究机构、公益组织等联系互动，推动红十字文化传播主体的“跨界”整合，形成传播合力。同时，注重以博爱家园社区为主要载体，会同市宣传、文化、民政等部门构建“共建共享、优势互补”的红十字文化传播复合体系，建树“红人事迹榜”，精选新时代典型事例，用心书写和讲好“南京红人”新故事，持久打造“救”在群众身边的红十字会及其文化价值传播的新平台。

党的红十字人道事业是中国特色社会主义事业的重要组成部分。“人道、博爱、奉献”的红十字精神，与中华民族优秀传统文化一脉相承，与社会主义核心价值体系高度契合，是人类社会文明进步的重要体现。我们认为，高度重视与加强红十字活动文化传播工作，是各级红十字会坚持以习近平新时代中国特色社会主义思想为指导，自觉担负和引领群众听党话、跟党走新责任的政治要求，也是增强红十字会人道动员能力，履行“为国奉献、为民造福”的有效举措。同时，提升红十字文化活动传播效果，需要以目标为引领，以问题为导向，从机制、资源、渠道等方面守正创新，塑造与传播红十字会良好形象，提升社会公信力，进一步促进全社会更加彰显红十字文化、弘扬红十字精神和发展红十字事业。

构建江北新区“大思政”格局的路径举措

陆长宇①

摘　要：思想铸就灵魂，政治引领方向。2021 年 7 月，中共中央、国务院印发了《关于新时代加强和改进思想政治工作的意见》（以下简称《意见》），提出“构建共同推进思想政治工作的大格局”。习近平总书记在看望参加全国政协十三届四次会议的医药卫生界教育界委员并参加联组会时指出，“思政课不仅应该在课堂上讲，也应该在社会生活中来讲”，“‘大思政课’我们要善用之，一定要跟现实结合起来”。2022 年 4 月，江北新区启动“荷风旭语”思政品牌打造，在品牌建设中，“荷风旭语”坚定思政育人大方向不动摇、充分挖掘运用江北典型人物的红色基因和精神内涵，通过与新时代文明实践建设的深度融合，探索出了一条以“荷风旭语”品牌打造助力江北新区“大思政”格局构建的创新路径。

关键词：思想政治工作；“荷风旭语”思政品牌；文明实践；“大思政”格局

2022 年 4 月，江北新区启动“荷风旭语”品牌打造，在 1 年多的品牌建设中，“荷风旭语”坚定思政育人大方向不动摇、挖掘运用本土典型人物的红色基因和精神内涵，通过与新时代文明实践建设的深度融合，营造“大思政”氛围，品牌从最初的线上宣传栏目逐步转型为具有江北标识、锚定思政育人、聚焦理论宣讲、引领文明实践的思想政治工作品牌。从理论宣讲到志愿服务，从党员带头示范到发动居民参与，从融入文明实践到“大思政课”建设、从参与社会治理到助推高质量发展，“荷风旭语”品牌逐步形成了由新区党工委统一领导、宣传部门牵头抓总，新时代文明实践建设深度融入、新区各单位部门通力协作、社会力量普遍参与的“大思政”工作格局，探索出了一条以打造“荷风旭语”品牌助力江北新区“大思政”格局构建的创新路径，为新区在推进中国式现代化中走在前、做示范凝聚前行动力，谱写“强富美高”新区现代化建设新篇章。

---

① 南京江北新区宣传和统战部部长。

一、“荷风旭语”思政品牌的创立与价值

2023年4月，习近平总书记在学习贯彻习近平新时代中国特色社会主义思想主题教育工作会议上强调，今天，我们党带领全国各族人民迈上了全面建设社会主义现代化国家、全面推进中华民族伟大复兴的新征程，要更好肩负起新时代新征程党的使命任务，迫切需要用习近平新时代中国特色社会主义思想武装头脑、指导实践、推动工作。新区以“荷风旭语”品牌建设为抓手，全面落实习近平总书记关于“全面学习、全面把握、全面落实”的重要指示要求，紧扣“走在前、做示范”的重大定位和“四个新”的重大任务，牢记嘱托、感恩奋进，以全面开展党的创新理论宣传宣讲助力新区发展实践，走求实扎实的创新路子，引导激励广大新区党员干部群众沿着习近平总书记指引的方向，踔厉奋发、勇毅前行。

以品牌育人的探索实践，围绕中心、服务大局。2019年3月18日，习近平总书记在学校思想政治理论课教师座谈会上强调，当前形势下，办好思政课，要放在世界百年未有之大变局、党和国家事业发展全局中来看待，要从坚持和发展中国特色社会主义、建设社会主义现代化强国、实现中华民族伟大复兴的高度来对待。我们党很早就认识到“思想政治工作是经济工作和其他一切工作的生命线”，做好其他一切工作的前提和基础就是要做好思想政治工作。作为江苏省唯一的国家级新区、江苏自由贸易试验区南京片区的战略承载地、南京高质量发展主阵地之一和对外开放的重要窗口，江北新区获批成立的8年以来，始终牢记习总书记对江苏工作提出的“建设‘强富美高’新江苏”“五个迈上新台阶”“高质量发展”等一系列重要指示和殷殷嘱托，紧扣新区“三区一平台”战略定位，抢抓“三区叠加”发展机遇，以全域创新带动全域发展，新区面貌焕然一新、居民百姓的幸福感获得感显著增强。在开启全面建设社会主义现代化新主城的新征程上，江北新区更加需要坚定自信、鼓舞斗志，更加需要同心同德、团结奋斗，正是在这样的背景下，新区创立“荷风旭语”品牌，持续推进思想引领、深入挖掘江北人文精神，以江北本土红色文化、地方历史、典型人物匡正导向、增强动力、形成合力，为新区高质量发展凝聚民心、汇聚民智、激发民力。

以品牌内涵的挖掘运用，统一思想、凝聚力量。“荷风旭语”品牌中的“荷”与“旭”取自江北近代史上两位代表人物，一位是从江北浦镇踏上革命道路，中国工人运动的先驱、中国共产党早期领导人、南京地区第一个中国共产党小组创立者“品重柱石”王荷波烈士；另一位是在江北创办“远东第一大厂”——永利铔厂并生产出了中国第一包化肥，近代中国重化学工业的奠基人，被毛泽东称为“工业先导 功在中华”的爱国实业家范旭东先生。王荷波是江北红色文化的杰出代表，是江北人民

在中国共产党领导下长期赓续传承的红色血脉；范旭东先生是中国近代爱国救国企业家的典型代表，是江北人民实业救国、勇于创新的精神印记。“风”字和“语”字则阐释了品牌建设的目的与任务，其中“风”寓意以文化人、成风化俗，让文明浸润新区、以文艺赋能生活、用文化凝聚力量；“语”代表品牌建设旨在以宣传宣讲推动习近平新时代中国特色社会主义思想在江北大地落地生根，让党的创新理论“飞入寻常百姓家。”综上，“荷风旭语”品牌具备了“红色标识”“江北文化”“时代需求”三大特性。**红色是“荷风旭语”品牌最鲜亮的底色**。习近平总书记指出：“要讲好党的故事、革命的故事、根据地的故事、英雄和烈士的故事，加强革命传统教育、爱国主义教育、青少年思想道德教育，把红色基因传承好，确保红色江山永不变色。”王荷波同志是江北人民群众所熟知的红色革命人物，也是江北代表性红色“标识”，是100年来江北人民在党的领导下敢于斗争、不怕牺牲、艰苦奋斗、勇于拼搏的历史印记与精神财富，以王荷波烈士的红色基因作为“荷风旭语”品牌的鲜亮底色是理所当然，宣传弘扬王荷波烈士的精神内涵同样也是“荷风旭语”品牌的责任所在，以红色基因浸润江北沃土、以红色精神滋养新区群众、以红色文化凝聚民心共识，在学思悟践上赓续江北红色血脉，在宣传宣讲中激发以王荷波为代表的江北红色人物的育人功能是“荷风旭语”品牌建设的应有之义。**弘扬企业家精神为高质量发展凝心聚力**。作为全国第13个、全省唯一国家级新区，江北新区承载着重托和殷切期望，时不我待推进科技自立自强，只争朝夕突破‘卡脖子’问题。“战事虽告结束，尚非扬眉吐气之时，吾人须以新的作风，新的精神，迎接这一新的时代，为国家求建设，求进步。”这是范旭东先生在劝诫同仁时说的一段话，先生心怀国家、实业报国、艰苦奋进、砥砺创新的精神内涵，在新时代、在当今世界环境之下、在国家级新区的场域之下，更具时代意义和现实价值。今年7月，习近平总书记在考察江苏时指出，中国式现代化关键在科技现代化。江苏要在科技创新上率先取得新突破，打造全国重要的产业科技创新高地，使高质量发展更多依靠创新驱动的内涵型增长。把企业家精神具象到对范旭东先生精神内涵的解读与宣传，将更好地激发新区本土企业家们厚植爱国报国的赤子情怀、勇攀科技高峰的创新精神、坚守实业兴国的奋进使命、履行社会责任的家国情怀、放眼全球的国际视野，带领企业勇担时代使命，推动新区高质量发展，正如范旭东先生说过的那样“把我们的事业做成一颗民族复兴的种子”。

以品牌建设探索“大思政”格局，率先实践、积累经验。习近平总书记强调，人心是最大的政治，共识是奋进的动力。习近平总书记指出：“认识世界发展大势，跟上时代潮流，是一个极为重要并且常做常新的课题。”当前，世界百年未有之大变局加速演进，世界进入新的动荡变革期，思想政治工作面临新形势、新任务，共同推进“大思政”格局构建是为建设社会主义现代化新主城凝聚精神力量、为赓续党和国家千秋伟业培育时代新人，在新时代构建好“大思政”格局，对江北新区的稳定发展具有极其重要的政治意义与时代价值。新区以“荷风旭语”思政品牌建设作为探索基层思政教育的具体方式和实践路径，为江北新区“大思政”格局的快速形成提供品牌助力与宝贵经验，为新区“大思政”格局的构建理论和路径增添新的内容和思路。

二、“荷风旭语”思政品牌建设路径

“荷风旭语”品牌建设启动以来，始终坚持高政治站位，将“荷风旭语”品牌作为深入贯彻落实习近平新时代中国特色社会主义思想的重要载体、作为联系服务引导新区群众的主要桥梁、作为构建江北新区“大思政”格局的强大助力进行规划和打造。1 年多的品牌建设探索中，新区始终坚持以习近平新时代中国特色社会主义思想为指引，把思想和行动统一到省市委新区党工委的最新要求上来，通过重点推动“三聚焦三突出”建设理念，“荷风旭语”品牌效应不断延伸、品牌阵地持续拓展、品牌宣传合力快速形成、品牌宣讲体系日趋完善，已经形成了有自己品牌Logo、有自己理论宣讲专家队伍、有自己系列主题活动的创新型思政品牌，开创了新区基层思想政治工作新局面。

聚焦思想引领，突出政治性，全力推动习近平新时代中国特色社会主义思想深入人心。“荷风旭语”始终把坚决维护习近平总书记的核心地位，坚决维护党中央权威和集中统一领导作为第一位要求，坚持践行学思用贯通、知信行统一，引导推动新区广大干部群众树立“四个意识”、坚定“四个自信”，把学习宣传贯彻习近平新时代中国特色社会主义思想作为新区基层思想政治工作首要任务，在引导新区全面学习、全面把握、全面落实上发挥“主力军”作用。**一是发挥基地功能效用，调动专家力量**。2022 年 11 月，“江苏省习近平新时代中国特色社会主义思想研究中心南京江北新区实践调研基地”在江北新区成立，以“真理之光大讲堂”为载体，“荷风旭语”充分发挥基地功能效用，发动理论宣讲专家学者，围绕习近平新时代中国特色社会主义思想，深入学习贯彻党的二十大精神，结合江北新区“十四五”规划及发展现状，以“理论宣讲＋现场观摩＋线上直播”的方式覆盖部门机关、产业平台、街道社区，组织新区党员群众开展全面系统的思想理论学习。**二是组建特色理论宣讲队伍**。一方面品牌充分发挥新区自主创新先导区天然的人才聚居地优势，发起成立“荷风旭语”博士宣讲团，首批宣讲团成员 14 人，汇集了新区各产业平台园区、产业链重点企业“两新”党组织、高科技人才、清北名校优生、选调生等优质高端人才。宣讲团的青年才俊们走进新区产业平台、高新企业，从青年人的视角讲述新区发展的思路举措和实践成就，把年轻的朝气和生动的理论带到新区的每个角落。目前，博士宣讲团已在新区各产业平台、企业单位开展大型理论宣讲 2 次、小型宣讲 12 次，受众 2 万人次。另一方面“荷风旭语”发动新区党员和统战人士分别组建“王荷波志愿服务队”“范旭东志愿服务团”，定期走进企业单位、街道社区、新时代文明实践阵地开展理论宣讲。**三是发动“身边典型”传递党的“好声音”**。组织发动新区群团组织、街道社区道德模范、百姓名嘴、企业劳模工匠、三八红旗手、巾帼建功标兵、新区好人等组建“身边典型”理论宣讲队，深入基层一线开展理论宣讲，推动新思想走进各界群众，以“身边人”讲述“身边事”的形式宣传党的科学理论和新区变迁发展。在“荷风旭语”品牌的组织带动下，仅截至今年 5 月，新区已开展理论宣讲 1332 场，宣讲受众达 35 万人次；新区理论宣讲志愿服务队伍已经从原有 63 支扩展到 312 支。

聚焦“实践育人”，突出示范性，持续挖掘拓展思政教育实践阵地实境课堂。习近平总书记在看望参加全国政协十三届四次会议的医药卫生界、教育界委员时指出：“思政课不仅应该在课堂上讲，也应该在社会生活中来讲。”“荷风旭语”品牌建设中，始终把课堂建设放在基层思政工作的重要位置，坚持把“融入—结合—打造—示范”“四步一体”工作法作为持续推进课堂建设的重要举措。**一是深入挖掘本土教育资源打造示范性实境课堂**。“荷风旭语”持续深入挖掘新区可用思政教育资源，特别是建强用好现有红色资源、红色场馆、历史文化场所等，坚持把课堂建在场馆里，把课程融入实践中，其中总建筑面积约 5700 平方米，包含红色文化展厅、党建教育场所、红色教育主题公园的江北新区红色广场和占地面积约 2.85 平方公里，由桃湖公园生态区、1934 文化产业街区、南钢工业旅游区和南化工业历史风貌区组成的大厂工业文明小镇，以及今年最新打造的江北新区城市规划馆“新思想耀江北”实境课堂等，都是“荷风旭语”通过本土资源的深入挖掘打造出的新区示范性思政教育基地。**二是依托文明实践拓展思政教育阵地**。新区将“荷风旭语”思政课堂建设融入新区新时代文明实践中心建设体系，形成互为助力、共建共享、双向奔赴的阵地聚合模式，依托新区新时代文明实践中心体系建设，思政课堂的数量和质量获得大幅增长、思政品牌的深度与广度也得到极大延伸。今年 3 月，新区首批 10 家新时代文明实践基地、思政教育基地正式挂牌对公众开放，截至 5 月，挂牌的 10 家思政教育基地都已组建理论宣讲队伍，如江北新区新材料科技园成立了以全国劳模王保成为代表的“新时代劳模工匠宣讲团”。融入文明实践设立思政教育基地的创新举措，很好地延展提升了新区基层思政教育的覆盖面、精准度、主动性。

聚焦“民生福祉”，突出惠民性，在全心全意服务群众中宣传引导春风化雨。人心是最大的政治，人心又是和民生紧密地联系在一起，想要聚民心先要暖人心。习近平总书记今年7月考察江苏时强调，江苏必须在保障和改善民生、推进社会治理现代化上走在前列。“荷风旭语”坚持以人民为中心的建设导向，从解决群众的实际问题和思想问题入手暖人心，通过文明实践和志愿服务凝聚人心。**一是持续开展“江北新区‘文明有吾’新时代文明实践志愿服务日”行动。**今年初，新区发布《“传播新思想 投身新实践 建功新江北”江北新区新时代文明实践中心学习宣传贯彻党的二十大精神工作方案》，设立每月的5日作为新区“文明有吾”志愿服务日，要求在志愿服务日期间，新区各新时代文明实践阵地、思政教育基地课堂广泛开展“荷风旭语”理论宣讲、群众性文明实践活动，同时活动现场搭建志愿服务点提供志愿服务。“文明有吾”志愿服务日的设立，是一次文明实践搭台，思政品牌“唱戏”，“志愿星火”接力、居民群众受益的有益尝试，促成“送服务”“种思想”和“传文明”同行并进，让服务日成为一次鲜活的思想教育过程。自“文明有吾”志愿服务日启动以来，大厂街道“学习雷锋 文明有吾”、葛塘街道“清明风和 文明有吾”、新材料科技园“文明有吾 我跟模范做志愿”、长芦街道“德润童心 文明有吾”，已连续按月开展4次，新区共有121支志愿服务队伍、1032名志愿者在“文明有吾”志愿服务日期间开展志愿服务，约36200余名新区居民参与活动。**二是聚力打造江北新区“15分钟文明圈”志愿服务生态。**“荷风旭语”依托各思政教育基地课堂、文明实践所站及阵地组织发动周边居民群众，以发布志愿者招募、街道社区推荐、企业组织自荐等不同方式，组建江北新区“15分钟文明圈”志愿服务队伍，同步征集“15分钟文明圈”志愿服务项目。截至目前，新区各思政教育阵地、文明实践所站、阵地都已完成“15分钟”文明圈志愿服务队伍组建工作，共征集“15分钟文明圈”志愿服务项目211个，并在思政基地课堂、新时代文明实践阵地向广大居民公示，实现了群众“按图索骥”、服务精准送达的志愿生态。仅今年6月，已有1572名居民享受到了“15分钟文明圈”所带来的志愿服务。**三是共同推进特色志愿服务项目（队伍）孵化机制形成。**“荷风旭语”品牌联合新区新时代文明实践中心共同推进“江北新区新时代文明实践特色志愿服务项目（队伍）孵化清单”机制的快速建立，进一步完善新区文明实践志愿服务项目孵化培育体系。目前，新区各阵地报送特色志愿服务项目（队伍）82个（支），入选重点孵化项目（队伍）42个（支），服务范围覆盖文化文艺、助学支教、医疗健身、科学普及、法律服务、卫生环保、扶贫帮困、应急救援等方面。

聚焦“网络云端”，突出创新性，主动运用科技手段丰富传播方式讲述江北故

事。习近平总书记在全国高校思想政治工作会议上指出:“要运用新媒体新技术使工作活起来,推动思想政治工作传统优势同信息技术高度融合,增强时代感和吸引力。”当前,互联网已经成为意识形态斗争的主阵地、主战场、最前沿,成为我们党加强和改进思想政治工作的重要阵地和关键领域,因此加强网络思政建设,是顺应信息时代发展潮流、在网络空间深化拓展思想政治工作的必然要求。“荷风旭语”在品牌建设中牢牢把握意识形态工作主导权主动权,在品牌成立的同时,同步在江北新区官方公众号上开设了“荷风旭语”新媒体频道,通过语言的笔触和视频的镜头,传承历史记忆,感受英雄烈士、爱国志士的精神魅力,讲述新时代江北新区人民如何接续奋斗、砥砺前行的故事,其后“荷风旭语”频道又相继开设“学习贯彻党的二十大精神”“新区新说”“话说 11 号线”等精品新媒体专栏,通过传递褒扬先进典型、宣传人文风尚、涵育文明素养、提升道德觉悟;发挥新区官方公众号高覆盖的优势,在新区营造学思悟践、崇德向善、见贤思齐的浓厚氛围,建立健全江北新区全网络思想政治媒体平台。截至 2023 年 5 月,“荷风旭语”频道已陆续推送思政教育类文稿 45 篇、视频 45 个、采访新区行业典型人物 32 人、理论宣讲直播 16 场,并报道宣传省级文明家庭 1 户、市文明家庭 7 户、江苏好人 1 名、南京好人 10 名、市级“新时代好少年”7 名,市级乡村“复兴少年宫”建设典型案例 1 个。

三、“荷风旭语”思政品牌建设的启示

《意见》明确指出思想政治工作是治党治国的重要方式,强调要“共同构建”和“协同推进”,目标是形成“思想政治工作大格局”。“荷风旭语”思政品牌的创新探索是立足时代发展,创新基层思政工作载体的典型样板,是鲜活、生动的实践,“荷风旭语”品牌的建设不仅很好地继承发扬我党思政工作的优良传统,也为当下的思政工作注入了新的活力,为如何突破思政工作的“瓶颈”给出了可供借鉴的有效经验。

首先,是对中国共产党百年思政工作经验的继承发扬。思想政治工作与中国共产党的革命、建设和改革等各项事业长期相伴相生,思想政治工作是经济工作和其他一切工作的生命线,在整个国家建设发展中占据着至关重要的位置,新时代着力构建共同推进思想政治工作大格局,是对这一“生命线”价值的坚守,彰显了我们党的政治优势、思想优势和组织优势。“荷风旭语”在建设过程中受到了新区党工委的高度重视,形成了由新区党工委统一领导、宣传部门牵头抓总、新区各级齐抓共管、各阶层党员群众积极参与的良好格局。可以说,“荷风旭语”品牌助力构建江北新区“大思政”格局的形成,是新区党工委高度重视思想政治工作的必然结果,也

是对我党思想政治工作突出优势和成功经验的继承发扬。

其次,是对让党的创新理论"飞入寻常百姓家"的守正创新。中国共产党的百年奋斗实践告诉我们,群众路线是领导革命、建设和改革成功的宝贵经验,是马克思主义理论中国化的理论结晶和实践创新,是推动国家治理现代化建设和筑牢意识形态防线的现实需要。"荷风旭语"思政品牌建设一方面依托新区文明实践体系开展群众喜闻乐见的文明实践活动、提供群众所需的志愿服务项目、构建新区"惠民利民"服务网,让思政工作走进街道社区、新时代文明实践所站、公园广场、商场绿地,宣传群众、教育群众、服务群众,在活动与服务中,让党的创新理论"飞入寻常百姓家";另一方面,"荷风旭语"聚焦新区群众的主体性,大力宣传新区群众学习新思想、宣传新风尚的首创精神和自发动作,通过"荷风旭语"新媒体、道德模范新区好人评选、志愿服务队伍孵化等举措,推动构建新区思政工作新格局,为实现新区思政工作的全面深入开展提供坚实基础和重要支撑。

第三,是对新时代新区"大思政"格局构建的有益尝试。习近平总书记指出:"我们从事的是前无古人的伟大事业,守正才能不迷失方向、不犯颠覆性错误,创新才能把握时代、引领时代。"思想政治工作理论始终是伴随时代不断进步发展的,"荷风旭语"品牌在建设中始终以习近平新时代中国特色社会主义思想为引领,坚持守正与创新的辩证统一,以守正为创新凝心铸魂,以创新为守正注入活力,充分依靠我们党思想政治工作的显著优势和宝贵经验,尝试以新视角、新思维探索新区思政工作切入点和"大思政"格局着力点,通过创立"荷风旭语"思政品牌、融入文明实践、聚力理论宣讲、培育志愿服务、壮大思政教育阵地课堂,真正做到了应势而动、先行先试。尽管"荷风旭语"思政品牌尚处于探索实践阶段,但"荷风旭语"思政品牌打造在巩固基层阵地、弘扬时代新风、创新教育类型等方面取得了显著成绩,是推进基层宣传思想工作守正创新的必要之举。放眼未来,"荷风旭语"品牌建设必须与时代同行、契合基层实际,在不断地实践中吸纳优秀经验。

最后,是对当前思政工作中的短板和局限的有效突破。当前,全社会对思想政治工作重要性认识业已形成,但实际落实和开展思想政治工作还存在协同不足、力量分散等问题。有的工作"浮于表面",只停留在"会议层面",还有的因执行力度有限,要么是"表面卖力",要么是"蜻蜓点水",实际收效欠佳。因此,调动更多的人共同参与思想政治工作大格局建设,有利于形成党的思想政治工作向上向好的发展局面。"荷风旭语"品牌的建设历程,正是新区探索解决思政工作中的"瓶颈"所做的有益尝试,通过探索打造"荷风旭语"具有红色标识、历史人文印记、区域性的思政品牌凝聚共识、统一思想,温润人心、鼓舞斗志,促进新区思想政治工作"共同构建"和"协同推进"机制的逐步形成，推动江北新区"大思政"格局快速形成，助力新区高质量发展争当示范、走在前列。

下一步，"荷风旭语"思政品牌建设将以习近平总书记考察江苏为强大动力，深入学习宣传贯彻习近平总书记关于南京高质量发展的重要论述和对江苏工作的重要讲话重要指示精神，深入学习贯彻习近平总书记对主题教育提出的最新要求，全面落实"以学促干"，牢牢把握"重实践"的鲜明导向，以实干行动推动主题教育思政教育在新区走深走实，坚定不移地做好习近平新时代中国特色社会主义思想的坚定信仰者、积极传播者、忠实实践者，为江北新区高质量发展走在前列厚植理论基础、匡正思想基础、夯实群众基础，为中国式现代化新区新实践贡献力量。

南京党史育人价值及实现路径

王玑玉① 吴 律②

摘 要:南京党史育人已取得一定成效,但也存在资源制约、联动不足等影响南京党史育人发挥的限制因素,需要转变"各扫门前雪"的工作思维逻辑,在"大党史"工作视域下推进南京党史育人。

关键词:南京党史;育人价值;育人资源

党的十八大以来,习近平总书记对党史工作、党史学习教育等作出一系列重要指示批示,强调党史具有资政育人、铸魂聚力的重要作用,指出"中国革命历史是最好的营养剂"。党的二十大党章修正案将学习党的历史纳入党员必须履行的义务,在党的基层组织基本任务中业增写了推进党史学习教育常态化制度化的内容。下一步,党中央还将制定《党史学习教育工作条例》。这些为持续用力加强党史宣传教育提供了遵循和制度保障。

地方党史作为中国共产党历史的有机组成部分,与全国党史相融相通,而且也是"家门口"的特色红色文化资源,因而深入研究分析南京党史育人价值及实现路径,对于做好党史育人工作,发挥党史以史鉴今、资政育人的作用,进而凝聚人民群众爱党、爱国、爱社会主义的信仰共识具有重要的现实意义。课题组深入建邺、鼓楼、江宁、六合等地开展调研,详细了解基层推动党史学习教育常态化长效化的创新举措,共同分析南京党史育人现状及困难,在此基础上提出相关对策和建议。

一、党史育人价值与现状分析

(一) 党史育人价值

"历史是最好的教科书。学习党史、国史,是坚持和发展中国特色社会主义、把党和国家各项事业继续推向前进的必修课。"党的十八大以来,习近平总书记高度

① 作者单位:南京市委党史办。
② 作者单位:武汉理工大学经济学院。

重视党的历史学习。2021 年 2 月，他在党史学习教育动员大会上提出，“全党同志要做到学史明理、学史增信、学史崇德、学史力行”。在全党开展党史学习教育，是牢记初心使命、推进中华民族伟大复兴历史伟业的必然要求；是坚定信仰信念、在新时代坚持和发展中国特色社会主义的必然要求；是推进党的自我革命、永葆党的生机活力的必然要求，明确指出了党史育人的重要性。

学史明理就是要从党和国家事业的来龙去脉和马克思主义中国化百年历程中正确了解党和国家历史上的重大事件和重要人物，正确认识党情、国情，激发爱党、爱国、爱社会主义的巨大热情，坚定不移听党话、跟党走。

学史增信就是要从党的百年奋斗史中深入理解为什么历史和人民选择了中国共产党，为什么必须坚持走中国特色社会主义道路，坚定中国特色社会主义道路自信、理论自信、制度自信、文化自信。中国人民从站起来、富起来强起来的过程中创造出人类历史上前无古人的发展成就，根本原因在于走出了正确道路。通过学习党的伟大成就，能够增强对党的信仰，增强对社会主义事业的信心和实现中华民族伟大复兴的决心。

学史崇德就是要传承弘扬党在各个历史阶段淬炼造就的革命精神，从先辈志士的辉煌事迹中汲取党的优良品质和道德风范，传承共产党人的党性本色。党的历史中涌现了许多道德楷模和英雄人物，他们以高尚的道德品质和崇高的精神境界感召人们。学习党的历史可以树立正确的道德观念，提高自身道德素养，培养为人民利益无私奉献的品质，成为社会主义核心价值观的坚定践行者。

学史力行是党史育人的最终落脚点，学史力行，就是要把学习党的历史同观照现实诉求、推进实践工作结合起来，激励人们积极参与社会实践，努力为实现党和人民的事业贡献力量，坚持理想信念并将其转化为实际行动。通过学史力行，可以增强责任感和使命感，不断提高自身的能力和素质，为实现中华民族伟大复兴的中国梦而努力奋斗。

地方党史记载着发生在受教育者身边的历史，具有天然的亲切感，在南京市阐释南京党史，介绍与南京有关的党史人物事迹，更易使本地群众产生共情力、建立同理心。南京见证了华夏儿女的百年奋斗，也见证了中华民族的百年崛起，形成了独特的红色文化基因，也为南京党史育人提供了丰富的信息资源和实践研究场所。

（二）南京党史育人现状分析

南京是一座具有光荣革命传统的英雄城市。在这里，马克思主义得到较早传播，共青团南京地方组织与中国共产主义青年团同一天成立，南京地区第一个党组织——中共浦镇小组在 1922 年秋天成立，这也是全国较早、江苏最早的党组织之一。南京还是中国共产主义青年团第二次全国代表大会召开地，是反对国民党反动统治“第二条战线”的起源地，是国民党22年反动统治崩溃的标志地，是共产党人和革命志士的集中殉难地。这些在南京发生的党史事件为中国革命胜利作出了重要贡献，不可复制、不可替代，是南京地区弥足珍贵的红色记忆。

从南京党史资源角度来看，南京有许多重要党史人物、著名烈士的故居，有重要党政机关和重大历史事件发生地旧址等革命旧址遗迹。南京也是中国共产党孕育锤炼、铸造形成红色精神的重要区域。习近平总书记指出，“在雨花台留下姓名的烈士就有1519名，他们的事迹展示了共产党人的崇高理想信念、高尚道德情操、为民牺牲的大无畏精神”。一百年多年来，南京人民在中国共产党的领导下，传承弘扬伟大建党精神，在革命、建设和改革进程中凝结成了雨花英烈、新四军铁军、梅园、渡江、长江大桥、真理标准等丰富的革命精神，这些红色血脉和红色精神承载了中国共产党人的初心使命和实践本色，是南京人民弥足珍贵的物质和精神财富，成为南京靓丽的城市红色文化名片。

结合南京实际，南京市委党史工作办公室开展党史育人实践。一是积极培育南京党史育人载体。编撰出版南京地方党史连环画丛书和《南京红色印迹(1921—1949)》《烙印・南京红色文化故事》等可读性与趣味性兼具的地方党史普及类书籍。组织开展红色文化资源保护利用工作，出台《南京市红色文化资源保护利用条例》，分六批命名了51个“南京市党史教育基地”。二是不断丰富南京党史育人活动形式。常态化开展党史“七进”，以“社区党史讲习所”“共读南京党史”品牌为抓手将党史教育送至基层，通过开展南京红色文化资源点寻访阅读行动扩大党史育人影响力。三是筑牢南京党史育人宣传阵地。依托《南京党史》杂志、“南京党史”网站及微信公众号做好南京党史宣教工作。

二、南京党史育人现有难点与问题

（一）需要多，资源少，党史育人缺乏支撑力

一是党史育人人才队伍建设弱化。党史工作干部是党史育人工作开展的中坚力量，但现有党史育人队伍在实际工作中存在一定困难。首先是区级党史部门事务繁杂导致职务倦怠。“上面千条线，下面一根针”，区级党史部门本就不多的工作人员既需要完成党史编撰、宣传等本职工作，还需要完成所属部门的其他较为繁杂的任务。因此，区级党史部门在工作中总是以急、重、繁的姿态处理事务，党史工作就难以缓、细、深。一人兼任多职的现象使得党史工作干部易困于事务性工作，对于党史工作的重要性和意义缺乏充分的认同和理解。其次是党史部门人员专业能

力不足。调研的四个区党史部门人员中仅有1人为中共党史专业毕业，接触党史工作时间也较短，工作经验不足，面对专业性工作时而“有心而无力”。最后是党史工作成就感不足。在座谈中部分人员表示，来自领导的重视和认可是开展党史工作的重要动力来源，但目前各区党史办归属部门不同，党史工作的目标设定不明确，缺乏具体的衡量标准和指标。同时，党史工作成果的转化需要一定的时间，党史工作成果显示慢、社会认同感低，即使产出了一些成果，也大多停留在专业刊物、内部报告、工作网站中，造成党史工作正向激励反馈缺失。

二是地方党史资源未能有效转化可为基层直接利用的育人资源。由于高频率党史学习教育活动的开展及党员结构多样性的要求，基层需要丰富、新颖的党史学习资料来满足开展活动的需求。但目前这部分的学习资料都由基层干部在网络搜索获取，其针对性和可靠性难以得到保证。随着党史“七进”活动的持续推进，南京市许多社区、学校、单位等都已建立起“党史阅读角”，其中也包括许多南京地方党史书籍，但这些书籍往往处于闲置状态，没有在基层得到有效利用。究其原因是专业的党史书籍阅读门槛高、使用门槛高，基层部门人员往往无从下手。

（二）学习多，形式少，党史育人缺乏吸引力

一是重学习、轻活动的问题。基层部门较少专门开展党史学习教育活动。一般情况下，社区会将党史学习教育与“三会一课”等“规定动作”相结合，学校会将其贯穿在六一儿童节、演讲比赛等学生常规活动中，增加了党史学习教育的频率和在群众中的渗透率。但在开展过程中，党史学习教育形式仍然较为单一，没有调动起参与者的自发参与热情，难以引起参与者尤其是青少年的学习兴趣，在座谈中，社区及学校也表示曾计划过外出参观，但由于审批难、预约讲解难等原因均未实现。

二是重线下、轻线上的问题。市、区两级开展的党史育人活动集中为线下活动加线上宣传的形式。线下活动制约了参与人群的所在地点和空闲时间，特别是无法吸纳年轻人参与其中。在基层活动中，老年人占据较大比重，基层党史学习教育难以覆盖至多年龄段群体。线上宣传以内部网站、微信公众号及传统媒体为主，宣传范围较为有限。

（三）党史知识多，联系性少，党史育人成效弱

党史学习教育增强了群众对于党史的了解程度，但由于部分党史学习教育内容针对性差，党史教育内容与群众生活联系性不足，导致部分群众对党史学习仍然存在距离感，对党史价值的认同程度较低。与“学史明理、学史增信、学史崇德、学史力行”的目标还存在一定差距。

三、增进南京党史育人实效对策建议

经过党史工作者多年努力探索实践，南京党史育人已取得一定成效，但与党史事业发展的形势相比、与中央和省市各级党委的要求相比、与社会各界的期待相比还存在一定差距。从调研结果来看，目前，资源制约、联动不足是发挥南京党史育人发挥的主要限制因素。适应新时代党史育人的要求，需要转变“各扫门前雪”的工作思维逻辑，在“大党史”工作视域下推进南京党史育人。

（一）围绕重点，加强顶层设计，改革党史育人现实问题

1. 坚持一体化规划设计

党史育人数量和质量需求不断扩大，各区党史育人已形成一定特色的情况下，要求党史部门要着力改变“各自为政、分散用力”的局面，从上到下形成统一认识，确保党史工作具有整体性、连续性和可操作性。要从工作计划阶段就统一明确党史工作的目标、任务、重点和时间表，把党史编研与宣传作为整体统一规划提高党史转化利用效率，增强各区党史育人活动的联动，形成党史育人规模效应。在实际工作开展中，要积极推动党史育人工作迈向制度化和规范化，避免浪费使用人力物力。

2. 强化党史学习教育供给侧改革

党史学习教育的供给侧改革就是要创新党史学习教育内容、形式、方法，提升党史学习教育质量和水平，更好满足受众对党史学习教育的需求。**一是持续推进红色资源保护利用工作，解决育人资源“从哪来”的问题**。红色资源是党史的珍贵实物载体，为党史宣传工作提供了丰富的内容素材。只有不断推进红色资源保护利用工作，才能使党史教育更加系统、全面、深入，满足不同层次、不同群体的学习需求。在推进过程中，要注意进一步调动好区党史部门的工作主动性，加强市区联动的力度和频次。**二是搭建好、宣传好内容平台，解决育人资源“去哪找”的问题**。要利用好现有的《南京党史》刊物、“南京党史”网站、微信公众号及南京党史综合设施等宣传阵地，提供党史知识、重要事件、先辈事迹、历史文化等全面丰富的党史内容，并利用多种渠道大力宣传推广，将现有平台送达更多受众。**三是加强地方党史研究成果向宣教资源转化，解决育人资源“不会用”的问题**。南京地方党史研究成果以书籍、论文等方式呈现，这也是基层部门面对赠送的党史书籍“束手无策”的主要原因。因此，要坚持问题导向，鼓励本部门专家学者将一批南京地方党史研究成果转化为更形象直观可使用的育人资源，发挥党史研究成果的社会教育功能。把宣教视角直指受众需求，提供“你点我送”的个性化服务形式，即市、区两级制定党史教育项目清单下发至社区，由社区负责收集汇总辖区群众对党史教育的具体需

求并联系落实，推进南京党史专家讲座、红色书籍、红色文艺作品等进入社区，并建立长效机制，实现精准化服务。

（二）打破堵点，建立畅通渠道，强化党史育人队伍素质

1. 建立市区畅通渠道

做好党史育人工作离不开党史部门的统一协调，区级党史部门处于"承上启下"的关键位置，是联通市委党史办与基层的重要桥梁，市委党史办要进一步加强与区级党史部门的沟通，及时传达会议精神和工作最新要求，掌握其工作动态，并提供力所能及的帮助，同时也要发挥区级党史部门的主观能动性，督促区级党史部门及时了解基层开展党史学习教育动态，解决基层所需，打通"市、区、社"之间的壁垒。

2. 强化新时代党史工作干部队伍资政育人使命

在新时代新形势下，必须加强对党史工作干部的教育引导，促进职业化、专业化发展。**一要增强责任感、使命感和紧迫感**。党史工作干部具备的职业素质越高，其职业认同度也就越高。党史部门应注重加强对党史工作干部的专业培训，争取通过线上线下讲座、工作交流会等多种形式，不断完善党史工作干部的知识结构体系，提升专业能力。**二要转变传统党史工作理念**。当前，党史工作的内容内涵不断变化，这也对党史工作高质量发展提出要求。党史工作干部应摆脱对党史工作就是闭门编书修史的刻板印象，适应当前"大党史"工作格局的要求，注重党史学习教育常态化长效化工作，通过仪式教育、新媒体传播等多样创新方法不断调整党史学习教育的"时、度、效"。

（三）打通断点，注重资源统筹，构建大党史育人格局

市委党史办要不断扩大党史工作的覆盖面和创新力，加强与机关单位及社会力量之间的合作交流，努力让各方对党史学习教育有"获得感"，感受到学习教育的好处，从而吸引各方面力量关心、支持党史学习教育，形成"共研、共读、共讲"的党史宣传教育新局面，共同讲好党的故事、讲好革命的故事、讲好英雄的故事。**一是品牌引领凝聚合力**。坚持围绕育人创品牌、创好品牌促育人。要继续以"社区党史讲习所""共读南京党史"等项目为抓手树立党史育人活动的典范，在社会力量的共同参与的过程中传播党史育人价值，产生以小带大、以点带面的辐射作用，激发党史育人新局面。**二是整合资源激发活力**。党史部门的宣教队伍力量有限的局面难以在短时间内得以改变，通过引入社会力量能够快速补充育人队伍。一方面可以根据纪念场馆和红色景点分布路线，开发优质课程，优化解说词，并选拔推出优秀红色讲解员志愿者宣讲红色故事。另一方面，要整合全市社科研究队伍、教育教学

队伍、宣讲员队伍、讲解员队伍等当中的涉党史人才，共同打造精品红色课堂，构建党史工作“大队伍”。**三是分类实施精准发力**。进一步细化党史宣教内容，精准把握不同人群的认知习惯、学习需求等，通过“小切口”阐述“大主题”，因地制宜、贴近群众，讲出情怀、寓情于理，切实做到变“理论灌输”为“故事感染”、变“硬性要求”为“适时启发”、变“刻板说教”为“共同勉励”，使群众真正听得懂、喜欢听、记得住、忘不了，让党的声音更加深入人心。

他山之石

中华优秀传统文化“两创”的“济南实践”

闫　平①

摘　要：近年来，济南市深入贯彻落实党的二十大报告精神，深学细悟习近平新时代中国特色社会主义思想，以传承弘扬中华优秀传统文化为重心，推动中华优秀传统文化创造性转化、创新性发展（以下简称文化“两创”），围绕整合优秀文化资源、并举继承发展旗帜、繁荣发展文化事业、做大做强文旅产业、深化内外交流合作，展开了以文化引领、促进经济社会高质量发展的济南实践。

关键词：中华优秀传统文化；文化“两创”；济南实践

中华优秀传统文化源远流长、博大精深，是中华民族的精神命脉，是中华文明的智慧结晶，是我们在世界文化激荡中站稳脚跟的坚实根基。习近平总书记高度重视中华优秀传统文化的传承与弘扬，在庆祝中国共产党成立100周年大会上，总书记提出坚持把马克思主义基本原理同中华优秀传统文化相结合的“第二个结合”，是新时代党的重大理论创新和思想解放，表明我们党的历史自信、文化自信达到新高度，传承与创新弘扬优秀传统文化的自觉性达到新高度。

在人类文明发展中，积淀着中华民族深沉精神追求和独特精神标识的中华优秀传统文化，凝结成中国人特有的思维方式和行为方式，不仅支撑着中华民族历经五千余年漫长岁月而生生不息、代代赓续，也孕育了中国特色社会主义发展道路、科学理论、基本制度和先进文化。中华优秀传统文化包含着独一无二的思想、理念、智慧、气度、神韵，始终是中华民族生命力、凝聚力、创造力的源头活水，是中国特色社会主义植根的文化沃土，是新时代坚定文化自信的力量源泉，是提升国家文化软实力的深厚滋养，是普天之下中华儿女共有的精神家园。加强对中华优秀传统文化的当代阐发，把具有当代价值和永恒魅力的文化精髓加以弘扬，对传统观念及其传播方式进行重构，使优秀传统文化融入当下，成为当今社会生活与社会实践

①　济南社科院研究员。

的现实内容和推进力量，是大力开展文化“两创”的现实意义和深远意义所在。

一、 文化“两创”思想的基本内涵、辩证关系和遵循原则

党的十八大以来，以习近平同志为核心的党中央带领党和人民创造了新时代中国特色社会主义伟大成就，开辟了马克思主义中国化时代化新境界，在实践过程中，总书记鲜明指出要坚定文化自信，作出推动中华优秀传统文化创造性转化、创新性发展的重大决策和一系列重要论述。2014 年秋，在纪念孔子诞辰 2565 周年国际学术研讨会上，习近平总书记指出，要“努力实现传统文化的创造性转化、创新性发展，使之与现实文化相融相通，共同服务以文化人的时代任务”。[①] 总书记这一论断，不仅揭示了传承发展中华优秀传统文化，必须采取推陈出新的辩证思维和基本态度；同时，提出以古今相通的文化内涵，提升人民思想道德文化素质，提高全社会文明程度的根本要求和时代任务。由此，推进中华优秀传统文化创造性转化、创新性发展成为新时代中国特色社会主义文化建设的重要方针，以及新时代文化强国建设的战略任务和主体工程。

贯彻落实“两创”重要方针，关键要认知清晰、根本在找对方法。济南市深刻领悟中华优秀传统文化是涵养社会主义核心价值观的活水源泉，大力开展文化“两创”实践是坚定文化自信、激发文化创造力、增强实现中华民族伟大复兴的精神力量；清醒认识到，唯有将“两创”工作结合现实需要、时代语境和生动实践，才能使蕴含博大精深思想瑰宝的中华优秀传统文化真正融入社会、深入人心、触及灵魂，显现永不褪色的时代价值。为此，济南市将理清“两创”思想基本内涵、辩证关系及其遵循原则作为开展“两创”实践的逻辑前提，展开诸多理论思考和一系列创新实践。

（一）文化“两创”论断的基本内涵及其辩证关系

中华优秀传统文化的“创造性转化”，是以“创造性”为主旨，以“转化”为旨归，对既有传统文化内涵和旧有表达方式，按照时代特点和要求予以转化，赋予新的时代内涵和现代表达，进而激活其生命力。中华优秀传统文化的“创新性发展”，是以“创新性”为重心，以“发展”为目的，对既有传统文化按照时代发展的需求，施以补充、拓展、完善并且生成新的内涵，扩大其影响力和感召力。

中华优秀传统文化的“创造性转化”与“创新性发展”两者既是密切关联的有机整体，又各有侧重与区别。前者是后者的逻辑起点和前提条件，后者是前者的实践

---

① 2014 年 9 月 24 日，习近平在纪念孔子诞辰 2565 周年国际学术研讨会暨国际儒学联合会第五届会员大会开幕会上的讲话。

向度和价值指向。在此借用“承上启下”“继往开来”两成语予以详解。如果说“创造性转化”注重的是“承上”与“继往”，即运用历史唯物主义和辩证唯物主义观点方法，剔除传统文化封建落后成分，光大其超越时代的精神因子，使“活起来”的文化由“传统”面向“现代”；那么“创新性发展”则注重“启下”与“开来”，即将源于创造性转化、富有当代价值的文化内涵在实践中打磨、提炼，使“活下去”的文化从“现代”走向“未来”，继而，在当代中国社会实践和现实生活中进行心灵沟通，于世界多样文明交流碰撞中给予理论提升，最终以更加充盈的精神和丰满的思想，回应时代命题，建构时代文化。

简言之，创造性转化，强调的是继承，重在立足“本来”，对传统文化进行理念内容、表述形式上的“再造”。创新性发展，强调的是出新，重在面向“未来”，对转化而来的文化进行跃升“重塑”，以升华和自我超越之态，达到增强中华优秀传统文化“影响力和感召力”①的目的。应当充分认识到，今日的“传统”是历史上的“当代”，今日的“当代”是未来的“传统”②，“传统”的丰硕意味着历史的厚重，“当代”的革新昭示着社会文明的进步。人类社会发展历史表明，民族精神基因的强大，离不开时代变革与社会发展；中华文化根脉的延续有赖于中国现代化建设的伟大实践。需要强调的是，在“两创”实践过程中，只有顺应时代条件、关照现实所需、服从人民对美好生活的新期待而展开对中华优秀传统文化思想理念的创造性转化，才能实现传统文化内容与形式的更新；只有在创造性转化基础上坚持不懈更始出新、创新发展，才能使中华优秀传统文化的内涵要义与表现形式有更好、更完美的呈现，服务于新时代中国特色社会主义现代化国家建设，铸就中华文化新的辉煌。

（二）文化“两创”实践遵循的基本原则和价值理念

在推动中华优秀传统文化创造性转化与创新性发展实践中，济南市始终坚持把马克思主义基本原理同中华优秀传统文化相结合，遵循文化发展规律，坚守科学推动文化发展的原则和理念，有效推动“两创”实践的开展。

一是坚持社会主义先进文化前进方向。推动文化“两创”，必须巩固加强马克思主义在意识形态领域的指导地位，牢牢把握党对意识形态工作的领导权，坚持中国特色社会主义文化发展道路，把中华优秀传统文化“两创”工作贯穿于经济、政治、社会、文化和生态文明建设的各个方面，巩固和壮大争做追梦人、奋进新时代的主流思想舆论，守牢事关党和人民事业兴衰成败的社会主义先进文化主阵地。

---

① 中共中央宣传部. 习近平总书记系列重要讲话读本[M]. 学习出版社、人民出版社，2016：203.

② 赵丽媛、翟继军. 中华优秀传统文化“两创”的三重维度[J]. 政治学研究，2019(11).

二是坚持"以人民为中心"工作导向。推动文化"两创"，必须坚持"为了人民，依靠人民，发展成果由人民共享"原则。尊重人民群众的主体地位和首创精神，注重文化熏陶和实践养成，以"两创"丰硕成果满足人民群众多层次、多方面、多样化的精神文化需要，保障人民群众的基本文化权益，增强人民群众的文化获得感，促进人的全面发展。

三是坚持继承和创新相结合。推动文化"两创"，必须坚持辩证唯物主义和历史唯物主义，对待中华传统文化要"取其精华、去其糟粕，扬弃继承、转化创新"，始终秉持"客观、科学、礼敬"的态度，在"守"和"创"上同发力、用足工，与时俱进地推进思想理念、内容形式、体制机制、文化业态的创新，将文化资源优势转化成文化发展优势，推动历史文化和现代文化相互促进、共同发展。

四是坚持统筹协调、合力推动。推动文化"两创"，必须加强党的领导，充分发挥人民拥护、支持中国共产党的强大政治优势，发挥政府的主导作用以及社会参与、市场运作的基础性作用，积极整合文化资源，注重各方文化资源共享与互补，鼓励和引导社会力量、文化志愿者的广泛、深入、持续参与，推动形成传承发展中华优秀传统文化的广泛群众基础和良好社会氛围。

五是坚持开放包容、交流互鉴。推动文化"两创"，传承弘扬中华传统文化，既不可存有抛却或渲染的偏误思想，也不可"自我陶醉"，要坚持"以我为主、为我所用，取长补短、择善而从"，吸收和借鉴人类社会创造的一切文明成果，广泛参与世界文明对话和交流互鉴，不断增强中华优秀传统文化的生命力和影响力。

二、推动文化"两创"的济南实践

历史文化名城济南，传统文化富集、文化资源丰厚、革命文化灿烂。近年来，济南市积极响应山东省《关于打造中华优秀传统文化"两创"新标杆行动计划(2022—2025年)》，努力推动龙山文化、黄河文化、大舜文化、二安文化、泉水文化等优秀传统文化"两创"落地生根，打造山东省文化"两创"高地，让百姓在"活起来"的传统文化中感知文化力量，筑牢文化自信根基，增强实现民族复兴伟业的精神动力。

(一) 整合区域文旅资源，构建"两创"发展格局

挖掘区域文化遗产资源，推进连线成片保护利用，建设推动优秀传统文化"两创"的"三大区域文化带"。

一是构建龙山文化带。焦家遗址等6处不可移动文物被公布为全国重点文物保护单位，加大东平陵故城文物保护力度，推进城子崖国家考古遗址公园建设，提升城子崖遗址博物馆服务功能，年接待游客15万人次。

案例:坚持活化与转化同步,彰显龙山文化时代价值

章丘打造国家龙山文化博物馆等重要地标,推动文化遗产活化利用和转化创新同步,形成辐射城子崖遗址、焦家遗址、东平陵故城遗址、洛庄汉王陵、危山汉墓等文化元素的国家龙山文化博物馆群。开展以龙山文化为主体的特色历史文化传承创新工程,在全省区县率先推出"中国龙山 泉韵章丘"城市区域品牌。以闯关东文化、铁匠文化、儒商文化"三大硬核文化"为支撑,凸显"敢闯敢创、善作善成""千锤百炼、精益求精""诚信明礼、互利共赢"的核心内涵,搭建起沟通历史与现实、拉近传统与现代的文化体系。

二是构建济水—黄河文化带。精心谋划黄河生态风貌带建设,加快推进明水古城、丁太鲁文旅城等一批大型文旅项目,打造黄河文化旅游新高地。近年来,融创文旅城、华侨城欢乐荟、开心麻花剧场等重大项目开业运营,创意十足、主题多样的娱乐游艺活动,为市民奉上高品质文旅体验。

三是构建齐长城文化带。开展齐长城国家文化公园(济南段)文旅研究,编制齐长城国家文化公园建设实施方案,齐长城(锦阳关段)保护利用项目列入 2022 年中央财政预算内资金项目并已开工,齐长城长清区定头崖西山段纳入第一批国家级长城重要点段名单。开发建设莱芜"一线五村"长城古村落乡村旅游项目,在齐长城沿线建设主题民宿。

(二)繁荣发展文化事业,打造"两创"精品力作

坚持以人民为中心的工作导向,将优秀传统文化融入舞台艺术、影视创作中,推出一系列"两个效益"俱佳的精品力作。

一是创排文艺精品。济南市出台舞台艺术创作三年规划,围绕全面建成小康社会、抗击疫情、庆祝建党 100 周年等重大主题,创排京剧《大舜》、杂技剧《泉城记忆》、吕剧《生命日记》等艺术作品 10 余台。近年来创排的音乐剧《敬礼》、儿童剧《童年》等 40 余部大型舞台艺术作品和 100 余个小型剧节目,荣获中国杂技"金菊奖"、中国曲艺"牡丹奖"等省级以上奖项 140 余个,入选国家艺术基金 32 项,获奖数量、争取扶持资金额度均居全省首位。

案例:展现济南古老特色文化,跨界演艺杂技剧《泉城记忆》

杂技剧《泉城记忆》以跨界演艺为亮点,以杂技为本体艺术,成功融合了戏曲、曲艺、魔术、舞蹈等多种艺术形式,运用现代化的声光技术,展现济南历史文化的丰厚底蕴,说古唱今,展望未来,将济南特色、古典气韵与现代科技有机融合,呈现出一场瑰丽奇幻的泉城舞台梦境。

二是打造影视力作。围绕服务大局,唱响主旋律,创作生产的 30 余部优秀影视剧节目获评省级以上奖项，电视剧《三泉溪暖》《警察荣誉》在中央电视台综合频道和电视剧频道黄金时段热播，纪录片《悠然见南山》荣获国家广电总局“五个一百网络正能量优秀纪录片推优大奖”，电影《生死30分》《崮上情天》等成功入选2020年度山东省影视精品项目。京剧电影《邓恩铭》制作完成；以钢城区历史名人吴来朝为原型拍摄的蟠龙梆子（省级非遗）戏曲电影《吴来朝》在省内外农村院线放映超过11655场，好评如潮。济南市越来越多的影视作品深挖传统文化“肥美土壤”，以数字化和产业化探索非遗文化融入时代新方式，让传统文化既绽放时代华彩、又获得可持续发展。

三是讲好名士故事。深入挖掘济南历史文化名人资源，排演京剧《李清照》《辛弃疾》、音乐剧《闵子骞》、莱芜梆子《嘶马河》等剧目，组织纪念辛弃疾诞辰880周年“济南二安”系列活动，编辑出版济南故事丛书，大力弘扬济南名士文化。

（三）做大做强文旅产业，丰富“两创”有效载体

积极推动优秀传统文化融入文旅产业发展，努力把文化的潜在优势转化成产业优势和经济优势。

一是加快发展文旅产业。文化创意、精品旅游分别列为全市十大千亿级产业。据统计，2021年全市文化企业达4.2万家，其中规模以上文化企业479家，营收689.2亿元，同比增长13.14%。省级以上文化产业示范园区（基地）18个，市级已建、在建文化市场21个，文化产业园区60个。创意设计、出版发行、影视动漫、演艺娱乐、文博产业等优势产业厚积薄发，新型业态发展迅速，如山东手造展示体验中心、“济北手造”，让文化“两创”成果成为赋能经济社会发展的“引擎”，有效促进了经济效益和社会效益双丰收。

案例：“济北手造”打造文化“两创”孵化器

“黑如漆、明如镜、声如磬”的黑陶产品，精选黄河岸边的红胶泥制作而成，既保留了传统龙山文化手工制作技艺特点，又融汇现代艺术创意，被列入省级非物质文化遗产名录；依托独具一格的刻瓷、柳编、老粗布等丰富的非物质文化遗产项目，济阳区积极打造“山东济北手造体验中心”，通过加强体系建设、构建产业链条、培育市场主体、强化数字赋能、搭建产业平台等措施，推动手造技艺专业化、项目化、产业化，实现“软实力”和“硬实力”的深度交融。

二是不断深化文旅融合。坚持以文塑旅、以旅彰文，持续擦亮“泉城济南”城市旅游品牌。推出《大唐盛宴》《好汉山东》《明湖秀》《泉城记忆》等文化演艺项目，为文旅消费注入新活力。构建百花洲、宽厚里、老商埠等特色历史文化街区，成为网红打卡地和夜间文旅消费集聚区。依托丰富的红色资源，培育一批“红色旅游+”

新业态产品，打造18家红色研学基地，推出30条红色研学线路，组织开展“奋斗百年路启航新征程”全国红色主题自驾游活动，讲好红色故事，传承红色基因。开展文旅惠民消费季系列活动，旅游消费、文体消费走在全省前列。

案例：特色历史文化街区叫响商埠文化

深入挖掘“开放、包容、敢为人先”的商埠文化，通过以保护性开发和深入推进文化“两创”，加快“百年商埠”中式、西式和中西合璧历史建筑的活化利用，推进文、旅、产、居有机融合，着力提升历史街区文化品质，擦亮叫响商埠文化品牌。目前，商埠区老建筑的活化利用初具效果，其中融汇老商埠、欧亚大观园和小广寒博物馆与电影文化主题餐厅渐成打造济南市非遗文化聚集区。通过引入新潮概念，塑造热门IP，老商埠已成为网络流量的聚集地和网红打卡地，网络关注了达几千万，有关老商埠话题频繁登上热搜同城榜，影响力不断上升。

三是加强文旅市场监管。坚持制度创新，推进政务服务事项标准化，济南市营商环境评价“文化开放与包容”指标位列全国第8位；坚持依法行政，加强新闻出版行业管理督导，引导电影市场健康发展，应急广播体系建设获全国试点，文化旅游市场平稳有序；打破地域限制，牵头建立省会经济圈文旅执法协作机制，动员社会力量打造“济南旅游啄木鸟”志愿服务品牌，助力文旅业健康有序发展。

（四）坚持继承发展并举，推动“两创”融入大众生活

坚持把保护与利用、传承与发展结合起来，强化普及推广，推动优秀传统文化融入当下民众生活。

一是优化公共文化服务体系。建设覆盖城乡的市、县、镇、村四级公共文化服务设施网络，实施广播电视户户通、农村电影放映、农家书屋、旅游厕所革命等文化惠民工程，促进基本公共文化服务标准化、均等化。新建泉城书房等新型公共文化空间44处，挂牌首批28家泉城文化驿站，成为传承优秀传统文化的重要阵地。实施“文物＋”战略，精心打造曲山艺海博物馆、蔡公时纪念馆、老舍纪念馆等特色“文化客厅”成为全市党建活动阵地；“公交论语”打造市民喜爱的流动道德课堂；“府学文庙”“宏济堂”等设施成为传统文化教育基地。整合全市各级文保单位、馆藏文物、考古现场等资源，推进数字博物馆平台建设，6.5万余件（套）可移动文物实现数字化展示。

案例：“公交论语”打造市民喜爱的流动道德课堂

济南公交不断探索中华优秀传统文化与推进企业文化建设、融入日常工作生活的结合点，将《论语》精华内容植入公交车厢、站台等场景，积极打造“公交论语”文化品牌，倡导“每一辆行驶中的公交车都成为一所流动的孔子学堂，每一位公交驾驶员都成为国学宣传流动志愿者，每一位乘客都成为中华优秀传统文化的受益者、践行者、传承者”。在汲取《论语》精神滋养和优秀传统文化智慧基础上，总结提炼形成“日行一善、及时行善、与人为善、崇德向善”的公交“善”文化，通过公交出行这个“小切口”，做好文化“两创”大文章。

案例：府学文庙打造传统文化“沉浸式”体验

济南市文物保护中心发挥府学文庙古建筑的恢弘气势和空间优势，创新工作方法，结合现代的科技手段，举办各种展览、展示、诵读、讲座等活动，让群众沉浸式感受中华优秀传统文化魅力。策划举办的“开笔礼”“成人礼”等“礼伴成长”系列传统文化体验活动，让青少年沉浸式参与体验传统礼仪，接受古礼文化熏陶。通过多姿多彩多样的文化活动，让文物保护与利用有效转化、融入百姓生活，惠及人民群众。

二是加强文化遗产保护利用。开展“文保全民行动”，构建上下联动、全域覆盖的文物保护格局。城子崖遗址入选全国“百年百大考古发现”，大辛庄遗址等8处考古发现入选不同年度“全国十大考古发现”，“泉·城文化景观”项目列入中国世界文化遗产预备名单。完成160余项文物修缮保护工程，明府城、天下第一泉、千佛山等特色优势资源，公布首批87处不可移动革命文物名录，打造14处“小而精”纪念馆，举办“10个一批庆祝建党100周年”系列活动，让“红色”成为城市最鲜明的精神底色。利用现代技术手段，对代表优秀传统文化的古籍进行复制出版，让古籍“活”起来，利用古籍文献开发出文创产品近百种，增强群众对优秀传统文化的体验感。开展可移动文物本体保护、数字化保护、预防性保护等项目，有效提升馆藏文物保护、研究和管理质量。

三是实施非遗活态传承工程。着力打造非遗文化名城，济南市入选联合国人类非遗代表作名录1项，国家级非遗项目13项、省级108项。建成全国首个城市传统工艺工作站——百花洲传统工艺工作站，我市“非遗传承与学校教育融合工程实践案例”入选全国第二届“非遗进校园”十大优秀实践案例。中国非遗博览会永久落户济南，目前已成功举办6届。

四是广泛开展群众文化活动。每年组织“泉城大舞台”“公益演出走基层”“戏曲进校园”等惠民演出活动8000余场，群众文化艺术生活更加丰富。商河县以打造“世界秧歌之都”为目标，坚持文化“两创”，多途径推进以鼓子秧歌为代表的民间文化艺术传续。连续举办12届“书香泉城”全民阅读节，“泉民悦读”新体系、“快递小哥”阅读驿站等创新案例荣获国家、国际大奖。挖掘传统节日文化内涵，每年策划举办主题鲜明的文化活动千余场，将济南民俗文化融入节日活动，使广大群众加深对传统文化的了解，增添文化自信自豪感。

案例：商河鼓子秧歌传承“后继有人”

商河县现有113处文化活动场所、200余处活动站点，组建优秀鼓子秧歌队伍126支，鼓子秧歌活跃村占比超过80%，鼓子秧歌经常性活动站点110余处，用人人参与的热情和全链条体系传承，激发出鼓子秧歌源源不断、传承传续的鲜活生命力。引导社会各界人士参与保护传承鼓子秧歌，形成300余名秧歌艺人为主体的传承人才梯队，深入实施“非遗进校园”，全县60多所学校组建起136支非遗传承队伍，累计培训学员10万余人，实现文化传承“后继有人”。

（五）深化内外交流合作，拓展“两创”传播途径

积极构建文化交流合作体系，扩大文化交流的规模、层次，打造特色文化品牌，为优秀传统文化的“两创”提供良好的外部条件和国际环境。

一是搭建文化交流平台。全方位多渠道搭建交流平台，建立21个海外文旅交流驿站（基地）、10个创建联盟和10个创建基地，聘请国际知名人士担任济南文旅交流大使，营造浓厚创建氛围，成功当选中国2022“东亚文化之都”。开展“东亚文化之都·中国济南活动年”线上开幕式、东亚文化与城市发展国际论坛等文化交流活动，搭建东亚城市之间宣传推介、招商引资、招才引智的高质量文明互鉴平台。

二是加强文旅品牌推广。实施“济南100”文旅营销工程，开展“泉城济南”城市文旅品牌、“四季泉城大美黄河”黄河文化品牌宣传推广。联合山东电视台推出《诗画72泉》微纪录片，各媒体平台发布系列稿件330余篇，总阅读量超过1.7亿。举办“中华‘二安’文化旅游节”，提升城市知名度、影响力。

三是加快文化“走出去”步伐。聚力打造具有中国元素、泉城特色的“泉声泉韵”对外文化交流活动品牌，创建济南国际传播中心，创作生产外宣段视频94部，建立国际友城宣传合作机制，先后赴40余个国家交流演出，城市文化影响力不断提升。推动杂技艺术走向世界，年均对外演出超400余场次，荣获“法兰西共和国总统奖”等多项国际大奖。印象济南泉世界、百花洲非遗保护项目、府学文庙国学传统教育项目入选山东省华侨国际文化交流基地。

案例：创新实践济南故事的国际表达

为讲好济南故事、传播济南声音，济南国际传播中心深挖历史文化，捕捉鲜活事例，加大外宣产品策划创作力度，创作生产《洋主播看济南》《新时代泉边故事——习近平新时代中国特色社会主义思想在济南的实践》《视听山东·济南篇章》等外宣系列主题短视频290部，总观看量达1536.9万次。在海媒账号平台发布图文作品5040多篇，总阅读量超2亿次。多篇图文被省级机构账号转发、多篇帖文获中国驻外大使和驻外领事点赞。

三、担当新时代文化使命，开创文化“两创”济南实践新篇章

深厚的优秀传统文化深刻蕴含着现代文明的力量。济南文化“两创”应当担负起建设中华民族现代文明的新时代文化使命，紧扣提升城市软实力战略任务，在共同富裕中实现精神富有，在现代化建设中实现文化先行，在推动文化繁荣、建设文化强国、建设中华民族现代文明中展现济南担当、泉城风采，为加快建设“强新优富美高”新时代社会主义现代化强省会提供坚实文化支撑和强大精神动能。

（一）清醒认识在文化“两创”实践中存在的短板与不足

尽管济南市在文化“两创”实践中不断推出新举措、取得新成效、实现新突破，但与山东省《关于打造中华优秀传统文化“两创”新标杆行动计划（2022—2025年）》目标高标要求相比，与济南市出台的“到2025年，打造中华优秀传统文化‘两创’新标杆成效显著，文化创造力、传播影响力、产业竞争力、宣传引导力走在全省前列”的目标相比，依然暴露出一定短板和不足。其中既有客观存在因素，也有主观认识不到位情况。

1. 对文化资源的研究、整理、发掘和阐释不足，文化“两创”项目落地尚存困难

历史悠久、文化资源丰厚的济南，缺乏结合建设中华民族现代文明这一新的文化使命对优秀传统文化资源进行全面系统发掘、科学整体规划和系统精细整理；缺乏对既定“新标杆”项目的清晰梳理和确保落实的配套政策。前期因疫情影响，省、市级财政配套资金缩水、配备不到位，专项财政政策设计一时无补，“两创”工作一直没有脱离投入不足的尴尬境地，导致“两创”新标杆项目难以按计划顺利落地。

2. 尚不能用足用好各项政策，创新发展思路不够明晰

对于国家和省、市支持“两创”发展的各项政策尚未吃透精神且用足用好，针对支持文化“两创”发展的财税、金融、土地、科技等政策没能依法依规落实到位，致使无法满足当前“两创”工作开展的现实需要。部分文化资源富集单位、文旅企业在文化资源整合利用与保护开发方面观念保守、概念不清、思路模糊，创新发展方向不明晰，指导政产学结合文开展“两创”实践的模式迟迟难以固化。

3. 专业人才储备和培养乏力，以文化“两创”促进文旅融合的路径有待强化

文化“两创”高层次创新创业人才引进力度不大，专业型、复合型、技术型，特别是数字文化建设方面人才储备、培养、引进制度不够健全，缺乏顶层设计人员、专家学者与文化企业高管之间的对接平台；现有文化人才政策不能及时优化跟进。以文化“两创”促进文旅融合创新、用好全国文化和旅游消费示范城市“金字招牌”等

方面需持续发力；“两创”实践过程中激活数字文化消费市场、构建“两创”文旅消费场景、打造“数据＋服务＋平台”的多元化服务模式、培育壮大新兴数字文化消费业态等的创新思维和能力有待强化。

4. 传统文化对外传播“水土不服”，对外传播路径和力度皆需探究

中华优秀传统文化走出去的“最后一公里”问题未解决好，对不同受众的文化传统、价值取向和接受心理研究不足，未能准确把脉海外对于济南优秀历史文化的认知度和需求度。传统文化“两创”的对外传播未能摆脱单向度、灌输式的模式。

（二）开创文化“两创”济南实践新篇章的现实途径

创新开展文化“两创”济南实践，必须勇于担负新时代新的文化使命，扛起新的文化责任，立足提升城市文化软实力和提高全社会文明程度的现实要求和时代任务，“推动历史文脉与城市发展和谐共生、历史文化和现代生活有效连接、文化传承与交流互鉴深度融合”①，奋力开创文化“两创”济南实践的新篇章。

1. 以重点项目建设，扩大文化“两创”平台与空间

加快推进济南黄河文化博物馆、齐长城锦阳关段、国家黄河文化公园济南段、明府城、老商埠等重点项目建设，突出数字化、沉浸式体验，争创城市更新和文化“两创”典范，凸显济南历史文化名城神韵。推动区县及以下公共文化设施提档升级，培育城市书房、泉城书房、泉城书吧、泉城文化驿站等新型城市公共文化空间，打造传承弘扬济南优秀传统文化的重要阵地。充分发挥图书馆、文化馆、博物馆、美术馆等公共文化机构的文化“两创”平台作用。加强黄河流域文物保护利用，依托或利用革命旧址打造特色展陈展览，将更多文博场馆、重点景区和文保单位纳入全市文旅重点区域检测范围，整合现有文旅数据资源，打造综合性数据展示平台。进一步梳理申遗工作重点，学习借鉴杭州等地成功申遗经验，推动济南“泉·城文化景观”申遗早日成功。

2. 深化文化“两创”文旅融合，赋能济南文化繁荣兴盛

以文化“两创”政策引领推动文化事业和文化产业实现数字化转型，强化数字赋能，建设数字驿站、虚拟城市会客厅等项目，大力发展数字文化产业，厚植济南传统文化丰厚资源，助力文化与科技、旅游产业融合，培育文化产业集群，壮大文化产业规模发展。研究制定支持文旅产业发展的政策措施，依托各区更新改造项目，打造“夜经济”特色街区、“好客山东”消费展示区、“网红济南”打卡地，提升文旅消费

① 共同推动文化繁荣发展、文化遗产保护、文明交流互鉴——习近平主席致信2023北京文化论坛的贺信引发特烈反响，人民日报，2023-9-16.

品质。挖掘传统民俗文化展示表演、乡土文化等体验性、参与性文旅项目,加强“山东手造”济南特色产业和民俗文化展示体验,利用多方平台,宣传推介济南文化旅游资源和新产品、新项目。聚焦优秀传统文化和红色文化,创造一批满足群众文化需求、增强人民精神力量的文艺精品创作展示,推出更多蕴含传统文化精髓的文艺作品。发挥小剧小戏创作特色,开展以凸显文化“两创”、新时代文化等为主题的文艺展演。

3. 加强对优秀传统文化的宣传教育,拓展文化“两创”传播方式

加强对优秀传统文化的宣传、推广、弘扬、传播,将优秀传统文化“两创”纳入教学总体规划,融入学生思想道德教育、文化知识教育、艺术体育教育、社会实践教育各环节,让优秀传统文化在青少年中落地生根。立足国内全网发出济南声音,讲好济南故事,树立济南形象。加强与中央主流媒体、重点网络媒体、商业平台等深度合作,在深挖济南优秀传统文化基础上讲新讲好文化“两创”故事。用好济南国际传播中心、泉城发布厅等平台,发挥泉城推介官、网络名人寻访团、泉城形象大使等队伍作用,促进文化在交流互鉴中推陈出新、资源转化和传承弘扬。以国际友好城市为重点,加强国际传播人脉建设,组建济南国际传播专家库,开展济南传统文化精准对外传播,有效提升泉城文化的国际传播力。

4. 加强统筹协调,强化文化“两创”政策支持与人才支撑

加强市级层面的工作协调统筹,形成两创工作合力,细化年度工作任务清单,建立完善市区(县)两级文化“两创”研究、实践、交流、创作、传播协同推进机制,推动资源整合、部门联动、区域协作,做大做实优秀传统文化的创造创新转化。吃透国家和省的有关政策精神,制定支持本市文化“两创”引导性政策,加强重点项目的财政支持,鼓励和引导社会力量参与。加强文艺领域、网络乱象等专项整治,营造全市良好文化“两创”环境。制定与推进文化“两创”人才引育规划和配套政策,以深入实施“泉城文化人才”工程为主,集聚国内外高端人才力量为辅,架构规模可观、结构合理、素质优良的济南市文化人才队伍。

优化城市文化功能　助力武汉能级提升

陶维兵　王光艳①

摘　要：文化功能对城市功能体系的牵引与支撑作用日益显著。武汉文化旅游资源支撑功能较强，公共文化服务功能不断提升，文旅产业功能发展强劲，同时文化功能处于相对滞后状态，存在比较明显的短板；应以打造国家文化中心为抓手，着力提升优化城市文化功能，更好发挥促进经济社会高质量发展的原动力作用。

关键词：文化功能；高质量；创新转化

习近平总书记指出，推动高质量发展，文化是重要支点。人类发展实践证明，文化在许多重要历史转折与转型阶段都发挥了举足轻重的作用，成为城市高质量发展的重要原动力。进入新发展阶段，各城市间正在进入以新兴功能育成、创新产业集聚、文旅融合引领、全球城市营销为特征的新一轮激烈竞争，文化功能对城市功能体系的牵引与支撑作用日益显著，提升优化武汉城市功能不能不对文化功能给以高度重视。

一、武汉城市文化功能的比较优势

（一）文化旅游资源支撑功能较强

武汉是国家历史文化名城，具有3500年建城史，全市文化和旅游资源禀赋优异，规模可观，有名胜古迹339处、革命纪念地103处、市级以上文物保护单位275处，其中全国重点文物保护单位达33处，国家5A、4A级旅游景区达3个和19个。武汉地区文化形态丰富，文化遗产保护有力。江汉关大楼等9处文物建筑列入"中国20世纪建筑遗产"名录，武汉大学早期建筑理学院修缮工程入选2018年度全国优秀古迹遗址保护项目，平和打包厂文物保护利用项目荣获联合国教科文组织2019年度亚太地区文化遗产保护荣誉奖，盘龙城国家考古遗址公园建成开放，城

① 作者简介：陶维兵，武汉市社会科学院文化与历史所所长、副研究员，主要研究方向为武汉城市史、城市文化；王光艳，博士，武汉市社会科学院哲学所主任编辑，《大江学术》编辑部执行主编，主要研究方向为文化哲学与文化传播，统战理论研究。

市文化根脉逐渐回归，文化品位显著提升。

表 1 武汉“中国 20 世纪建筑遗产”名录

序号	项 目	地 址	批次
1	武汉国民政府旧址	武汉市汉口南洋大楼三楼	第一批
2	武汉大学早期建筑	武汉大学校内	第一批
3	武昌起义军政府旧址	武汉市武昌区蛇山南麓阅马场	第一批
4	汉口近代建筑	武汉市汉口旧大智门火车站以南至江汉路，京汉大道以东至长江边地区	第一批
5	武汉长江大桥	长江水道之上	第一批
6	江汉关大楼	武汉市汉口沿江大道与江汉路交会处	第一批
7	武汉金城银行	汉口南京路与保华街交会处	第二批
8	京汉铁路总工会旧址	武汉市江岸区解放大道 2185 号	第三批
9	武汉钢铁公司建筑群	武汉市青山区	第三批

资料来源：整理自中国文物学会、中国建筑学会联合主办的“中国 20 世纪建筑遗产推介项目名录”

（二）公共文化服务功能不断提升

“十三五”时期，武汉市着力打造 12 分钟文化圈，不断加强文化馆、图书馆、博物馆、乡镇综合文化站、综合文化服务中心等公共文化设施建设，加强纵向服务网络健全和横向服务体系均衡布局，构建了较为完善的公共文化设施网络。深入推进基本公共文化服务标准化均等化，广泛开展公益性文化惠民活动，创新文化服务建设模式，推进公共文化服务供给侧结构性改革，公共文化服务效能得到显著提升。武汉地区现有博物馆 123 家，数量居副省级城市前列，每十万人拥有博物馆数量居全国第 1 位。“武汉之夏”成为全国首批公共文化服务体系优秀示范项目，汤湖图书馆获评“全国最美图书馆”称号，武昌区、洪山区获评省级公共文化服务体系示范区。

表 2 “十三五”时期武汉公共服务体系新增数量

项 目	数量
公共图书馆	16
公共文化馆	15
公共博物馆	121
街头 24 小时自助图书馆	50
地铁自助图书馆	147

资料来源：武汉市文化和旅游局、武汉市社会科学院联合编制《武汉市文化和旅游发展“十四五”规划》，2021 年

（三）文化艺术创作成果丰硕

“十三五”时期，全市国有文艺院团创排优秀现实题材作品 19 部，获国家艺术基金资助项目 25 个，中国戏剧梅花奖 12 次，中国杂技最高奖项 14 次。成功举办武汉国际杂技艺术节、琴台音乐节、武汉“戏码头”中华戏曲艺术节、纪念陈伯华大师诞辰 100 周年系列活动暨中国（武汉）汉剧艺术节等大型剧（节）、2021 年第十七届中国戏剧节等 32 个，举办中宣部全国汉剧艺术研讨会暨汉剧主要流播地区优秀作品展演活动，武汉已逐渐成为全国重要的戏曲演出和交流中心。

（四）文旅产业功能发展强劲

武汉是首批中国旅游休闲示范城市、首批国家文化和旅游消费示范城市，文旅产业整体实力突出，成为城市文化功能的重要支撑。全市创意设计、网络文化、动漫游戏等新兴文化产业呈现强劲发展势头，创意产业人才快速聚集，截至 2021 年一季度规模以上文化单位数达 903 个，文化创意产业产值占地区生产总值比重超过 5%，已成为国民经济支柱性产业。近年来，武汉扎实推进文化和旅游深度融合发展，积极培育文化旅游跨界新业态，策划推出了“红色经典”“红色英烈”等经典红色旅游线路，引进开发了一批支撑性旅游产业大项目，如以“两江四岸”、都市夜景、特色街区等为代表的现代都市型旅游产业项目，以楚河汉街、武汉华侨城等为代表的大型综合性旅游产业项目，这些项目成为武汉文化强市的重要功能性支撑。

（五）文化辐射影响日益扩大

作为国家中心城市和中国经济地理中心，武汉坚持开放包容，文化对外交流非常活跃。已与 61 个国家的 116 个城市结为国际友好城市或国际友好交流城市，在全球设立了 5 个武汉文化旅游国际推广中心，拥有国际客运航线 63 条。“十三五”时期，武汉对外和境外来汉文化交流团组达到 741 个，先后成功举办两届“大河对话”“中韩文化交流年”“武汉中法文化之春”等系列活动，武汉城市文化魅力不断彰显。近年来，武汉成为各类城市排行榜上的“常客”，城市文化形象显著提升。

二、武汉城市文化功能存在的短板

武汉市“十四五”规划提出繁荣发展文化事业和文化产业，不断增强文化软实力，持续推进“文化五城”建设。对标国家中心城市建设和城市功能优化提升要求，相比经济中心、商贸物流等核心功能，武汉城市文化功能处于相对滞后状态，存在比较明显的短板。

（一）文化中心排名下降

根据《2020 年国家中心城市指数报告》，武汉在国家文化中心城市榜中排名第

10，与2018年相比下降了5个名次，与重庆、深圳、济南、苏州、成都、长沙、合肥同处于国家潜在重要文化中心之列。在中部六省省会城市中，除太原、南昌未上榜外，郑州排名上升13位，从2018年的20名上升为第7名，进入国家重要文化中心行列；合肥上升2位，位列15名。而同属国家潜在重要文化中心的城市中，重庆上升了4位，成都上升了1位。从文化中心排名来看，武汉文化建设确有隐忧。

表3　2020年中国城市国家文化中心城市排名

文化	城市	2020年排名	2018年排名	上升名次
国家文化中心	北京	1	1	0
国家重要文化中心	上海	2	2	0
	西安	3	9	6
	广州	4	3	－1
	杭州	5	4	－1
	南京	6	8	2
	郑州	7	20	13
国家潜在重要文化中心	重庆	8	12	4
	深圳	9	7	－2
	武汉	**10**	**5**	**－5**
	济南	11	6	－5
	苏州	12	11	－1
	成都	13	14	1
	长沙	14	10	－4
	合肥	15	17	2

资料来源：《中国城市竞争力报告No.18》，2020年10月

（二）文化创意有待加强

与经济总量相比，武汉文化创意产业发展明显不足，与同类城市存在较大差距。《2019中国城市文化创意指数总排行榜》显示，武汉位列第13位，未能进入前十强，且与2018年相比，还下降了1名。相比之下，西安、成都、重庆、广州、南京名次上升，其中，西安和南京是2019中国城市文化创意指数十强城市新晋成员。武汉在创意生态、审美驱动方面处于平均水平，而在赋能能力、创新驱动方面远低于平均水平。

表 4　2019 中国城市文化创意指数总排行榜（Top 1－20）

排序	城市	创意生态	赋能能力	审美驱动能力	创新驱动能力	指数	上年名次
1	北京	14.200	18.746	14.009	15.712	62.666	1→
2	上海	13.629	17.430	13.576	13.839	58.473	3↑
3	深圳	9.390	17.126	15.757	15.272	57.545	2↓
4	广州	10.848	21.835	10.187	8.654	51.523	6↑
5	杭州	9.621	20.593	10.130	7.081	47.425	5→
6	重庆	10.033	8.480	12.465	7.260	38.238	7↑
7	西安	8.317	7.889	13.343	7.086	36.634	11↑
8	成都	10.142	8.938	9.526	7.199	35.805	10↑
9	东莞	6.689	6.378	12,596	7.607	33.270	4↓
10	南京	9.137	5.633	9.382	7.310	31.462	13↑
11	天津	7.051	7.946	8.198	6.817	30.012	8↓
12	苏州	7.581	6.972	8.275	5.621	28.449	9↓
13	**武汉**	**9.677**	**5.281**	**8.583**	**4.343**	**27.883**	**12↓**
14	宁波	7.290	5.567	7.232	6.664	26.754	14↓
15	长沙	7.734	5.176	8.348	4.309	25.567	18↑
16	青岛	7.215	4.244	7.952	6.128	25.539	21↑
17	佛山	5.578	5.261	6.754	6.103	23.696	27↑
18	福州	7.102	2.684	8.603	4.603	22.993	34↑
19	珠海	5.213	3.009	9.721	4.462	22.404	32↑
20	济南	7.090	3.103	6.606	4.876	21.675	35↑

资料来源：新华网，2021 年 8 月 6 日

（三）文化旅游存在短板

根据文化品牌评测技术文化和旅游部重点实验室、中国人民大学创意产业技术研究院发布的“2020 中国文化和旅游企业品牌价值 TOP50”，武汉地区仅长江传媒（排名 31）、斗鱼（排名 35）两家企业上榜 50 强，分属新闻出版、数字文化两个行业，品牌总价值 53.08 亿元。总体上看，武汉文化旅游虽然存量资源丰富，但市场开发和价值转化非常不足，头部文化旅游企业、现象级旅游精品不多，文化旅游产业功能偏弱，主要短板具体表现为：文旅融合发展体制机制还需进一步完善，业态融合方面市场化程度还不够高，产品融合方面还欠缺互利合作机制，营销融合缺乏

统一的文化和旅游产品信息发布平台等等。

(四)文艺创作创新不够

城市公共文化服务体系虽然总体上比较完善,但是也存在城乡、区域分布不均衡,供给服务质量效能不高等不足,难以完全满足市民文化需求。武汉作为久负盛名的四大戏码头,国有文艺院团门类比较齐全,力量较为雄厚,但近年院团体制改革推进力度不大,市场化机制未能完全建立,面临着艺术创作创新不够,有高原、缺高峰,在全国叫得响的作品不多,中宣部"五个一"工程奖、文旅部"文华奖"等最高级别奖项多年未有作品入围。

(五)设计之都名片不靓

武汉是继深圳、上海、北京之后的中国第四个"设计之都",也是中国内陆首个"设计之都"。近年来,武汉设计产业发展较快,设计产业营业收入提前完成《武汉设计之都建设规划纲要(2018—2021年)》设定目标。虽然武汉地区有8家综合甲级设计院,设计实力较强,但设计产业结构仍以工程设计为主,工业设计、创意设计、时尚设计等产业门类发展严重不足;设计产业国际化水平较低,产业规模偏小,综合竞争力和辐射能力不强;设计产业发展平台和创新升级服务体系不够健全,与发达国家设计界沟通交流渠道不畅,资源整合聚集不够,特别是高端设计资源不足,武汉原创设计与国际先进水平还存在较大差距,难以满足产业升级需求;在汉高等院校设计专业虽然不少,但针对性的产业人才培养模式尚不能很好满足市场需求,很多本地培养的优秀人才外流,中、高层次设计人才比较缺乏,具有国际影响力的设计师人才稀缺。总体上看,"武汉设计"尚未形成品牌价值。

表5 武汉综合性甲级设计院

公司名称	隶属	设计资质
中国五环工程有限公司	中央企业中国化学工程集团(股份)有限公司的全资子公司	工程设计综合甲级资质,在氨及氨加工、磷化工、煤化工、石油化工、天然气化工、油气储运、新材料、工业环保等领域,是中国最具实力的工程公司之一
中国电力工程顾问集团中南电力设计院有限公司	中国能源建设集团规划设计有限公司的子公司	工程设计综合甲级资质(含建设工程总承包以及项目管理),以及工程勘察综合类、工程资信、造价咨询、地质灾害危防治单位(危险性评估、勘查、设计、施工)、测绘等甲级资格证书
长江勘测规划设计研究有限责任公司	隶属于水利部长江水利委员会	持有国家工程设计综合甲级、工程勘察综合甲级、工程咨询综合资信甲级、对外承包工程资格等一批高等级资质证书

续表

公司名称	隶属	设计资质
中铁第四勘察设计院集团有限公司	中国铁建的国有全资子公司	我国首批工程设计综合甲级资质单位之一
中交第二公路勘察设计研究院有限公司	隶属于中国交建	具有工程设计综合甲级资质，提供公路工程、轨道交通、城乡建设、生态环保、建筑设计、工程总承包管理等领域的全产业链服务
中交第二航务工程勘察设计院有限公司	隶属中国交通建设集团的全资子公司	具有工程设计综合甲级资质
中国市政工程中南设计研究总院有限公司	中国中信集团	拥有工程设计综合甲级资质、工程勘察综合甲级资质、城乡规划综合资质甲级资质
中冶南方工程技术有限公司	中国冶金科工股份有限公司控股	拥有工程设计综合甲级资质

资料来源：综合自各设计院官网

三、 提升优化武汉文化功能的对策建议

文化强国战略的实施，需要一批代表中华文化传统底蕴、特色和精髓的历史文化地区和城市作为战略载体，通过现代化的文化品牌传承创新与弘扬路径，发挥提升国家文化影响力的示范标杆作用。武汉作为国家历史文化名城、英雄之城，应在文化强市方面有所作为，以打造国家文化中心为抓手，着力提升优化城市文化功能，更好发挥促进经济社会高质量发展的原动力作用。

（一）以提高公共文化供给效能为重点，优化城市公共文化功能

进一步健全和完善公共文化设施网络，公共文化服务设施薄弱的街道、社区、乡村硬件建设，推动文化资源、服务下移，着力优化公共服务供给质量和均等化水平。加快推进文化供给侧结构性改革，通过减免税费、表彰冠名、项目帮扶等政策引导、鼓励社会资本参与公共文化空间建设和运营，提升服务效能。推进数字图书馆、数字文化馆、数字美术馆、数字博物馆建设，开展多样化、信息化的线上公共文化服务，促进服务提档升级。加快完善交通站点、城市主干道、主要街区、商业中心、公园等公共场所的多语种公共信息标识和导向标志，在游客聚集区积极引入影院、剧场、书店等文化设施，构建主客共享的文化和旅游新空间。

（二）以促进历史文化遗产创新转化为重点，活化城市文化遗产功能

立足大数据、云计算等创新技术手段，建立文化遗产数字化保护、研究、展示、共享平台，推进数字化武汉再现和数字出版、数字纪念品、动漫游戏等文化衍生数

字产品的研发制作，以及 VR 漫游、3D 动画、全息成像、立体成像等沉浸式体验馆、互动导览等文物遗产展示产品的开发。利用传统媒体，制作系列高端纪录片、影视剧、舞台节目、音乐作品等，阐释与传播武汉文化。利用移动互联网技术，开发互动网站、网络展馆、数字博物馆、数字武汉等系列网络产品。进一步研发主题网络游戏、主题社交网络、系列 APP 应用软件等文化周边产品，搭建与消费者的互动平台。深入挖掘武汉地域文化内涵价值，建立全球长江文化研究中心和长江文化主题博物馆群，构建完善的长江文化研究、挖掘和传承机制。

（三）以促进文旅价值转化为重点，增强城市文化产业功能

进一步优化文化产业政策，引进培育文化产业高端人才和头部企业，鼓励文学艺术、媒体出版、影视创作、演艺演出、时尚设计、数字动漫等文化创意产业发展。探索“文化＋”模式，促进文化与科技、金融、创意、休闲、旅游等业态深度融合，激发创新创意群体的创新能力。高质量建设长江国家文化公园武汉先行区，推进长江文化创新活化和产业化发展，打造文化创意产业集群，构建长江文化创意、生产和贸易体系，推动长江文化走向国际和实现文化价值链拓展。引进国际高端设计资源，打造文化设计赋能平台，创办国际大学生创意设计竞赛，支持“黄鹤杯”工业设计大赛等赛事做大做强，大力支持工业设计、艺术设计、建筑设计、桥梁设计、景观设计等产业类别，加大对原创设计作品的扶持，打造集公共性、艺术性、实践性于一体的创意设计街区，培育一批全国知名的设计企业、设计品牌和设计师，营造浓厚的设计文化氛围，唱响“武汉设计”品牌。

（四）以促进区域文化合作为重点，强化文化协同功能

联合省内周边城市，对区域重大文化旅游资源进行战略性整合，促进区域文化协同发展最大化协同效应。联合黄冈（禅学）、十堰（道教）共建“中华文化创造性转化与创新性发展走廊”和中华文化旅游体验区。联动孝感孝文化，建设知音文化国际旅游区。联动省内考古遗址，建设以黄陂为中心的武汉华夏文明南方之源国际旅游区，深挖盘龙城、郭元咀文化，重点发展文博会展、生态观光旅游、文化体验、文化创意等，承担国家文化交流与展示等职能。以江夏为承载地建设明代藩王文化国际旅游区，重点聚焦明朝楚王府文化，兼及湖北陶瓷文化，建造明楚王博物馆，打造明楚王墓国家考古遗址公园，发展文化体验、禅修养生、研学旅游等。联动河南等地岳飞遗迹，以武昌为核心挖掘、梳理岳飞文化遗产，适时恢复岳飞祠，打造岳飞国际文化研讨会。

（五）以提高武汉文化传播力为重点，提升城市文化交往功能

充分挖掘英雄城市文化内涵和首义文化、盘龙文化、知音文化、荆楚文化等内在价值，以中国立场、国际表达讲好武汉故事，强化武汉文化的世界影响力。高标准建设长江国家文化公园武汉先行区，突出长江文化交流功能，发挥长江文化展示、体验和交流价值。依托武汉文化和科教资源，探索打造“大河对话”、中法城市可持续论坛、光谷论坛、文旅峰会、世界酒店论坛、长江文化学术研讨会等一批国家级、国际化文化交流平台，建设国际学术会议中心，搭建国际化文化交流、展示、交易平台。打造东亚文化之都，用好国际友好城市资源，推介和传播武汉文化。积极策划举办承办文化旅游节、青年影像节、国际时尚节、国际知音文化研讨会、东湖论坛、后官湖自行车环中赛，国际马拉松、横渡长江节、斗鱼直播网红产品展览会等城市大事件，推动武汉成为国际文化旅游、文化创意企业的集聚地和文化旅游产品的集散地，扩大武汉的国际影响力和知名度。建立城市品牌运维、城市营销长效机制，加强城市品牌规划设计、管理、传播与价值链条延伸，推动武汉城市品牌分类全媒体传播。